DELIUS KLASING

W0052124

TIMM KRUSE

EIN MANN EIN BOARD

MIT DEM SUP
DIE DONAU RUNTER

DELIUS KLASING VERLAG

INHALT

FÜR EUCH AUF DEM WEG.

Sat by the river and it made me complete.
Keane

DANACH

Es ist schön, heute nicht zu paddeln. Meine Arme sind so schwer, dass ich kaum die Kraft besitze, diese Zeilen zu tippen. Meine Augen brennen wie Feuer – ich habe mir eine Bindehautentzündung eingefangen. Ich bin entsetzlich müde. Die ganze Last der vergangenen Wochen fällt von mir ab.

Ich habe einen Fensterplatz mit Beinfreiheit bekommen. Das Glück der Reise scheint mit mir zurück nach Deutschland zu fliegen. Neben mir sitzt ein Mann um die dreißig. Sein Hemd spannt; es sieht aus, als hätte er es vor fünf Minuten aus der Reinigung geholt. Er tippt eine Nachricht in sein Handy – auf Deutsch. Wie fremd mir der »Landsmann« vorkommt – wie ekelhaft dieses Wort klingt. Ich fühle mich nicht mehr als Deutscher. Noch nicht einmal als Europäer. Eher wie ein staatenloser Wilder. Wie ein Urmensch. Ein Wassermensch. Als stammte ich aus einer Zeit, in der es noch keine Reisepässe gab. Die zivilisierte Welt kommt mir vor wie ein Spuk.

Als sich die letzten Passagiere gesetzt haben, hievt sich mein Nachbar auf den freien Platz am Gang. Der Sitz zwischen uns bleibt jetzt leer. Er wünscht sich bestimmt einen gepflegteren Sitznachbarn, einen rasierten, gebügelten, mit weißen Augäpfeln. Oder bilde ich mir das nur ein?

Ich bin der einzige Passagier mit ungepflegtem Vollbart an Bord. Auch der einzige mit struppigen Haaren, roten Augen und schlangenartig trockener Haut an den Unterarmen. Der einzige mit Kapuzenoberteil, dreckigen Jeans und Flip-Flops. Vermutlich auch der einzige mit Schwielen an den Händen, Hornhäuten unter den Füßen und keinem Gramm Speck am Körper.

Ich unterscheide mich deswegen so deutlich vom Rest der Passagiere, weil ich vor fast zwei Monaten in Donaueschingen auf einem Stand-up-Paddelboard die verrückteste Reise meines Lebens begonnen habe: 3.000 Kilometer auf der Donau – von der Quelle bis zur Mündung, eine Million Paddelschläge, zehn Länder, vier europäische Hauptstädte. Ich wurde dabei dutzende Male von der Wasserschutzpolizei angehalten, habe mit Schakalen geheult, paddelte im serbischen Fernsehen, habe in Ungarn meinen linken Daumen gebrochen, wurde wieder und wieder von Wildfremden zum Essen eingeladen, habe in einer Millionärsvilla und einem Dracula-Palast geschlafen und bin bei Kilometer 0 am Schwarzen Meer heulend ins Wasser gesunken.

»Boarding completed«, sagen die Lautsprecher. Ich muss fast lachen – »Paddle boarding completed«, heißt es für mich.

Als wir in der Luft sind, erkenne ich von oben die Donau. Ihre Arme schlängeln sich ins Schwarze Meer. Vor ein paar Tagen stand ich noch da unten auf meinem Brett. Ob man mich aus der Luft als Teil der Szenerie hätte wahrnehmen können? Vermutlich nicht. Aber ich konnte die Flugzeuge sehen und wünschte mich nach oben. Jetzt ist der Wunsch in Erfüllung gegangen – und ich wünsche mich nach unten.

DEUTSCHLAND

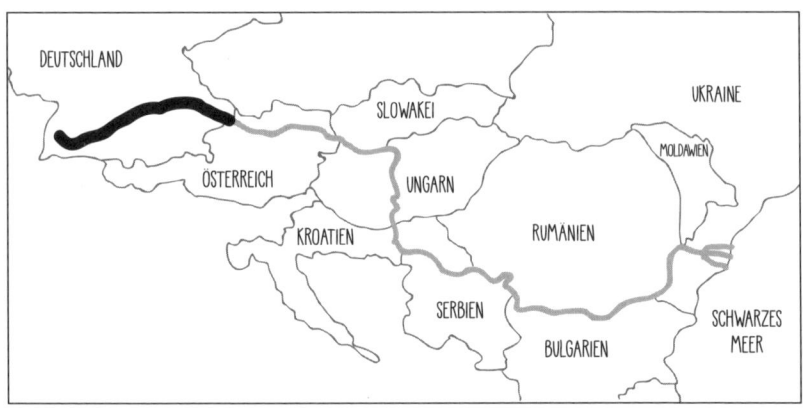

TAG 1, DONAUESCHINGEN–
IMMENDINGEN

Donaueschingen, 47°57'02.6"N 8°31'14.5"E /
Immendingen, 47°57'24.8"N 8°46'19.1"E

W as habe ich mir da nur aufgehalst?
Mehrere Fernseh-Teams halten ihre Kameras auf mich. Ein
Mann vom Hörfunk führt ein lebloses Interview mit mir.
Die Zeitungs-Redakteurin fragt, ob ich einen Hang zum
Extremen hätte. »Ganz offensichtlich«, muss ich zugeben. Ich bin
schrecklich nervös. Zuschauer gucken mich neugierig an, Stadtbeauf-
trage und Wildfremde geben mir Ratschläge, ein Hund knurrt mich
an, und die Donau führt zu wenig Wasser. Ich würde die ganze Tour
am liebsten abblasen. (Fotos 1+2)

Seit Tagen kann ich kaum essen. Nichts ist schlimmer als die Zeit
vor einem Abenteuer. Ich habe Angst, etwas vergessen zu haben. Mein

Gepäck macht mir Sorgen – 25 Kilo plus ein kleiner Karren zum Ziehen des Boards an Land sind viel zu viel. Das Brett wird sich damit wie ein Wal durch die Donau bewegen. Auch mein Körper verhält sich nicht ganz so, wie ich mir das wünschen würde. Vor drei Tagen taten mir nach dem Training so sehr die Handgelenke weh, dass ich sie kaum noch bewegen konnte.

Zum Glück begleiten mich in den ersten Tagen zwei Freunde. Sie machen Filmaufnahmen, schießen Fotos und füttern damit die sozialen Netzwerke und Medien, sie koordinieren und organisieren. Ein bisschen Unterstützung tut mir anfangs gut. In zwei Tagen fahren sie zurück in den Norden, in meine Heimat, und ich bleibe allein zurück. Allein auf der Donau – wie ich es mir gewünscht hatte. Wovor ich jetzt schreckliche Angst habe. Ab dann ist die Donau mein Zuhause. Eine 3.000 Kilometer lange Heimat. Unvorstellbar!

Mein erster Kontakt mit diesem Fluss war furchtbar peinlich. Zwei Fernseh-Teams wollten meine Vorbereitungen filmen. Also stieg ich ein bisschen östlich von Donaueschingen aufs Brett, war von der starken Strömung überrascht, paddelte rückwärts, um zu verlangsamen, schlug quer, blieb mit der Finne an einem Stein hängen und klatschte ins Wasser. Die Kameraleute ließen sich nichts anmerken und taten, als sei nichts geschehen. Das machte alles nur noch schlimmer.

Gestern traute ich mich gar nicht mehr auf den Fluss und schaute mir lieber das kitschige Quellbecken im Schlosspark von Donaueschingen an, wo die Donau offiziell ihren Anfang nimmt. Ich stellte mir kurz vor, in dieser schweigenden Kleinstadt zu Hause zu sein und schauderte. (Foto 3)

Nachdem es die ganze Nacht geschüttet, gedonnert und geblitzt hatte, ist der Wasserpegel leicht gestiegen, doch befahrbar ist der Fluss an der ausgemachten Stelle weiterhin nicht. Ich muss mein Brett zwei Kilometer flussabwärts ziehen – dahin, wo Brigach und Breg »die Donau zu Weg« bringen. Was für ein hässlicher Schüttelreim.

Wie ein Ypsilon ergießen sich die beiden Flüsse und vereinen sich zur Donau.

Eine Moderatorin von *RegioTV* fragt, wie ich auf die Idee gekommen sei, vom Schwarzwald ins Schwarze Meer zu SUPen. Ich kann's ihr nicht richtig erklären.

»Die Donau hat mich schon immer fasziniert«, sage ich. »Und SUPen liebe ich seit Jahren. Irgendwann hat sich beides zusammengefunden und in meinem Kopf eingenistet. Ich habe gar keine Wahl. Ich muss diese Tour einfach machen. Sonst würde mich dieser Traum ewig verfolgen. Und das wäre unerträglich*.«

Erst als das Interview beendet ist und die Reporterin ihr Mikro wegpackt, fallen mir die richtigen Antworten ein: Das Leben muss mir die Möglichkeit zum Abreisen bieten. Das gehört zu mir wie die Hoffnung, das Essen, die Luft oder der Sex. Vielleicht will ich auch einfach nur meinem eigenen Leben aus dem Weg gehen. Oder ich will herausfinden, wer ich bin, wenn ich die Komfortzone verlasse. Es ist mal wieder Zeit, mich besser kennenzulernen. Ich käme mir feige vor, wenn ich mich davor drücken würde.

Hoffentlich war ich nicht zu pathetisch im Interview – das passiert mir leicht. Gerade bei Frauen mit Mikros. Vielleicht haben auch die feierlichen Sprüche und die steinerne Wächterfigur am Quellbrunnen ihre Wirkung getan. Aber wie sollte ich sonst erklären, dass ich regelmäßig eine Pause brauche vom Alltag, vom Komfort. Zwischendurch benötige ich immer wieder ein freischwebendes Leben, um danach unsere Zivilisation wieder wertschätzen zu können. Vielleicht ist es auch die vage Angst, die Befürchtung, ein belangloses Leben zu leben. Angst, nicht alles aus diesem einen Leben herauszuholen.

---

*Den Film findet man im Internet unter den Stichworten »Regio TV«, »Timm Kruse«, »SUP«:
www.schwaebische.de/landkreis/landkreis-ravensburg_video,-timm-kruse-paddelt-auf-seinem-sup-von-donaueschingen-bis-ans-schwarze-meer-_vidid,137609.html

»Was sagen Ihre Familie und Ihre Freunde dazu?«

»Sie halten mich für verrückt«, antworte ich. »Ich frage mich hingegen, warum ich nicht schon viel früher auf die Idee gekommen bin.«

Vielleicht entspringt die Eingebung für diese Reise auch meiner Herkunft: Ich komme ursprünglich aus Lippe-Detmold, der einzigen Region weltweit, die nichts zu bieten hat – vor allem kein Wasser. Durch Lippe fließt kein einziger Fluss, die Lippe selbst fließt am Kreis Lippe vorbei, die Lipper erfreuen sich an einem lächerlichen Stausee, auf dem sie Windsurfen lernen. Lipper sind Hardcore-Landratten – ich wollte schon immer anders sein.

Als ich im Frühjahr mit einem alten Freund aus Detmold meine Bedenken über die Donau-Tour teilte, stellte er die entscheidende Frage: »Was willst du lieber? Arbeiten oder durch zehn Länder paddeln?«

Ich zurre noch einmal mein Gepäck fest und halte eine Hand in den Fluss. Eigentlich wollte ich die Temperatur testen, aber jetzt kommt mir die Bewegung wie ein Shakehand vor. Dabei stelle ich mit Schrecken fest, dass die Strömung noch heftiger ist als bei meiner Blamage vor zwei Tagen. Dann steige ich aufs Brett und bin plötzlich unterwegs. Ich drehe mich vorsichtig um – ich darf auf keinen Fall schon wieder reinfallen – und winke zurück.

Nach der ersten Biegung bin ich allen Blicken entschwunden und spüre zum ersten Mal seit Tagen eine gewisse Erleichterung. Das Loskommen ist viel schwieriger als das Reisen selbst. Sobald ich den Kontakt zum Land verloren habe, ist alle Angst verschwunden. Die Angst kann nicht mitkommen, sie bleibt zu Hause – diese Erfahrung habe ich auf jeder Reise gemacht. Ich kann mir auch schlecht 3.000 Kilometer lang vor Angst in die Hosen machen! (Foto 4)

Mein Brett manövriert sich wegen des Gepäcks schwerfällig wie eine Bugsierbarkasse. Die Donau fließt mit mehr als 5 km/h, addiert man meine Paddelgeschwindigkeit hinzu, bin ich zweistellig unterwegs.

Der Anfang einer langen Reise ist so intensiv, dass sich jedes Detail ins Gedächtnis brennt. Der ganze Fluss liegt vor mir, all die vielen Kilometer, die wilde Natur. Noch bin ich frisch, jungfräulich, zivilisiert. Matratzengewöhnt. (Foto 5)

Mein Paddel ist mein Wanderstock. Die Donau mein Jakobsfluss. Ich vermute, dass mich diese Reise verändern wird. Ich weiß nur noch nicht, inwiefern.

Ich kann die Landschaft genießen: Störche, Milane, Otter und Fische. Der Schwarzwald trödelt an mir vorbei, am Ufer stehen kilometerlang nur Brennnesseln, Bäume liegen umgestürzt im Wasser und versperren den Weg. Ich kämpfe mich durchs Geäst, paddele weiter und höre plötzlich ein seltsames Rauschen: das erste Wehr. Ich zerre mein Brett aus dem Wasser, lasse das Gepäck angebunden, greife die Finne, schleife alles mühsam rückwärtsgehend über einen Acker und lasse meinen Wal wieder in die Donau gleiten. Auf den nächsten Kilometern muss ich ein Dutzend Wehre und kleine Stromschnellen passieren. Diese Arbeit ist anstrengender als das SUPen selbst.

Ich stelle fest, dass mich der Fluss führt. Ich muss fast nichts tun, und er zeigt mir automatisch den direkten Weg vorbei an größeren Steinen und flachen Stellen durch eine ereignislose, deutsche Wildnis. Ich werde mutiger: In den Stromschnellen bleibe ich jetzt stehen. Die Angst, reinzufallen und auf Steine zu knallen, wird langsam geringer. Trotzdem komme ich mir verletzlich vor, anfällig. Feige, unerfahren.

Meine beiden Freunde begleiten mich weiter von Land aus, warten auf Brücken und Anlegestellen. Machen Aufnahmen, winken, sprechen mir Mut zu und wissen gar nicht, wie gut es tut, am Anfang dieses Abenteuers vertraute Gesichter zu sehen. Sie sind mir in diesem Moment die nächsten Menschen. Ich bin mit einem GPS-Sender ausgerüstet, der es ihnen leichter macht, mich zu finden. Sie haben sogar extra eine Homepage – www.gekritzeltes.de – gebaut, auf der man meine genaue Position verfolgen kann. (Foto 6)

Zwischendurch bin ich kilometerlang allein. Ich singe laut vor mich hin, muhe den Kühen zu und weiche einem Schwan aus, der angriffslustig auf mich zu schwimmt. Mein Herz klopft, als hätte mich gerade ein Tiger angefaucht und nicht dieses weiße, eitle Biest. Anschließend fällt mir ein, dass ich mein Paddel als Waffe gegen das Tier hätte benutzen können. Ab jetzt machen mir Schwäne keine Angst mehr.

Mir fallen aus dem Nichts die Zubringerflüsse der Donau ein: Iller, Lech, Isar, Inn, fließen rechts zur Donau hin. Altmühl, Naab und Regen, sind der Donau links gelegen. Wieso mussten wir das in der Schule lernen? Kennt jemand die Zuflüsse des Rheins? Oder der Elbe? Was macht das Besondere der Donau aus, sodass jedes Schulkind seine Zuflüsse auswendig lernen muss?

Vielleicht ist die Donau tatsächlich so etwas wie die Lebensader unseres Kontinents – mit ihren zehn Ländern, vier Hauptstädten, ihren 80 Millionen Anrainern. Ich mache diese Reise vor allem, weil dieser Fluss der internationalste Fluss der Welt ist. Mehr Abwechslung gibt es auf keiner Paddeltour der Erde.

Nach fünf Stunden auf dem Brett wird das Wasser immer flacher. Aus der eben noch 20 Meter breiten Donau ist ein Rinnsal geworden. Ich wurde schon gewarnt, dass die Donau irgendwann versickern würde, bin dann aber doch überrascht, als ich auf dem Trockenen sitze und der Fluss vollkommen verschwunden ist. (Foto 9)

Ich packe meine Taschen zusammen und trage Rucksack, Brett und Paddel durch das trockene Donaubett. Da ich keinen Handy-Empfang habe, wandere ich so lange durch den Fluss, bis mir meine beiden Freunde begegnen. Ich werfe mein SUP aufs Dach ihres Wohnmobils, lege mich auf den Rücksitz und kann nicht mehr.

Während ich diese Zeilen schreibe, nach der ersten Etappe und 35 Kilometern auf dem Wasser, ist mir weiterhin flau im Magen, obwohl sich mein Körper gut anfühlt und die Schwielen an den Händen erträglich sind. Die Jungs sitzen draußen und trinken das Freibier von unserem Sponsor. Ich sitze im Wohnmobil und frage mich, ob ich diese Tortur 60 weitere Tage durchstehen kann.

TAG 2, IMMENDINGEN– HAUSEN IM TAL

Immendingen, 47°57'24.8"N 8°46'19.1"E /
Hausen im Tal, 48°05'05.0"N 9°02'24.3"E

Erneut wache ich mit flauem Gefühl im Magen auf. Da es über Nacht geschüttet und gewittert hat, durfte ich bei meinen Freunden im Wohnmobil schlafen. Sie sind gnädig und lassen mich langsam in das Abenteuer steigen. Ich kann nichts essen, steige aufs Brett und paddele mir die Angst aus dem Leib.

Immer wieder setzt meine Finne auf. Schon jetzt sieht das Ding aus, als wäre es mit einer Kettensäge bearbeitet worden. Ich muss aufpassen, dass mir nicht die ganze Box herausbricht, in der die Finne befestigt ist. Zur Not hätten meine Freunde noch ein Ersatzbrett im Wohnmobil. Aber darauf will ich mich nicht verlassen. Außerdem sind meine tüchtigen Helfer mitsamt samt Ersatzbrett in zwei Tagen verschwunden.

Beim Paddeln falle ich ständig auf die Knie, lege alles Gewicht nach vorn, damit die Finne ein bisschen höher aus dem Wasser kommt. Der Trick funktioniert einigermaßen. Alle paar Hundert Meter schleife ich trotzdem über Steine und Felsen und malträtiere meine schöne Carbon-Finne. Natürlich könnte ich die Finne abbauen und somit Bodenkontakt vermeiden. Doch ohne sie könnte ich praktisch nicht geradeaus fahren. Das SUP würde sich dann ohne Strömungsantrieb wie ein Kreisel durch das Wasser bewegen.

Wenn es gar nicht weitergeht, steige ich ab, ziehe das Heck übers Wasser und wate durch das Donaubett, bis es wieder tiefer wird. Meine Hände schmerzen, weil das Trageseil am Heckring meines Bretts in die Handflächen schneidet. Ich muss mir Schläuche besorgen, durch die das Seil läuft, um das Tragen zu erleichtern.

17

Bisher ist die Reise eine Tortur: Ich SUPe nie länger als 30 Minuten am Stück. Dann unterbrechen Wehre, Stauwerke, umgestürzte Bäume, Rampen oder zu seichtes Wasser meine Tour. Meine Turnschuhe reißen an den Seiten schon auf, weil ich mich verbotenerweise die Steinrampen herunterhangele. Dabei hebe ich das Brett am Heck an, lasse den Bug mithilfe der Strömung über die Steine rutschen und klettere durch teilweise hüfthohes Wasser hinter meinem Brett her. (Foto 10)

Das Gefälle beträgt etwa 20 Grad, die Wassertemperatur viel weniger, die Rampen sind ungefähr zehn Meter lang. Die Kraft des Wassers ist immens. Vor jedem Wehr stehen Warnschilder, »Lebensgefahr«, doch ich nehme diese nicht ernst. Ich weiß, dass Menschen in Wehren schon ersoffen sind, an denen das Wasser keinen halben Meter tief war. Doch ich weigere mich, mein Brett vor jeder Rampe über Land zu schleifen. Mein kleiner Karren hält nicht auf dem unebenen Untergrund. Und bisher konnte ich gut über die Hindernisse klettern. (Fotos 11–13)

Auf einer Brücke steht eine ganze Horde Rentner. Sie jubeln und winken mir zu. Kurz komme ich mir vor wie Forrest Gump, als er zu seinem langen Lauf aufbricht und ihm ganz Amerika in den Medien und im echten Leben folgt. Vielleicht hat sich meine Aktion wirklich herumgesprochen und Menschen kommen in Scharen, um mich anzufeuern. Wir fotografieren uns gegenseitig, winken noch einmal, und dann sehe ich einen meiner beiden Freunde neben der Brücke stehen. Wahrscheinlich haben sie die Begrüßungszeremonie organisiert. Also doch kein Forrest-Gump-Effekt.

Ein paar Kilometer später begegne ich zum ersten Mal anderen Wassersportlern. Kajaks und Kanus mit streitenden Familien, grölenden Jugendlichen und verzweifelten Paddlern, die es nicht schaffen, ihr Gefährt geradeaus zu steuern. Viele sprechen mich an, ob ich mich auf einer großen Tour befände. Wegen des Gepäcks. Einigen erzähle ich, dass ich bis ins Schwarze Meer paddeln möchte, aber nicht sicher sei, ob ich das schaffte. Alle sind begeistert und wünschen mir Glück. Da wird mir wieder klar, wie verrückt mein Unterfangen ist und wieviel Glück ich brauche, um tatsächlich am Schwarzen Meer anzukommen.

Zu Beginn meiner Tour standen nicht alle Ampeln auf Grün. Familie, Kollegen, Freunde und Bekannte rieten mir von einer zweimonatigen Tour quer durch Europa dringend ab. Die Gefahren seien nicht einzuordnen. Wie wolle ich an Nahrung und Trinkwasser kommen? Was, wenn mich jemand überfallen würde? In den meisten Regionen hätte ich kein Handynetz. Ich würde mich sicherlich verfahren. Mein Körper würde solche Strapazen niemals durchhalten. Danach hätten andere meinen Job als Reporter übernommen, ich sei dann arbeitslos. Und so weiter. Ich machte es trotzdem. Gerade deshalb vielleicht. Ich konnte gar nicht anders.

An der nächsten Umsteigestelle vor einem Wehr steht ein Kamerateam. Ich winke den Kollegen glücklich zu – hat es der *SWR* also doch noch geschafft, meine Tour ins Programm zu hieven. Die Redakteurin begrüßt mich herzlich und fragt seltsamerweise, was ich von den vielen Motorradfahrern an der Donau hielte. (Foto 14)

»Motorradfahrer?«, frage ich. »Ist mir noch gar nicht aufgefallen. Ist das hier ein Problem?« Langsam schwant mir, dass das Team nicht meinetwegen gekommen ist, sondern wegen irgendwelcher lärmenden Biker.

»Ja«, sagt die Mikrofonhalterin. »Hier fahren täglich mehr als 1.000 Motorräder durch. Das ist doch entsetzlich.«

»Sie möchten jetzt bestimmt von mir hören, dass ich das auch ganz entsetzlich finde. Richtig?«

Die Dame nickt.

»Also von mir aus können wir auch einen O-Ton türken, wenn Sie möchten«, sage ich im Scherz und benutze bewusst den politisch unkorrekten Ausdruck, um im Fernsehjargon zu sprechen. Zu meiner Überraschung antwortet die Kollegin: »Warum nicht?«

»Im Ernst?«, frage ich. Sie nickt.

Der Kameramann hält auf mein Gesicht; die Redakteurin fragt mich zum zweiten Mal, was ich zu dem Motorradlärm zu sagen hätte. »Das nervt schon ziemlich«, sage ich. Schließlich war ich ja auch jahrelang als Reporter unterwegs. »Da will man einen schönen ruhigen Tag auf der Donau verbringen, und dann rasen diese Wahnsinnigen an einem vorbei.« Ich mache »Wiuuumm, wiiuuummm« und drehe meinen Kopf schnell von rechts nach links.

Die Kollegin ist überglücklich. Auf so einen schönen O-Ton habe sie den ganzen Tag gewartet. Nächsten Donnerstag soll die Reportage in der »Abendschau« laufen.[*]

»Und was ist mit meiner Tour?«, frage ich und erkläre, dass ich vom Schwarzwald ins Schwarze Meer SUPen würde.

»Ach so, ja. Da können wir ruhig auch noch mal einen O-Ton machen. Ich könnte das Thema ans Studio Ulm weitergeben.«

Damit hätten dann fünf verschiedene Redaktionen des *SWR* das Thema auf dem Schreibtisch liegen. Mal sehen, ob jemand doch noch darüber berichtet. Ich verabschiede mich höflich, schäme mich, den öffentlich-rechtlichen Beschwerde-Journalismus unterstützt zu haben und paddele weiter.

Hinter mir höre ich dunkles Grummeln. Ein Gewitter zieht auf und nähert sich. Die Zeit zwischen Blitz und Donner wird immer kürzer. In der Ferne sehe ich ein Dorf. Bis dahin muss ich es schaffen. Zum ersten Mal stelle ich mich in den Surfschritt, also ein Bein vor das andere und haue mit dem Paddel in die Donau, dass es spritzt. Als Blitz und Donner nur noch drei Sekunden auseinanderliegen, gelange ich unter eine alte Holzbrücke.

In den letzten Minuten vor dem schützenden Dach der mittelalterlichen Konstruktion schießen mir alle meine Versprechungen durch den Kopf. Ich musste meiner Familie und vielen Freunden hoch und

---

[*] Hier kann man die Sendung sehen: www.youtube.com/watch?v=FY6ckTRTaZ4.

heilig schwören, vorsichtig zu sein, insbesondere sollte ich bei Gewitter unbedingt an Land gehen, auf gar keinen Fall zu nah an Wehre heranpaddeln und mir sichere Plätze zum Schlafen suchen. An das letzte Versprechen habe ich mich gehalten – weil ich bisher mein Zelt noch nicht aufbauen musste.

Ich lege mein SUP auf die Böschung, klettere den Damm hoch und suche Schutz in der Brücke. Sie gehört zu einem Kloster, ist aus Holz gebaut, dicke Eichenstämme bilden das Dach. Ich lege mich auf einen der Stützpfeiler, nicke im Halbschlaf noch einem Priester oder Pfarrer zu und schlafe ein. Plötzlich schieße ich aus dem Schlaf auf – was, wenn die Donau durch das Gewitter so schnell gestiegen ist, dass mein Brett fortgespült wurde? Ich renne zur Böschung und sehe mein Brett ungerührt am Ufer liegen.

Ich zurre meine Sachen fest und paddele weiter. Von weitem ragen immer wieder Kirchtürme aus den Bergen und Felsen heraus. Jeder Pfarrer braucht hier sein eigenes Kraftwerk. Kein Dorf ohne Kirche, keine Kirche ohne Kraftwerk, kein Kraftwerk ohne entsetzliche Mühsal für den Paddler.

Nach noch nicht einmal 28 Kilometern Tagespensum, kurz hinter dem Kloster Beuron (Foto 15), kann ich nicht mehr. Ich rufe meine beiden Freunde an und frage, ob wir einen Platz zum Zelten suchen könnten. Zufällig finden wir einen hübschen Ort auf einer Wiese direkt unterhalb eines Hauses, das auch zur Kirche gehört. Ein Pastor in Zivil erlaubt uns, dort zu übernachten. Aber nur, weil mein Zelt aus Camouflage ist und es die Polizei somit wohl kaum sehen könne.

»Kann die Polizei denn verbieten, dass Sie auf Ihrem Grundstück Camper übernachten lassen?«, frage ich den Mann. Er wirkt seltsam schüchtern und macht auf mich nicht den Eindruck, als könnte er in der Kirche eine Predigt halten.

»Man weiß nie«, sagt er und geht zurück in sein Haus.

Ich baue mein Zelt auf. Meine beiden Freunde filmen mein gesamtes Equipment (Foto 16), machen ein paar Interviews mit mir und gehen dann in ihr Wohnmobil – »Facebook füttern und so«. Mich lassen sie bewusst allein.

Mitten in der Nacht wache ich auf. Meine Hüfte und meine Schultern schmerzen. Außerdem ist mir kalt. Mit Schrecken stelle ich fest, dass meine aufblasbare Isomatte nicht dichthält. Ich blase sie also erneut auf und schlafe sofort wieder ein.

Mein letzter Gedanke ist mal wieder, dass ich mir nicht sicher bin, ob ich diese Reise wirklich durchziehen möchte.

TAG 3, HAUSEN IM TAL-SCHEER

Hausen im Tal, 48°05'05.0"N 9°02'24.3"E /
Scheer. 48°04'05.5'N 9°17'52.7'E

E s ist noch nicht einmal 6 Uhr früh, als mich die Drohne meiner Freunde über meinem Zelt weckt. Sie machen letzte Aufnahmen und wollen dann zurück in den Norden fahren. (Fotos 7+8)

Wir umarmen uns lang, sie sprechen mir Mut zu, hauen mir mehrmals viel zu fest auf meine muskelverkaterten Schultern, steigen in ihr Wohnmobil und machen sich auf den Weg nach Hamburg. Meine morgendliche Übelkeit kehrt zurück. Ab jetzt bin ich auf mich selbst' gestellt. Ich sitze vor meinem Zelt und kann nicht glauben, dass ich ab jetzt allein durch dieses Abenteuer schreiten muss.

Ich packe meine Sachen, stelle fest, dass wir ein ganz akutes Schneckenproblem in Deutschland haben und pflücke die klebrigen Biester vom Zelt und werfe sie in die Donau. Anschließend trage ich mein Brett hinterher, schnalle meine Taschen und den Rollwagen ganz bewusst fest und weiß, dass das Abenteuer erst jetzt richtig beginnt.

Vor mir türmen sich riesige Kalksteinwände auf. Die Donau wird rauer und voller. Nur die Wehre bleiben. Noch dazu weisen mich jetzt Verbotsschilder darauf hin, dass ich mich mitten in einem Naturschutzgebiet befinde und hier auf keinen Fall paddeln darf. Strafe bis zu 10.000 Euro. Den ganzen Tag begegnet mir kein Mensch. (Foto 17)

Die Natur ist überwältigend schön auf dieser Strecke, und mir wird zum ersten Mal klar, dass ich genau diese einsamen Momente in der Natur gesucht habe, egal, ob im Schwabenland oder in Kroatien. Ich stelle mein Paddel aufs Brett, stütze mein Kinn darauf, lasse mich treiben und bin zum ersten Mal wirklich glücklich und entspannt.

23

Gleichzeitig stelle ich fest, dass ich hier ein Eindringling bin. Die armen Stockenten fliehen vor mir. Das Weibchen haut immer zuerst ab; sie ist wachsamer und ängstlicher. Der Erpel folgt ihr stets mit ein bisschen Abstand; treu und ergeben.

Auch die Schwäne haben hier Angst vor mir. Sie watscheln beim Start klatschend übers Wasser. Erst nach 30, 40 Metern schaffen sie es, ihre gewaltigen Körper mit den Schwingen in die Lüfte zu hieven. Mir schießt der Gedanke durch den Kopf, dass ich gern mal für einen Tag mit einer dieser Kreaturen tauschen würde. Einfach und natürlich in und mit der Natur sein. Und fliegen können.

Doch dann kommt das nächste Wehr, und ich frage mich, warum hier jeder Pastor seine Hindernisse in die Natur bauen durfte und mir in dieser Gegend das Paddeln verboten wird.

Ich paddele mit einem Bieber um die Wette. Irgendwann findet der Nager den Menschen langweilig. Er holt tief Luft und taucht mit einem kleinen Aufschwung ab. Rechts und links von mir liegen abgenagte Bäume im Wasser.

Ein Roter Milan scheint mich seit Donaueschingen zu begleiten. Störche, Fischreiher und Rüttelfalken fliegen nur wenige Meter vor meinem Brett übers Wasser. Einige Vögel versuchen, mich anzuscheißen. Doch bisher spritzten die grauen Bomben neben mir ins Wasser. Mir kommt das Ulmer Münster in den Sinn, das im Zweiten Weltkrieg auf sagenhafte Weise als einziges Gebäude im Bombenhagel stehengeblieben ist.

Es gackert und kreucht um mich herum. Die Wälder sind vollkommen unberührt. Am Ufer und im Dickicht herrscht das totale Chaos, und doch ist alles in Ordnung. Nicht vorzustellen, dass dieser Bach zum Fluss und irgendwann zum Strom wachsen wird. Dass er Länder teilt, Soldaten patrouillieren lässt. Noch ist die Donau Teil eines Ganzen, sie trennt nichts. Niemand kann an einer Seite des Ufers stehen und die auf der anderen Seite hassen oder fremd finden. Doch vielleicht existiert all dies auf späteren Donaukilometern gar nicht, und ich bin auf den Alarmismus der Medien hereingefallen. Ich werde es in den kommenden Wochen herausfinden.

An einem besonders steilen Wehr schlägt mein SUP quer und meine Finne bricht heraus. Zum Glück kann ich sie aus der Donau fischen und wieder einbauen. Wie durch ein Wunder ist der Finnenkasten weiterhin unbeschädigt. Wer auch immer dieses Brett geklebt hat, versteht sein Handwerk. Vermutlich ein Chinese oder Bangladeshi, und von der Donau hat er noch nie gehört.

Der Fluss schießt zwischen Kalkfelsen hindurch. Es wäre unmöglich, gegen die Strömung anzupaddeln. Hier gibt es kein Zurück. Ich rausche mit 10 km/h über Steine und Gräser. Immer wieder schabt meine Finne über den Boden. Lange geht das nicht mehr gut. Als sich das Wasser wieder beruhigt, entdecke ich ein Stechpaddel im Unterholz. Es muss ein unglücklicher Paddler in den Stromschnellen verloren haben. Wie er wohl ohne Paddel sein Boot manövriert hat?

Die nächste Rampe scheint leichter zu überwinden zu sein als die vorherigen. Ich steuere mein SUP ganz nach rechts, weil am Rand normalerweise die Strömung am schwächsten ist. Obwohl die Stelle insgesamt nicht so steil ist, fließt hier das Wasser trotzdem in hoher Geschwindigkeit herunter. Die Wassertemperatur beträgt höchstens 15 Grad. Doch ich bin so mit Adrenalin überschwemmt, dass ich nichts merke und mich nur auf mich und das Brett konzentriere. Auf einer Brücke über mir stehen zwei Biker und filmen meinen Kampf mit dem Wasser. Die Aufnahmen würde ich gern sehen.

Als sich mein Fuß unter einem Stein verklemmt und ich eine schwere Verletzung fürchten muss, lasse ich mein SUP los und ziehe mich mit beiden Armen gegen die Strömung zurück, um meinen Fuß zu befreien. Das SUP schießt davon und kracht mit der Finne auf einen Felsen. Trotz des Rauschens höre ich es knacken. Beim Griff unters Heck stelle ich fest, dass die Finne weg ist – es ist ein Wunder, dass sie bis jetzt gehalten hat. Ich taste noch ein bisschen im Wasser herum, doch gibt es keine Möglichkeit, das Ding wiederzufinden.

Ich lege mich aufs Brett und fahre jetzt ohne Finne bäuchlings die Rampe herunter. Unkontrolliert schabe ich über runde Felsen, presche durch kleine Stromschnellen und Wasserfälle, bis die Donau wieder ruhig weiterfließt.

Klitschnass steuere ich mein Brett an Land und stelle erleichtert fest, dass der Finnenkasten immer noch keinen Schaden davongetragen hat. Auch die Unterseite des Bretts hat kaum Schrammen abbekommen. Jedes feste Brett aus Plastik oder Carbon wäre mittlerweile schrottreif. Aber mein aufblasbares Board funktioniert im Fluss wie ein Autoreifen. Ich kann fahrlässig Hindernisse übermangeln wie ein Auto Bürgersteigkanten, das Brett gibt nach und zeigt sich unversehrt. Ich darf es nur nicht übertreiben.

Vor der Tour haben viele Freunde und Bekannte, die ich vom Wassersport kenne, über mein i-SUP, also »inflatable stand up paddelboard«, gelästert. Sie meinten, das Ding würde niemals 3.000 Kilometer halten. Doch im Moment bin ich froh über meine Entscheidung, kein festes Brett genommen zu haben. Es hat bisher auch nicht ein Millibar Luft verloren und ist mit zwei Bar immer noch prall wie ein Autoreifen. Auf dem Meer macht ein festes Board sicherlich mehr Sinn. Aber auf einem Fluss, der keine Wellen und jede Menge Untiefen hat, ist ein i-SUP die bessere Wahl.

Ich hole meine Ersatzfinne aus der Tasche und schwöre mir, ab jetzt vorschriftsmäßig alle Rampen zu umlaufen. Sollte ich hier draußen ohne Finne weiterfahren müssen, hätte ich ein echtes Problem.

Nur ein paar Minuten später gelange ich ans nächste Wehr. Dieses Mal mit Bootsrutsche. Ich sehe, wie vor mir ein Zweierkajak die Rutsche herunterrast. Doch Kajaks haben keine Finne. Ich lege an, beschaue mir die Rutsche genau und schätze die Chancen, dass meine Finne genügend Platz hat auf fifty-fifty. Also drücke ich einen roten Knopf und warte, bis die Ampel auf Grün schaltet. Vor mir fährt eine Rampe hoch, staut das Wasser auf über einen halben Meter an, dann springt die Ampel um, und ich stürze mich in den einen Meter breiten Betonkanal. Ich rase mit Höchstgeschwindigkeit die Bootsrutsche herunter und werde ohne Randberührung von der Strömung nach zehn Sekunden wieder in die Donau gespuckt. Solche Dinger sollten gesetzlich vorgeschrieben werden. (Foto 18)

Baden-Württemberg ist fest in der Hand des Klerus. Überall stehen Kirchtürme herum, manchmal sogar zwei pro Dorf. Auf jedem Gipfel prangt ein Kreuz, und auf jedem Fels steht eine Kapelle. (Foto 19)

Meine Kräfte verlassen mich. Ich bin heute wegen der vielen Wehre und Rampen nicht sonderlich weit vorangekommen. Trotzdem beschließe ich, an einer Umsteigestelle Rast zu machen. Es ist 17 Uhr, vielleicht sollte ich hier einfach schlafen.

Am Ufer steht eine Frau mit Hund und zwei Kindern. Schon am »Hallo« höre ich die Sächsin. Es klingt eher wie »Hollö«. Sie hilft mir, mein Brett an Land zu ziehen und sieht dann mein Stechpaddel.

»Das klingt vielleicht unglaubwürdig, aber das ist unser Paddel.«

»Das ist ja ein Zufall«, sage ich. Ihr achtjähriger Sohn guckt auf mein Brett und sagt: »Ja, das habe ich gestern verloren.«

»Und wie bist du dann weitergepaddelt?«, frage ich ihn.

»Gar nicht. Die anderen sind gepaddelt.«

»Wir haben ein Viermann-Kajak. Also hatten wir noch drei weitere Paddler an Bord«, sagt die Mutter.

Der Junge nimmt das Paddel und läuft zu seinem Vater, der auf einem Parkplatz direkt neben der Donau an einem Wohnmobil herumschraubt. Als der Vater seinen Sohn mit dem Paddel sieht, schaut er überrascht auf und winkt mir dankend zu.

»Wir waren gestern keine Stunde auf dem Wasser, als unser Boot von einem Metallstift aufgeschlitzt wurde«, ruft der Mann.

»Wie kann das denn passieren?«, frage ich.

»Wir wurden in einer Kurve nach außen gedrängt und kamen zu nah ans Ufer. Dort hat ein Metallstift unser Plastikboot über 30 Zentimeter aufgerissen. Wir sind sofort gekentert und mussten das kaputte Kanu dann fast fünf Kilometer durch den Wald tragen. Eigentlich hätten wir es auch einfach liegen lassen können.«

Mir wird wieder klar, wie viel Glück ich bisher gehabt habe. Vielleicht ist mein Brett aber auch leichter zu manövrieren. Immerhin war die Familie zu viert mit Hund unterwegs, und Kinder sind meist keine guten Paddelhilfen.

Wir unterhalten uns noch ein bisschen, dann bricht die Familie in ihrem Camper auf in Richtung Frankreich. Vielleicht finden sie noch jemanden, der ihr Boot reparieren kann.

Während ich mein Zelt am Ufer aufbaue, kommen zwei gedrungene, ein bisschen finster aussehende Typen auf mich zu – Fischereiaufsicht. Ich grüße freundlich und baue weiter auf. Meine Angel liegt in meinem Gepäck und wurde auf dieser Reise noch nicht einmal unerlaubterweise benutzt.

Sie fragen mich, was ich hier machen würde.

»Zelten«, sage ich.

»Angeln tun Sie nicht?«

Ich verneine. »Was wäre denn, wenn?«

»Dann würden wir Ihre Angellizenz prüfen und gegebenenfalls die Polizei informieren. Und das wird dann richtig teuer.«

»Na, da hab ich ja nochmal Glück gehabt.«

Die beiden schauen mich irritiert an, grüßen noch einmal den Herrgott und ziehen davon.

Erst jetzt merke ich, dass auf der anderen Seite schon wieder eine Kirchturmuhr bimmelt – und zwar alle Viertelstunde. Wieso kann sich diese überholte Institution eine solche Lärmbelästigung herausnehmen? Als ob nicht jeder Mensch heutzutage eine Uhr tragen würde oder zumindest eine Uhr im Handy zur Verfügung hätte. Doch jetzt ist es zu spät, das Zelt steht. Ohrenstöpsel möchte ich nicht tragen, aus Angst, möglicherweise Diebe nicht zu hören.

Mein SUP habe ich mit einem Schloss an einem Pfahl angebunden. Dazu habe ich einen Sicherheitsalarm unter dem Brett befestigt. Wenn es jemand wegtragen wollte, würde ein lautes Piepen ertönen. Das sollte doch jeden Dieb in die Flucht schlagen.

Zur weiteren Sicherheit habe ich noch eine besonders starke

Taschenlampe dabei, die man Dieben in der Dunkelheit direkt ins Gesicht hält. Das soll sie blenden und verunsichern. Ich hoffe, dass ich das Ding nie benutzen muss.

TAG 4, SCHEER–ROTTENACKER

Scheer, 48°04'05.5"N 9°17'52.7"E /
Rottenacker, 48°13'51.3"N 9°41'16.2"E

Zum ersten Mal wache ich allein auf – ohne meine Freunde. Sie haben mir eine Nachricht geschickt, dass sie gut in Hamburg angekommen sind.

Ich nehme mir vor, in den kommenden Tagen alles in Ruhe zu genießen. Ich will nicht durch dieses Abenteuer hetzen. Warum sollte ich etwas beschleunigen wollen? Das hieße lediglich, dass mich etwas anderes mehr interessiert als das, was ich gerade mache. Ich will mich mit Bedacht über den Fluss bewegen, die Reise in ihren einzelnen Abschnitten würdigen. Ohne Tagesziel, ohne Effizienz, ohne To-do-Liste. Nur mit der Aussicht, eines fernen Tages am Schwarzen Meer anzukommen.

Noch bin ich völlig unerfahren in meinem Abenteuer. Wie viele Fehler liegen noch vor mir? Wieviel werde ich dazulernen? Wie häufig werde ich über mich selbst den Kopf schütteln?

Das Schönste am Reisen ist, dass man nicht weiß, was man nicht weiß.

Bislang verstehe ich diesen Fluss nicht. Seine Strömungen und Strudel folgen scheinbar keinen Gesetzmäßigkeiten. Nur in Kurven gilt die Fliehkraft, und außen ist die Strömung am Stärksten. Aber sonst blubbert es manchmal, als wollten Tiere an die Oberfläche steigen, Kreisel und Strudel ziehen in Ringen übers Wasser und schieben mein Boot zur Seite. Dann fühlt es sich an, als hätte ich schon wieder meine Finne verloren.

Manchmal fahre ich für mehrere Kilometer durch metertiefes Wasser, dann setzt meine Finne plötzlich wieder auf und knirscht durch den Kies. Auch die Farbe des Wassers verändert sich nach jeder zweiten Biegung. Mal ist die Donau pechschwarz, dann wieder braun, später grün und manchmal sogar blau. Es gibt Kilometer, an denen das Wasser regelrecht steht, und dann fließt der Fluss wieder mit mehr als zehn Stundenkilometern durch die Natur. Meist bewegt sich vor Wehren nichts. An den Stromschnellen weiß ich mittlerweile, wo ich ohne aufzusetzen am besten durchkomme. Mittlerweile gelingt es mir, Unterwassersteine zu orten und ihnen rechtzeitig auszuweichen. Sie verraten sich, denn sie verursachen immer einen Strudel hinter sich.

Es gibt Abschnitte, an denen ich wie über eine schlingernde Wiese fahre. Seegras wabert in der Strömung, und meine zerkratzte Finne reißt ganze Büschel mit sich. Dann muss ich bäuchlings nach hinten ans Heck kriechen und die Finne von dem Zeug befreien – erstens bremst das Seegras, zweitens reagiert das Brett schlechter in der Strömung, wenn die Finne nicht frei ist. (Foto 20)

Immer wieder tauchen goldfarbene Inseln in der Donau auf. Ich würde dort gern einmal übernachten, habe aber Angst, dass das Wasser über Nacht steigen und mich wegspülen könnte. Oder ist die Donau so perfekt reguliert, dass es nur noch in Ausnahmefällen Hochwasser gibt? Haben die Begradigungen und künstlichen Flussbetten die Gewalten der Natur komplett im Griff? Durch die vielen Schleusen und Wehre müsste sich der Wasserstand der Donau millimetergenau pegeln lassen. Doch ganz im Griff werden wir Menschen die Natur nie haben – zum Glück.

Noch vermisse ich unsere Zivilisation nicht. Mein Zelt reicht mir als Schlafstätte. Geschirr, ein festes Dach, Wasserklosetts oder elektrischen Strom brauche ich nicht. Die Nächte sind so kurz, dass ich auch kein Licht benötige. Bis 10 Uhr abends ist es so hell, dass ich draußen noch lesen könnte – was wegen der Mücken nicht geht. Doch in meinem Zelt habe ich Ruhe vor den Biestern und eine Gemütlichkeit, die es in keinem Haus geben kann. Zum Glück gibt es beleuchtete

E-Reader, sodass ich ein 80 Gramm schweres Gerät mit hunderten von Büchern dabeihabe.

Viele Freunde haben mir gesagt, dass sie mich um meine Tour beneiden. Ich weiß, dass sie die Nähe zur Natur meinen. Den Ausstieg aus dem Arbeitsalltag und die Freiheit. Was sie nicht bedenken sind die Strapazen, die nassen Klamotten, die Ungewissheit. Die Einsamkeit, die kalten Nächte.

Das Leben der anderen sieht immer leichter aus als das eigene.

Ich bin ständig hellwach. Ich weiß nie, was hinter einer Kurve lauert, wie ich das nächste Wehr überwinde, wo ich schlafe, wo ich Nahrung kaufen kann, was das Wetter bringt. Jeder Flussmeter zwingt mich in die Gegenwart. Meine Gedanken schweifen fast nie ab. Ich bin ständig präsent und nie entspannt. Das ist der große Unterschied zur Komfortzone, in der sich jeder auskennt, in der man keinen Eventualitäten begegnet. Der Gegensatz zu der Welt, in der alles durchgeplant ist.

Das Problem ist nur, dass wir unsere Komfortzone auf räuberische Weise ausgebaut haben. Wir fahren riesige Autos, leben in überteuerten Angeberwohnungen, besitzen Kühlschränke groß wie Kleiderschränke und kaufen mehr Kleidung im Jahr als Menschen vor hundert Jahren in ihrem ganzen Leben. Wir verschicken täglich mehr Nachrichten als unsere Ahnen in drei Generationen. Wir leben freiwillig in einem riesigen Menschen-Zoo, weil es uns in der freien Wildbahn zu gefährlich geworden ist. Und wenn jemand mal für zwei Monate den Zoo verlässt, bekommt er von seiner Familie Mails voller Sorge, von seinen Kollegen ein Kopfschütteln und von den meisten Menschen die Ferndiagnose »verrückt«. Wir sind schon so lange Käfiginsassen, dass unsere Spezies völlig vergessen hat, dass sich das wahre Leben außerhalb des Käfigs abspielt.

Gestern fragten mich Fußgänger am Ufer, wo ich denn hinwolle mit so viel Gepäck. Als ich sagte »Ins Schwarze Meer« schlug die Frau die Hände vor dem Mund zusammen, als hätte ich ihr gerade glaubhaft den Weltuntergang prognostiziert.

Häufig winke ich Anglern oder Spaziergängern zu. Nur die wenigsten winken zurück. Meist schauen sie schnell zur Seite, als würden sie auf keinen Fall Kontakt zu dem Humanoiden auf seinem neuartigen Sportgerät haben wollen. Alles Neue macht Angst. Alles Fremde erst recht. Die Menschen hier sind nicht fremdenfeindlich. Sie sind fremdenängstlich. Die Feindlichkeit ist der nächste Schritt.

Auf einer Umtragestelle steht plötzlich eine Band. Sie spielen Lieder von den Rolling Stones und winken mir zu. Wieder kommt das Forrest-Gump-Gefühl in mir hoch. Meine Eitelkeit ekelt mich an. Aber dieses Mal stimmt es sogar – ein bisschen. The Anythings finden mein Abenteuer so toll, dass sie mir ein Ständchen spielen. Jetzt erinnere ich mich auch, dass mir der Sänger eine Nachricht auf Facebook geschickt hat. Ich hatte ihm gesagt, dass ich nach drei, vier Tagen durch Scheer paddeln würde. Wenn er mich auf dem GPS verfolgt, könnte ein Treffen klappen.

Ich gehe an Land, wippe ein bisschen im Takt mit den Hüften und singe bei »Dead Flowers« von den Rolling Stones laut mit. (Foto 21) Danach umarmen wir uns spontan. Der Sänger ist einer von diesen Typen, die mir sofort vertraut vorkommen. Wie ein alter Freund. Einer, dem ich mich nicht erklären muss. Der meine Lebensart schätzt und vermutlich ebenfalls ein unkonventionelles Leben führt. Auch ein Abenteurer, der sich das Leben ein bisschen schwerer macht, als es sein müsste. Der aber seine Kraft aus den Unwägbarkeiten zieht und erhobenen Hauptes durchs Leben geht.

Die Band hat Zuschauer angelockt. Eine Frau – um die 60, seltsam vertraut tuend, als kennten wir uns schon lang, mit Hund – gratuliert mir zu der hervorragenden Idee, Europa auf dem SUP durchqueren zu wollen. Aber ich solle aufpassen, dass nicht zu viele Ausländer die Donau hochkommen. Genug sei genug.

»Ich habe nichts gegen Ausländer«, sage ich konsterniert.

»Genug ist genug«, sagt sie noch einmal. Ich frage mich, was »genug« bedeuten soll und wovor sie Angst hat. Sind hier zu viele Ausländer gelandet? Gibt es in diesem Nest überhaupt Ausländer? Hat sich die Frau je mit Ausländern unterhalten?

Ein Bandmitglied hat Bier aus einer benachbarten Kneipe geholt – für mich sogar ein alkoholfreies. Wir stoßen an – auf die Freiheit, den Rock 'n' Roll und auf das Leben.

Die Frau, für die kein Bier mitgebracht wurde, verabschiedet sich und drückt mir »alle Daumen und die Zehen noch dazu«. Wie freimütig sie ihre Angst vor Ausländern äußert, zeigt, dass dieses Thema in ihrem Freundes- und Bekanntenkreis zum Alltagsgespräch gehört. Ich frage mich, wie weit diese Angst in dieser Region verbreitet ist. Als die Frau gegangen ist, ärgere ich mich, dass ich mich nicht länger mit ihr unterhalten habe. Wie soll ich ihre Ängste verstehen, wenn ich nicht nachhake? Aber in diesem Moment war die Band wichtiger.

Leider sind die Bandmitglieder für später verabredet, sodass ich den Abend allein verbringe. Es ist 20:30 Uhr, und im ganzen Dorf gibt es kein einziges offenes Restaurant mehr. Lediglich ein Dorfgasthof etwas außerhalb hätte noch warme Küche. Ich beschließe, in eine Kneipe zu gehen, Salzstangen zu essen und das Champions-League-Finale zu gucken. Als es 3:1 für Real steht, gehe ich zurück in mein Zelt, stinke entsetzlich nach Rauch, trage eine seltsame Unruhe in mir und stelle nach einer halben Stunde mit Entsetzen fest, dass meine aufblasbare Isomatte jetzt schon, nach 20 Minuten, platt ist. Das Loch muss noch größer geworden sein.

Mitten in der Nacht versuche ich, die Matte mit einem Fahrradflicken zu reparieren. Doch das Loch befindet sich genau am Rand, und meine Flicken wollen dort nicht halten. Auch der Kleber, um mein SUP zu reparieren, haftet nicht vernünftig auf der Matratze. Ich verbringe also die Nacht auf einer platten Matte und wache mit schmerzenden Hüft- und Schulterknochen auf.

TAG 5, ROTTENACKER–ULM

Rottenacker, 48°13'51.0"N 9°39'42.9"E /
Ulm, 48°23'17.8"N 9°59'08.2"E

Im Moment bin ich reicher als die meisten Menschen um mich herum – reicher an Zeit und reicher an täglicher Erfahrung. Während ich mein Leben diesem Reichtum anpasse, schwirren die seltsamen Reaktionen meiner Freunde und meiner Familie durch meinen Kopf. Einige bewundern mich für die Tour, andere beneiden mich. Viele, die länger über mein Abenteuer nachdenken, interpretieren meine zunehmende Freiheit als Kritik an ihrem eigenen Lebensstil. Als würde meine Sicht auf unsere Gesellschaft ihre eigenen Werte in Frage stellen. Bevor sie ernsthaft überlegen, etwas an ihrem Leben zu ändern – zum Beispiel weniger arbeiten, weniger konsumieren, weniger saufen, weniger sorgen, weniger schwarzmalen – stecken sie mich in die Vagabunden-Schublade, zu den Unverantwortlichen und Egoistischen.

Dabei versuche ich niemanden zu bekehren. Ich freue mich über jeden, der nicht aussteigt. Sonst wäre die freie Welt von Vagabunden überlaufen und die Donaustrände so überfüllt wie der Ballermann in den nordrheinwestfälischen Sommerferien.

Meine Reise unterliegt keiner Ideologie. Ich will auch keine sozialen Missstände aufzeigen oder gesellschaftliche Kritik üben. Ich will keine Politik machen oder für etwas kämpfen. Ich will einfach nur meine Freiheit genießen.

Jeder soll sein Leben leben. Die, die mich kritisieren, sollen mich ebenfalls mein Leben leben lassen. Diese Reise ist mein ganz persönliches Abenteuer, das ich gern mit der Welt teile.

Es geht auf dieser Reise nur um mich – genau wie es den Menschen in meiner Umgebung nur um sich selbst geht. Jeder arbeitet, um sein

Leben voranzubringen; auf welche Weise auch immer. Ich reise, um das gleiche Ziel zu verfolgen. Ich bereichere mich und mein Leben mit den unzähligen Möglichkeiten und Geschichten der Donau.

Ich packe meine Sachen zusammen und stelle mit Entsetzen fest: meine Sonnenbrille ist verschwunden. Die gute, polarisierende, 300 Euro teure. Ich könnte mich selbst verfluchen. Wie konnte das passieren? Wo habe ich sie abgenommen und liegenlassen? Vielleicht bei Rosis Schankwirtschaft gestern Nachmittag? Ich muss den Fußweg auf mich nehmen – auch wenn ich mir sicher bin, die Brille dort nicht abgesetzt zu haben.

Rosi hat keine Sonnenbrille gefunden. Ich verfluche mich und meine Schludrigkeit, wandere den langen Weg zurück, spanne mein SUP auf den Karren und ziehe schlechtgelaunt an einem Wehr vorbei in einen kleinen Fluss, der in die Donau führt.

Mein Tagesziel ist Ulm – fast 50 Kilometer. Ab Ulm ist es erst einmal vorbei mit der natürlichen Donau.

Meine Sonnenbrille vermisse ich heute nicht: Es nieselt fast ununterbrochen. Der Fluss hat Gänsehaut. Trotzdem SUPe ich im T-Shirt und barfuß. Mir ist seltsam warm, obwohl ich von Natur aus ein Frostkötel bin.

Auf einer Brücke steht plötzlich Peter Jung, der Sänger der The Anythings, macht ein paar Aufnahmen und winkt mir zu. Es tut gut, eine bekannte Seele in dieser Einsamkeit zu sehen. Keine Minute später bin ich seinen Blicken entschwunden und hinter der nächsten Biegung. Die Strömung der Donau ist so stark, dass ich nicht anhalten kann.

Nach einer langen Passage durch einen finsteren Forst verlasse ich die Berge und den dschungelartigen Wald und gelange über eine lange Kurve ins Flachland. Vor meinem Bug steigt eine kleine, zischelnde Welle hoch. Die Donau hat sich hier in sandigen Boden gefräst und fließt fast ohne Strömung weiter. Willkommen in einer völlig neuen Welt! Der wilde Bach ist plötzlich gezähmt.

Nach einem gewaltigen Wehr gelange ich in einen Kanal und paddele gegen den Wind Richtung Ulm. Die Brücken hier sind teilweise bloß 30 Zentimeter hoch, sodass ich mich flach aufs Brett legen muss und mich am Gestänge unter den Überführungen voranziehe. Warum die Behörden hier überall Lebensgefahr-Schilder anbringen müssen, bleibt mir ein Rätsel.

Ich frage mich, wie viele Sehenswürdigkeiten und hübsche Orte ich an mir vorbeiziehen lasse, ohne von ihnen Notiz zu nehmen, ohne sie überhaupt zu sehen, weil sie hinter Anhöhen oder Wäldern liegen. Wie viele Sagen und Geschichten verpasse ich? Wie viele Menschen, wie viele Wunder, wie viele Schauspiele? Doch ich werde alles erleben, was ich erleben soll. Es wird genug sein für eine so lange Reise.

Auf einer weiteren Brücke steht ein Vater mit seiner Tochter. Sie winken mir schon von weitem zu. Als ich bei ihnen ankomme, ruft der Vater begeistert, dass er meine GPS-Position genau im Internet verfolgt habe und mich unbedingt live erleben wollte. Er verfolge alles im Internet, poste meine Bilder und Filme und habe sich online schon ein SUP bestellt. Wir reden ein bisschen über die Schönheit des Flusses, bis mein Kampf nach Ulm weitergeht.

Erste ketzerische Gedanken überkommen mich: Sollte ich ab Ulm nicht einfach trampen? Mein Brett auf irgendeinen Kahn legen und mich mitnehmen lassen? Ich habe niemandem einen Schwur geleistet, dass ich jeden Kilometer selber paddeln würde. Ich will einfach nur auf dem Wasserweg ins Schwarze Meer.

Nach langen, ermüdenden Stunden sehe ich endlich das Ulmer Münster. Zwei Stunden später SUPe ich an der Innenstadt vorbei. Schon oft habe ich hier mit Freunden gestanden und mir vorgestellt, wie es wohl sein mag, wenn ich auf meiner Tour durch Ulm kommen würde. Jetzt ist es soweit, und ich bin überwältigt. Die erste Etappe ist geschafft. Die »wilde« Donau liegt endgültig hinter mir. Ab jetzt ist der Fluss schiffbar. Es werden neue Gefahren und Unwägbarkeiten auf mich zukommen. Gefährliche Rampen und steinige Wehre muss ich auf jeden Fall nicht mehr herunterklettern.

Am Ufer erwartet mich eine alte Freundin, die nur wenige hundert Meter von der Donau entfernt wohnt. Erst jetzt spüre ich, wie erschöpft ich bin. Mir fehlt fast die Kraft, um mein Brett zu ihrem Appartement zu ziehen. Die erste warme Dusche seit fünf Tagen hilft mir auch nicht weiter. Um halb neun schlafe ich tief und fest auf ihrer Couch ein.

TAG 6, ULM

Ulm, 48°23'17.8"N 9°59'08.2"E

Ich wollte schon immer weg. Schon als Kind lief ich von zu Hause fort und erkundete die Welt – zum Entsetzen meiner Eltern. Mit 16 ging ich ein Jahr in die USA. Nach dem Abitur schickte mich das Kreiswehrersatzamt nach Holland, zum Studium zog ich nach England, mit Anfang 30 segelte ich von Frankreich in die Südsee, ein paar Jahre später reiste ich mit einem indischen Guru um die Welt, und seitdem ich die 40 überschritten habe, halte ich es nie länger als ein paar Monate zu Hause aus.

Ich gebe dem Impuls fast immer nach, war in den zwölf Monaten vor der SUP-Tour in Australien, den USA, Südafrika, ungezählten Ländern Europas und quer durch Deutschland unterwegs. Ich schimpfe häufig über die Gier unserer Gesellschaft. Doch meine Gier nach Leben – und Leben spüre ich am stärksten, wenn ich reise – ist mindestens so überbordend wie der Konsumismus der westlichen Welt. Ich konsumiere Reisen. Jetzt also die Donau. Zehn Länder. Der totale Trip. Manchmal bekomme ich vor mir selber Angst. Diese Tour ist keine Flucht, und erst recht nicht die Suche nach dem Sinn des Lebens. Das ist Quatsch. Den finden wir nie. Es ist die Suche nach der Erfahrung, lebendig zu sein.

Heute sollte mich der Südwestrundfunk interviewen und einen Film über meine Tour machen. Doch hat das Team aus »organisatorischen Gründen« abgesagt. Vermutlich haben sie sich nicht getraut, mir zu sagen, dass meine Tour nicht spannend genug ist, nicht medientauglich. Ein Mensch, der einfach nur einen Fluss runterpaddelt, ist noch keine Geschichte. Möchte ich im öffentlich-rechtlichen Fernsehen auftauchen, muss ich wohl mehr bieten.

Ich kenn das TV-Business – schließlich verdiene ich seit 20 Jahren in dieser Branche mein Geld. Mein Abenteuer ist nicht einzufangen, denn es ist mehr als ein rein physischer Akt. Meine Reise ist kein Wettkampf, kein Weltrekord und kein Extremerlebnis. Das, was mit mir auf dieser Reise geschieht und noch geschehen wird, kann keine Kamera einfangen, man kann es auch nicht wie eine Ware verkaufen. Diese Reise ist viel zu lang und zu monoton, um mit klassischen, gebündelten Abenteuern mitzuhalten, in denen alles schon organisiert, vorgekaut und tausendfach erlebt ist. Meine Tour entspricht keinen Standards oder Kategorien, sie kann nicht kalkuliert werden, sie ist ungeplant und nie vorhersehbar.

Das sind alles Gründe fürs Fernsehen, lieber die üblichen, planbaren Inhalte zu senden, in denen die Abenteuer quotentauglich ausgewählt werden und mit hoher Wahrscheinlichkeit bestimmte Erwartungen erfüllen.

Es ist gut, dass meine Reise von keinem Filmteam begleitet wird, denn dann wäre dieses Abenteuer nicht mehr mein Abenteuer, sondern ein öffentliches Erlebnis. Ich würde mich automatisch den Anforderungen des Fernsehens anpassen und das ursprüngliche Erleben nicht mehr ungefiltert genießen können. Wenn dieses Tagebuch eines Tages das Licht der Welt erblickt, krönt das die Reise. Die Zeit des Abenteuers selbst aber bleibt mir persönlich erhalten.

Es regnet immer noch. Außerdem fühlt sich mein Rücken an, als könnte ihm jede Sekunde ein Hexenschuss hereinfahren. Ich beschließe, einen Tag Pause zu machen. Statt in der Senkrechten verbringe ich den Tag in der Waagerechten – auf dem Sofa meiner Ulmer Freundin – und schreibe diese Zeilen.

Ich merke, wie ich mich innerlich vom Fluss entferne. Die Zivilisation hat mich wieder eingeholt. Ich esse, soviel ich kann. Dusche mehrmals am Tag für eine halbe Stunde, surfe wahllos im Internet, wasche alle meine Klamotten – auch die, die ich nicht getragen habe; und ich finde dabei meine Sonnenbrille wieder! Sie lag ordentlich verpackt in dicken Wollsocken, die ich bisher nicht tragen musste.

Ich döse vor mich hin, lasse die Strapazen der vergangenen Tage abfallen und schlafe immer wieder ein. Ich bin bestimmt kein geselliger, unterhaltsamer Gast.

Am Nachmittag beschließe ich, mich doch noch ein bisschen zu bewegen, kaufe eine aufblasbare Isomatte und klettere das Ulmer Münster hoch – den höchsten Kirchturm der Welt, 762 Stufen.

Die Donau sieht von oben so lieblich aus, so einladend. Als wäre ihr die Puste ausgegangen, sie liegt nur da und ruht sich aus. Wie eine wässrige Blutbahn, die sich durch Ulm und um Ulm herum krümmt. Von den Strömungen und Strudeln ist von hier oben nichts zu sehen. (Foto 22)

Ich habe noch 2.581 Kilometer vor mir und habe mir längst innerlich erlaubt, mit Booten mitzufahren. Für die Reise macht es keinen Unterschied, ob ich eine Million Paddelschläge mache oder 900.000, ob ich alles aus eigener Kraft hinter mich bringe oder Teile des Wegs trampe. Es geht mir nur darum zu zeigen, in welcher Freiheit wir leben, und dass wir nie vergessen sollten, diese auch zu nutzen. Zehn Länder verbindet dieser grandiose Fluss. Und alle zehn werde ich betreten. Darum geht es mir.

Beim Einschlafen frage ich mich, warum ich so ein Leben führen muss. Warum kann ich nicht einfach bescheiden und glücklich sein, zufrieden einer geregelten Arbeit nachgehen, ein paar Kinder haben, um die ich mich kümmere, eine Frau, mit der ich mein Leben teile, ein Häuschen mit Garten. Das Übliche halt. Wieso geht das bloß nicht?

Dabei fällt mir unser Paketbote ein. Der Typ hat immer gute Laune, trotz der erdrückenden Last an Paketen in seinem Lieferwagen, trotz des Zeitdrucks, bei jedem Wetter, beim hundertsten vierten Stock, bei jedem Klingeln. Ihn füllt dieser Job vollständig aus, er braucht nichts anderes. Natürlich jammert er über seine Arbeit und den Druck, träumt bestimmt manchmal von schönen Reisen und noch schöneren Frauen. Aber es zerreißt ihn nicht. Er hat einen Job, klare Strukturen und ein geregeltes Einkommen. Mich hingegen zerreißt es, wenn ich mehrere Wochen in Kiel täglich im Büro sitze, der Alltag zu Hause zu viele lächerliche Reibereien bringt, wenn ich immer die gleichen Gesichter sehe und ihre Geschichten höre. Dann kommt in mir diese Fernsehnsucht auf – im Gegensatz zur Fernsehsucht vieler anderer Menschen. Dann tigert mein Geist durch all seine Gewölbe und sucht nach Auswegen, nach Abwechslung, nach Abenteuer. Und genau deshalb sitze ich jetzt hier, habe morgen 50 Kilometer SUPen vor mir und wäre gern unser Paketbote. Aber nach drei Tagen Briefträgerleben würde ich vermutlich verrückt werden. Und das Leben unseres Briefträgers ist mit Sicherheit tausendmal härter als meine Paddelerlebnisse auf der Donau.

TAG 7, ULM–BLINDHEIM

Ulm, 48°23'17.8"N 9°59'08.2"E /
Blindheim, 48°37'00.7"N 10°37'50.5"E

Um vom Schwarzwald ins Schwarze Meer zu gelangen, muss man einfach nur einen Paddelschlag nach dem anderen machen. Und das ungefähr eine Million Mal. Jeder kann das schaffen, rein technisch ist es kein Problem, SUPen kann man lernen, man muss sich nur die Zeit nehmen. Das Geheimnis ist lediglich, es zu wollen. Der Wille allein entscheidet, ob eine solche Tour erfolgreich wird oder nicht. Die größte Herausforderung besteht darin, morgens bei Regen loszupaddeln, trotz Hungers weiterzuackern, trotz Sturms nicht aufzugeben, trotz Einsamkeit nicht zusammenzubrechen.

Genauso wichtig ist es für mich, mit mir selbst klar zu kommen. Allein sein zu können. Mit meiner Welt im Reinen zu sein. Mehr Liebe als Unfrieden in mir zu spüren. Dann kann ich diese Tour schaffen. Sonst nicht. Ich muss also meinen Willen züchten und die Gedanken zügeln.

Gestern habe ich mir fest vorgenommen, keinen Regen mehr abzubekommen. Das funktioniert heute schon – denn es hagelt. Bereits ein paar Kilometer hinter Ulm surfe ich bei sechs bis sieben Windstärken, etwa 50 km/h, downwind die Donau 'runter. So schnell war ich noch nie zuvor auf meinem SUP – außer in der Bootsrutsche. Plötzlich habe ich jedoch das Gefühl, dass mir von hinten ein Vogel auf den Kopf pickt. Und noch einer. Dann donnert es direkt neben mir, und ein Hagelsturm packt mich, drückt mich ans Ufer und ich habe – wie die ganze Zeit schon – unendliches Glück, dass dort eine schiefe Eiche steht, unter der ich Schutz suchen kann – Schutz vor dem Hagel, nicht vor Blitzen: Eichen sollst du bekanntlich weichen. Aber es blitzt nicht mehr.

Zwei Minuten später ist das Inferno weitergezogen, ich krieche unter meiner Eiche hervor und erreiche das erste Wehr. Die Wehre der schiffbaren Donau haben Schleusen, die nicht bedient werden, zumindest nicht für SUPer. Ich muss wieder alles abschnallen, meinen Ziehwagen unter das Brett spannen und das Wehr umwandern. (Foto 23)

Bei den ersten Wehren habe ich übersehen, dass direkt hinter der Schleuse Treppen zurück ans Wasser führen. Also bin ich immer die Böschung heruntergeklettert und musste zwischen spitzen Steinen versuchen, alles wieder zusammenzubinden. Beim zweiten Wehr ist mir mein Brett abgehauen, weil ich die schwere Hecktasche mit zu viel Schwung abgesetzt habe. Also bin ich schnell hinterher gesprungen, hatte aber mein Paddel an Land liegen lassen. Da mich die Strömung sofort mitriss, musste ich in voller Montur ins Wasser springen und zurück ans Ufer schwimmen. Seltsamerweise war ich nicht böse auf mich, sondern verstand dies als Test für meine wasserdichten Handy- und Fotoapparat-Taschen. Test bestanden.

Beim nächsten Wehr wird mir klar, dass diese Wasserkraftwerke nach deutscher Norm gebaut sind: Einstieg rechts, Rampe hoch, ums Wehr herumgehen, Treppen direkt hinter der Schleuse zurück zum Wasser. Es ist jedes Mal eine Quälerei. Was haben wir Menschen dem Fluss, seinen Bewohnern und Wassersportlern angetan?

Die Donau ist nicht wiederzuerkennen. Aus dem wilden, ungezähmten Mädchen ist eine begradigte, kurvenlose Plastikrinne geworden. Es geht fast nur geradeaus, alle fünf bis zehn Kilometer kommt ein Wehr, einmal sogar ein Kernkraftwerk. Immerhin hatte ich für kurze Zeit keine kalten Füße mehr.

Der Fluss hat hier alles von seiner Ursprünglichkeit verloren. Wir haben ihn reguliert, kanalisiert, eingeschnürt und zugerichtet.

Am Ufer stehen alle 200 Meter Kilometerangaben. Es ist frustrierend, wie langsam die Zahlen bis zum Schwarzen Meer sinken. 2.567 lese ich. Wie beim Pokern erkenne ich eine kleine Straße. Der Donau ist das alles egal. Sie wird uns Menschen überleben und die Schilder schlucken, die Begradigungen wegspülen und die Uferbefestigungen auffressen.

Wie verabredet treffe ich nach 25 Kilometern Pascal Rösler. Wir haben uns im Internet kennengelernt. Er plant eine ähnliche Tour wie ich, nur ab München. Er wirbt in seinem Projekt für sauberes Wasser und die Renaturierung der Flüsse. Er ist extra aus München angereist, um ein paar Kilometer mit mir zu SUPen. Seine Tour beginnt, wenn ich langsam das Delta erreichen müsste.

Nach 20 gemeinsamen Kilometern machen wir an einem Grillstand Mittagspause. Hier parkt sein Wagen. Ich lade ihn auf eine Bratwurst ein, weil er den weiten Weg auf sich genommen hat. Er schenkt mir eine neue Finne, einen Liter Wasser und einen ganzen Sack Studentenfutter.

Pascal ist für mich der Heiland. Denn nur ein paar Stunden nach unserem Treffen fällt meine Finne beim Umtragen auf den Kies. Der Metallstift, der die Finne mit der Box verbindet, ist glatt durchgebrochen. Ich baue die neue Finne ein und kann mein Glück nicht fassen. Ein Materialschaden wie dieser kann noch häufiger passieren, ich muss mir unbedingt neue Stifte besorgen.

Pascal ruft mir zum Abschied zu, ich solle jeden Paddelschlag genießen. (Foto 24)

Er hat Recht, doch das bedeutet noch lange nicht, dass mir das tatsächlich gelingen wird. Diese Tour ist zu sehr Tortur. Die glücklichen, reibungslosen Momente ziehen unbemerkt an mir vorbei. Nur die harten, schwierigen, qualvollen bleiben hängen. Ich muss mir immer wieder sagen, dass ich dieses Abenteuer will – und nicht, dass ich es machen muss. Ich muss nicht ins Schwarze Meer paddeln. Ich will. Ich will. Ich will!

Als ich mir das Abenteuer im Geiste ausmalte, vergaß ich den Regen, die Einsamkeit, die körperlichen Qualen, den Hunger, die Plackerei an den Wehren, die Nässe am Morgen, die Kälte der Nacht.

Die Zeit rast. Ich habe mich doch gerade erst von Pascal verabschiedet, und nun bimmelt eine Kirchenglocke fünfmal zu mir herüber. Wie kann das sein? Verliere ich mich so sehr beim SUPen, dass mir alles Zeitmaß abgeht? Zeit ist das höchste Gut unserer gestressten Gesellschaft. Ich habe jetzt wochenlang Zeit, um einen Fluss herunterzuSUPen. Was für ein Luxus! Fast ein verbotener Luxus, denn in unserer Gesellschaft ist Arbeit ein Privileg.

Die Natur kennt keine Zeit. Der Tag und die Nacht bestimmen den Rhythmus meines Lebens. Es gibt keine Termine, nichts kann mich unter Druck setzen. Kein Haltbarkeitsdatum raubt meine Zeit.

Vor »unserer« Zeit gab es gar keine Zeit. Die Menschen konnten die Zeit nicht einmal messen. Sie waren unendlich frei. Sie lebten 50 Jahre weniger als wir heute und hatten vermutlich doch – gefühlt – ein längeres Leben. Sie hatten weniger Zeug und viel mehr Zeit. Und wir glauben, die Jäger und Sammler waren arme Schweine. Ich nähere mich ihrem Lebensstil und -gefühl mit jedem Flusskilometer an.

Ich bin heute mehr als 50 Kilometer geSUPt. Und mir ist außer Pascal kein Mensch begegnet. Die schiffbare Donau fließt scheinbar ohne Schiffe vor sich hin. Ein einziges Bötchen habe ich gesehen. Ein mürrischer Vermesser saß darin und grüßte nicht zurück. Als würde ich seine Messungen stören.

Ich merke, dass ich nicht allein auf dem SUP stehe – in Wahrheit sind es zwei Personen auf dem Brett: Eine, die paddelt, Hunger hat, Schmerzen spürt, Ängste aussteht, ins Wasser fällt. Und eine, die versucht, sich die ganzen Strapazen und kruden Gedankengänge zu merken, um sie abends in den Computer zu tippen. (Foto 25)

TAG 8, BLINDHEIM-NEUBURG AN DER DONAU

Blindheim, 48°37'00.7"N 10°37'50.5"E /
Neuburg an der Donau 48°44'23.5"N 11°11'09.6"E

Sobald ich an Land gehe, sind alle Schmerzen vergessen. Als hätte es die Strapazen nie gegeben. Die Stunden des Alleinseins, die Blasen an den Händen, das Stechen im Rücken, die strömungsfreien Stauseen vor den Wehren, die Erschöpfung. Alles bleibt zurück auf dem Brett – der Paddelpilgerer, der Wasserwanderer, kommt nicht mit an Land.

Ich erlebe ein intensiveres Körpergefühl als vor der Tour. Ich fühle mich aufrechter im Gang, Zipperlein in Hüfte und Füßen sind verschwunden, meine Muskulatur ist insgesamt straffer.

SUPen, wie ich es betreibe, also Wander-SUPen, hat mit Sport nichts zu tun. Obwohl das SUPen eine gewaltige Industrie geworden ist, in der es um Marktanteile, Innovationen, Techniken und Materialien geht. Es werden Meisterschaften ausgepaddelt, Ozeane überSUPt oder Staffelrennen von der Côte d'Azur nach Korsika organisiert.

Beim SUP-Wandern hingegen geht es nicht um Zeit, Ergebnisse, Technik, Regeln oder Wettbewerbe. Es gibt keine Sieger und keine Verlierer. Ich kann mich nur selbst besiegen – oder schlagen. Es gibt nur den SUPer und das Wasser, über das er gleitet. Einen Paddelschlag nach dem anderen in einem sich stets verändernden Rhythmus. Sport ist das nicht.

Für mich gibt es keine bessere Art der motorbefreiten Fortbewegung. Ich könnte auch klassisch an Land wandern. Aber dann müsste ich mein Gepäck auf dem Rücken schleppen – und das wäre mir zuwider. Beim SUP-Wandern lasse ich meine 25 Kilo Gepäck einfach auf dem Brett liegen und vom Wasser tragen.

Als ich vor ein paar Wochen eine Lesung hielt und einen Ausblick auf meine Donau-Tour gab, fragte mich eine Zuhörerin, wie ich solche Projekte finanzieren würde. Ich sagte ihr, dass ich verschiedene Sponsoren hätte, die mir entweder Material – Board und Paddel, Zelt, Energieriegel, GPS-Tracking und einiges mehr – oder schlicht Geld zur Verfügung stellten. Die Frau sagte, dass sie gerade auf einer Ausstellung des Künstlers Christo gewesen wäre. Dieser hätte nie in seinem Leben Sponsorengelder entgegengenommen, um frei und unabhängig zu bleiben.

»Ich habe mir natürlich auch lange überlegt, ob ich Sponsorengelder und -materialen nehmen sollte oder nicht«, erklärte ich der Frau. »Natürlich ginge es auch ohne. Aber mit der Unterstützung geht es leichter. Ich gehe ganz bewusst den leichteren Weg und begebe mich damit in eine gewisse Abhängigkeit. Wobei ich auch klar schreiben würde, wenn eines der Produkte meiner Sponsoren nichts taugt. Aber ich habe mir ja bewusst Firmen ausgesucht, die mir gutes Material zur Verfügung stellen.«

»Sie machen sich damit trotzdem zum Sklaven der Industrie und der Medienlandschaft«, sagte die Frau.

»Ich hätte dieses Projekt auch ganz allein stemmen können – aber dann wäre es niemals publik geworden, und mein Versuch, auf ein freiheitliches, kulturell vielfältiges und offenes Europa aufmerksam zu machen, wäre im Nichts verpufft. Somit mache ich den Spagat, unterwerfe mich dem Markt und ermögliche einer breiten Masse, an meinem Abenteuer teilzuhaben.«

Die Frau nickt – nur halb überzeugt. Vielleicht rede ich mir das Sponsoring auch nur schön und versuche, mein Gewissen zu beruhigen, obwohl ich meine Unbeflecktheit weggeworfen habe.

Nach acht Stunden auf dem Brett und mehr als 50 Kilometern bin ich auf einem Zeltplatz in Neuburg an der Donau angekommen. Ein französisches Pärchen, das von Thailand bis hierher mit einem Tandem aus Bambus geradelt ist, hat mich gleich zum Essen eingeladen. Sie sind Mitte 20, er Hippie, sie klassische französische Schönheit.

Beide sind selbst verrückte Abenteurer, haben drei Jahre in Vietnam verbracht – aber mich und meine SUP-Reise halten sie für das wildeste Abenteuer, von dem sie je gehört hätten.

»Wie willst du durch deine Tour den großen Luxus der Freiheit in Europa erkennen?«, fragt mich der Franzose.

»Diese Ordnung und Offenheit sind nicht selbstverständlich. Wir müssen diese Freiheit auch manchmal demonstrieren«, sage ich. Er lacht und nennt mich einen Traumtänzer.

»Dieses freie Europa existiert nicht unseretwegen«, sagt er, »es existiert allein deswegen, weil Europa als Währungsunion und gemeinsamer Wirtschaftsraum angeblich stärker ist als jedes einzelne Land für sich. Es geht der EU nur darum, gemeinsam gegen die USA und China bestehen zu können. Die Freiheit für uns Menschen ist ein Nebenprodukt der wirtschaftlichen Interessen.« Ich kenne diese Theorie. Und vermutlich hat dieser französische Hippie zum Teil Recht.

»Wo auch immer die Freiheit herkommt«, sage ich, »nun haben wir sie. Und was auch immer wirtschaftlich passieren wird, wir dürfen sie nicht mehr hergeben. Oder?« Er schüttelt den Kopf. Sein roter Vollbart wackelt dabei von einer Schulter zur anderen.

»Stell dir mal vor, Italien geht pleite«, sagt er. »Und danach Frankreich – mit seiner Rente teilweise ab 55, seinem Riesen-Beamtenapparat und der hohen Arbeitslosigkeit gar nicht so abwegig. Glaubst du wirklich, dass Europa dann noch existiert? Soll Deutschland für Italien und Frankreich zahlen? Mit Sicherheit nicht! Dann werden auch die Deutschen auf ihre Freiheit scheißen und lieber wieder die D-Mark haben und an der Grenze zu Frankreich ihren Ausweis vorzeigen.«

»Trotzdem leben wir zurzeit in einem Europa, das freier nie war. Vom Atlantik bis zum Schwarzen Meer können wir uns frei bewegen. Alle gehören einer Union an und sind dadurch miteinander verbunden. Das gibt es in der Form auf keinem Kontinent. Und es ist ein entsetzlich langer Weg mit unendlich vielen Toten gewesen, um hierher zu kommen. Und ich will auf meiner Tour zeigen, wie wunderbar es ist, auf diesem Kontinent zu reisen.« Der Franzose schüttelt den Kopf.

»In Nordamerika hast du das Gleiche – und das seit rund 250 Jahren. So einzigartig ist das hier alles nicht. Das versuchen uns nur die Politiker so zu verkaufen.«

Seine Freundin lächelt – ich interpretiere es als Zeichen, dass wir Ruhe geben sollen. Es gibt Nudeln mit Ratatouille.

»Wusstest du, dass Franzosen 30 Prozent ihres Einkommens für Nahrung ausgeben und Deutsche gerade mal 17?«, fragt die hübsche Freundin des Hippies.

»Wir beide geben sogar 50 Prozent aus!«, sagt er. »Wir haben ja außer für das Essen und die Zeltplätze keine Ausgaben.«

»Und dann ladet ihr mich noch zum Essen ein. Das nenne ich deutsch-französische Freundschaft«, sage ich.

»Ich hätte dich auch eingeladen, wenn du aus Timbuktu wärst«, sagt er. »Du bist verrückt. Und das mag ich. Bon appetit.«

TAG 9, NEUBURG AN DER DONAU–STAUSACKER

Neuburg an der Donau, 48°44'23.5"N 11°11'09.6"E / Stausacker, 48°53'34.5"N 11°49'04.8"E

I ch will heute unbedingt noch unter 2.400 Kilometer kommen, deswegen paddele ich trotz starker Erschöpfung weiter. Als von rechts ein Bach in die Donau fließt, unterschätze ich die Strömung und fliege zum ersten Mal seit dem Drehtermin vor der Tour komplett ins Wasser.

Ich klettere zurück aufs Brett und paddele so schnell wie möglich an Land, denn es ist schon fast 20 Uhr, und mir ist kalt. Am linken Ufer sehe ich ein Kiesbett, das gut zum Anlanden geeignet scheint. Doch kaum stehe ich am Ufer, fressen mich die Mücken auf. Es sind so viele Insekten um mich herum, dass ich kaum noch atmen kann. Ich blase mein Zelt in einer Minute auf, schmeiße die wichtigsten Sachen rein und schließe mich unter dem Moskitonetz ein. Die paar Mücken, die mit mir ins Zelt gehuscht sind, erschlage ich und hinterlasse blutige Flecken auf Haut und Zelt.

Mitten in der Nacht weckt mich ein Grummeln. Schon von weitem höre ich Donner und sehe Blitze näherkommen. Eine halbe Stunde später bricht das Inferno über mir aus. Teilweise blitzt und donnert es gleichzeitig. Ich liege in meinem Schlafsack zusammengerollt, hoffe, dass kein Baum auf mich stürzt und die Blitze woanders einschlagen. Zwischen der Angst liegen aber auch Wohlbehagen, Gemütlichkeit und Gottvertrauen.

In dem Moment denke ich: Wenn es mich jetzt erwischt, wäre es nicht der schlechteste Moment, um zu sterben. Es erwischt alle – wir sollten da nicht so ein großes Drama draus machen. Schade wäre es trotzdem, denn ich möchte noch so viele Bücher schreiben und Aben-

51

teuer bestehen. Und wenn es mich auf dieser Tour doch erwischt, sollen alle wissen, dass ich das für mich bestmögliche Leben gelebt habe. Es hätte reicher nicht sein können. Gut – mein Bankkonto schon. Aber das ist ein anderes Thema.

Mein Zelt hält dicht. Mir ist nach dem Sturm nur ein bisschen kalt. Am nächsten Morgen stelle ich erstaunt fest, dass das Gewitter alle Mücken vertrieben hat. Vielleicht sind es aber auch einfach nur abendaktive Tiere gewesen.

Seit Ulm ist die Donau ein langweiliger, von Wehren durchfurchter Kanal. Sie ist zwar schiffbar, doch ist mir bis jetzt nicht ein einziges schwimmendes Fahrzeug entgegengekommen. Seit 150 Kilometern paddele ich nun allein auf diesem riesigen Fluss – und plötzlich sehe ich am Horizont etwas Weißes trudeln. Es sieht von weitem aus wie eine Badewanne. Oder ist das ein riesiger Schwan ohne Kopf? Nach ein paar Minuten erkenne ich, dass vor mir ein weißes Schlauchboot treibt, und als ich noch näher heranpaddele, sehe ich, dass in dem Boot eine Person liegt. Dieser Mensch liegt wie tot im Boot. Die Ruder hängen zur Seite herunter. Als ich direkt neben dem Boot anlege, öffnet eine junge Frau die Augen und begrüßt mich freundlich.

»Ich muss wohl eingeschlafen sein«, sagt sie. Wir müssen lachen. Auf dem Wasser fühlt man sich immer sofort miteinander verbunden. Man teilt die Abwesenheit des festen Bodens. Emily ist Studentin aus Freiburg, sie paddelt auf einem soliden Schlauchboot von Ulm nach Regensburg.

»Hab' ich mir für 120 Euro bei eBay gekauft.«

»Und wie kommst du durch die Schleusen?«

»Knopf drücken.«

»Wie – so einfach geht das? Das muss ich bei der nächsten Schleuse unbedingt testen.«

Emily erzählt, dass sie immer einmal im Jahr allein irgendwelche Touren in Deutschland unternimmt. Sie brauche das, um nicht zu werden wie die anderen.

»Wie sind die anderen denn?«, frage ich.

»Die andern?« Sie überlegt. »Die sind so wie meine große Schwester. Langweiliger Ehemann, zwei angepasste Kinder, Hund, Haus, Kombi. Das Übliche halt. Wenn sie wenigstens glücklich wären. Aber die sind sauunglücklich und meinen mir erklären zu müssen, was ich angeblich falsch mache. Und damit sie sich auf etwas Konkretes stürzen können, mache ich immer so extreme Touren. Dann merken sie nicht, was ich im Kleinen anders und alternativ mache.«

Emily paddelt nicht gern. Vor allem, weil sie in ihrem Schlauchboot mit dem Rücken zum Ziel sitzt. Deshalb lässt sie sich treiben – sie hat ja kein Ziel. Vor dem letzten Wehr hat sie 15 Minuten für 200 Meter gebraucht.

»Das ist dann schon öde«, sagt sie zum Abschied. Sie macht ein paar Fotos und verspricht, sie auf Facebook zu posten und mich zu taggen.

An der nächsten Schleuse versuche ich mein Glück. Ich gebe alles nach Vorschrift ein, lege Hebel um, drücke Knöpfe und warte. Doch öffnet sich das Tor nicht, dafür fließt Wasser ab. Nach einer halben Stunde muss ich mir eingestehen, dass ich das Prinzip einfach nicht begreife, schnalle meine Tasche vom Brett, und trage, wie gehabt, mein Board auf die andere Seite des Wehrs.

Als ich gerade wieder ablegen will, ruft mir jemand hinterher. Ein alter Freund und Kollege aus *SAT.1*-Zeiten von vor mehr als 15 Jahren steht mit seinem Sohn am Ufer. Er hatte sich zwar per Nachricht angekündigt, ich hatte aber nicht damit gerechnet, dass er hier stehen würde. Mir kommen fast die Tränen vor Rührung. Welche Mühen Menschen auf sich nehmen, um mich auf meiner Tour zu treffen. Er ist extra aus München angereist.

Wir umarmen uns lange, reden über früher, über heute und über die Zukunft – seinen Sohn. Wir fragen uns, warum wir uns bloß aus den Augen verloren hatten und schwören, uns noch in diesem Jahr wiederzusehen.

Während der folgenden Stunden geht mir der Freund nicht aus dem Kopf. Diese Situation ist genau so, wie ich mir Situationen für die Tour gewünscht hatte: Ich wollte Verbindungen schaffen. Zumindest für mich und mein Leben funktioniert das schon gut.

Auch ein Freund aus der Schul- und Studienzeit schreibt mir wieder. Er hatte unsere Freundschaft irgendwann aufgegeben – wahrscheinlich war ich ihm zu anstrengend mit meinen permanenten Hirngespinsten und dem unsteten Leben. Jetzt folgt er meiner Tour auf Facebook und schickt mir ermunternde Nachrichten aufs Handy.

Mittlerweile ist es fast Mitternacht. Ich liege im Zelt, höre den Kuckuck rufen und werde ein wenig sentimental. Ich spüre ein für mich seltenes Gefühl von Demut und Bescheidenheit in mir aufkommen.

Auf Reisen bin ich immer sentimentaler als im Alltagsleben. Ich erinnere mich an eine Tour mit meinem jüngeren Bruder durch Mexiko. In einem Überlandbus lief ein kitschiger Hollywoodstreifen, und wir heulten beide heimlich vor uns hin.

Reisen öffnet. Vor allem das Herz.

TAG 10, STAUSACKER– REGENSBURG

Stausacker, 48°53'34.5"N 11°49'04.8"E /
Regensburg 49°01'01.2"N 12°09'27.8"E

S eit zehn Tagen bin ich nun unterwegs, und es liegen sicher-lich noch 40 oder 50 vor mir. Zu Beginn der Reise fühlte ich mich total verloren. Langsam fange ich an zu finden. Ich weiß nur noch nicht, was. Dafür ist dieser Trip viel zu lang. Er kennt noch keine Grenzen und keine Limits. Die Möglichkeiten sind unendlich. Alles kann passieren. Langsam komme ich an und öffne mich diesen Möglichkeiten. Vielleicht sollte diese Reise gar kein Ziel haben, sondern so lange andauern, bis ich mit mir vollkommen im Reinen bin. Jede Reise ist ein Selbstheilungsprozess, der niemals enden kann.

In der Weltenburger Enge begegnet mir das erste »echte« Boot. Ein Ausflugsdampfer mit bunten, winkenden Menschen. (Foto 26) Kurz vor Kelheim ist die Donau eine Touristenattraktion. Von überall kom-men Schiffe auf mich zu, Felsen türmen sich zu beiden Seiten auf, und zehn Minuten später habe ich den Ausflugsmagnet bei starker Strömung hinter mir gelassen. Der Donaudurchbruch mag für die schiffbare Donau eine Besonderheit sein, für die wilde Donau im Schwarzwald wären die paar Felsen vergleichsweise mickrige Krümel eines gewaltigen Baumkuchens.

Das Kloster Weltenburg treibt vorbei. Ich müsste anhalten und mir die Altehrwürdigkeit anschauen. Aber Altehrwürdiges hat mich schon immer eher abgeschreckt als angezogen. Ich mache diese Reise nicht, um mir Sehenswürdigkeiten anzuschauen, die vor, während und nach mir Tausende besichtigen. Reisen hat nichts mit dem Abklappern von

Denkmälern zu tun. Reisen ist für mich der Verzicht auf Annehmlichkeiten und die Bereitschaft, Risiken einzugehen. Bei gebuchten Reisen werden echte Erlebnisse durch Pseudo-Events ersetzt – ich habe nichts gegen gebuchte Reisen und könnte jetzt wunderbar auf einem Donau-Dampfer sitzen und einen heißen Kakao trinken. Aber im Moment bin ich kein Tourist. Ich muss mich bewusst von ihnen abgrenzen, um nicht den Annehmlichkeiten anheimzufallen.

Ab jetzt ist die Donau kein anonymer Fluss mehr. Sie wird von den Menschen intensiv genutzt. Sie leben am, auf und mit dem Fluss. Sie fahren Wasserski, campen, grillen und radeln am Ufer, sie schwimmen, Kinder bauen Steinburgen, und Hunde bellen die Wellen an. Der Fluss ist menschlich geworden. Am Ufer winken sie mir zu, fragen, ob ich mich nicht mal setzen wolle – dieses Stehpaddeln sähe ja fürchterlich anstrengend aus. Ob ich auch genügend Bier dabei hätte, und ob in meiner Tasche ein Motor stecken würde?

Es ist Wochenende, und viele Besoffene tuckern oder paddeln mit ihren Booten an mir vorbei. Der Fluss nimmt es ohne Rührung hin. Er ist mein Vorbild.

Ich mache am Ufer neben einem Kanuten halt, der offenbar genauso eine Pause benötigt wie ich. Er liegt auf den runden Steinen und schaut mich neugierig an, als ich mein Brett an Land ziehe.

»Wo willst du denn hin?«, fragt er.

»Mal sehen. Wenn's gut läuft ins Schwarze Meer.«

Er lacht laut auf. »Mit dem Ding?« Er zeigt abfällig auf mein Gummibrett, das neben seinem 5.000 Euro teuren Carbon-Kajak liegt. Ich nicke.

»Und seit wann bist du schon unterwegs?«

»Donaueschingen. Zehnter Tag heute.« Der Typ schüttelt den Kopf.

»Hast du schon mal überlegt abzubrechen?«

»Ungefähr alle fünf Minuten«, antworte ich. Er legt sich auf die Steine, verschränkt die Arme hinter dem Kopf und schließt die Augen.

Ein paar Kilometer weiter bin ich wieder allein mit der Natur. Die Donau fließt zu neun Zehnteln durch fast unberührte Landschaften. Zu einem Zehntel lässt sie den Menschen an sich heran und schüttelt ihn, sobald sie kann, wieder ab.

Plötzlich – aus dem Nichts – kommt der Moment, an dem ich ankomme. Ich bin plötzlich da, mittendrin in meinem Abenteuer. Voll anwesend auf der Donau. Alles fällt von mir ab, und ich weiß, dass ich jetzt gerade meinen Traum erfülle. Die Erkenntnis kommt, als ich plötzlich nicht mehr weiß, ob ich noch 2.400 oder 2.300 Kilometer zu paddeln habe. Es ist völlig gleich, welche Zahl am Rand steht – es geht einfach die Donau herunter, bis ich im Schwarzen Meer bin. Wann und wie ist vollkommen egal.

Ich erinnere mich an dieses Gefühl des Ankommens, ich habe es bei meinen Ozean-Überquerungen erlebt. Es ist unwichtig, wo ich meinen Punkt auf der Karte steche. Ich muss nur Kurs halten, und irgendwann rieche ich Land. Genau so ist es jetzt auch. Der Strom, die Zeit und meine Paddelschläge werden mich ans Ziel bringen. Bis dahin bin ich mit meiner ganzen Seele auf diesem Strom unterwegs und nehme soviel auf, bis mein Aufnahmevermögen gesättigt ist.

Heute ist der erste Tag, an dem ich gern allein bin. Um mein SUP-Pilgern wirklich genießen zu können, muss ich ohne Begleitung unterwegs sein. Nur so kann ich mein eigenes Tempo bestimmen, mich treiben lassen, so lange ich mag, ohne Erklärung vom linken aufs rechte Ufer wechseln oder entscheiden, dass es für heute genug ist. Ich muss mich nicht anpassen, muss meinen Schlag nicht bremsen, nicht verfälschen.

Nach ein paar menschenlosen Stunden winkt mir jemand von weitem zu. Eine Fotografin hat sich per Facebook angekündigt und möchte unbedingt Bilder mit mir machen. Ich fahre ans Ufer, wir begrüßen uns herzlich und kommen sofort ins Gespräch. Li ist halb deutscher, halb thailändischer Abstammung. Als Kind habe sie manchmal Rassismus wegen ihrer dunkleren Haut erlebt. Aber insgesamt könne sie nicht sagen, dass sie diskriminiert worden wäre. Ich erzähle ihr von der Frau aus Scheer und dem seltsamen ausländerfeindlichen Spruch.

»Ich hab' manchmal auch Angst vor denen«, sagt Li. »Vor kurzem hat hier ganz in der Nähe ein Asylbewerber ein fünfjähriges Kind erstochen, weil er Stress mit der Mutter hatte. Und so etwas macht mir einfach Angst.« Li hat drei Kinder, das jüngste ist elf.

Habe ich diese Ängste nicht auch? Mir wird doch auch mulmig, wenn ich an Länder wie Rumänien oder Moldawien denke. Wie sind die Ungarn, wie die Kroaten? Oder die Bulgaren? Ich werde durch Länder reisen, in denen ich nie zuvor war und vor denen ich ebenfalls auf gewisse Weise Angst habe. Ich weiß nicht, wie es dort ist, wie die Menschen ticken, was mich erwartet und wie man mich behandeln wird.

Geht es den AfD-Wählern so mit den Asylbewerbern, die zu uns kommen? Sie wissen nicht, wie diese Menschen ticken und wie sie sich bei uns benehmen werden. Und wer weniger abenteuerlustig ist als ich, wünscht sich dann vermutlich, dass diese Menschen einfach in ihren Heimatländern bleiben und wir hier unsere Ruhe haben.

Li macht ein paar Bilder von mir und verspricht, zwei Kilometer stromabwärts mit einem Döner auf mich zu warten. Tatsächlich steht sie 20 Minuten später am rechten Donauufer und hält winkend mein Mittagessen in die Luft. Wieder bin ich ergriffen, wie viele Menschen mich auf meiner Tour besuchen, meinen Kontakt suchen, mir Zeit, Gespräche, Nahrung und Mut schenken.

Ich blicke zurück, wie ich mir diese Tour vor dem Start vorgestellt hatte und muss fast lachen. Ich wollte dreimal täglich für zwei Stunden paddeln, um die angestrebten 50 Kilometer zu schaffen. Dabei hatte ich natürlich nicht bedacht, dass die Donau von Wehren zerstückelt ist, dass der Fluss kilometerlang keine Strömung hat und der Wind nicht immer von hinten weht. Seit dem ersten Paddelstich gab es keinen Tag, an dem ich weniger als acht Stunden auf dem Wasser gestanden bin. Je nach Strömung und Windrichtung komme ich höchstens vier Kilometer pro Stunde voran. Es gibt aber auch Momente wie heute im Donaubruch, in denen ich zwölf mache. Ich machte mir im Vorhinein sogar Sorgen, wie ich die Tage füllen sollte – bei sechs Stunden paddeln blieben mir immer noch zehn Stunden Wachsein. Jetzt rauschen die Tage an mir vorbei. Es gibt keine Minute, in der ich nichts zu tun habe. Selbst das Ausruhen zwischen den Paddeleinheiten ist eine aktive Beschäftigung.

TAG 11, REGENSBURG–STRAUBING

Regensburg, 49°01'01.2"N 12°09'27.8"E /
Straubing 48°52'36.2"N 12°34'51.9"E

Als plötzlich die Walhalla vor mir auftaucht, weiß ich, dass ich auf diesen Fluss gehöre. (Foto 27) Ich fühle mich ihm total verbunden, ich fühle mich auf ihm heimisch. Ein bekanntes Gefühl kommt hoch: Als ich vor vielen Jahren durch Thailand reiste, nahmen mich die Thai-Piraten von einer Insel zur nächsten mit. Sie waren längst keine Piraten mehr, sondern schlichte Touri-Taxis. Aber irgendwann bekam ich ein Gefühl für diese Männer, ahnte, was es bedeuten musste, auf dem Wasser zu leben und wusste, dass sie sich den Landmenschen überlegen fühlten. Sie waren auf dem Wasser zu Hause. Die anderen nicht.

Dieses Gefühl hatte ich auf dem Wasser dann ein paar Jahre später selbst: Ich war von Frankreich nach Panama gesegelt und wartete in der Bucht von Colon auf eine Passage für den Kanal. Ich verbrachte mehrere Tage in dem Hafen, lernte die Nachbarboote kennen, fuhr mit dem Beiboot den Hafen und Teile der Küste ab und merkte plötzlich, dass ich auf dem Wasser zu Hause war. Genau wie die Thai-Piraten. Ich war zu einem dieser Menschenwesen geworden, die sich auf dem Wasser heimischer und unverwundbarer vorkommen als an Land.

Und genau dieses Gefühl habe ich jetzt wieder. Ich spüre deutlich, dass ich erneut zu einem Wassermenschen geworden bin, zum Donau-Piraten. Mit diesem intensiven Gefühl fällt alle Skepsis und Angst von mir ab: Nicht ich habe Angst – Angst haben die anderen. Von mir aus auch vor mir. Ich stehe ab sofort ein bisschen aufrechter auf meinem Brett und fühle mich unantastbar.

Dieses Gefühl ist heute deshalb so wichtig für mich, weil ich zuvor mit einer alten Schulfreundin in Regensburg frühstücken war.

Während wir gemütlich in einem guten Café saßen und uns auf den aktuellen Stand brachten, musste ich kurz an meine Tour denken. Und schon kam Angst hoch. Ich spürte sogar ein deutliches Ziehen in meiner Brust. Mit einer gewissen Bange musste ich an die kommenden ungewissen Stunden, Tage und Wochen denken.

Dank des Thai-Piraten-Gefühls weiß ich nun, wie ich die Angst in Zuversicht und Selbstvertrauen verwandeln kann. Vielleicht bescheiße ich mich auch selbst mit diesem Piraten-Gequatsche. Aber es funktioniert.

Domtürme und Steinerne Brücke fließen an mir vorbei. In Städten wie Regensburg frage ich mich immer, wie die Menschen die Altertümer ertragen. Wie lebt man mit der Schläfrigkeit der mittelalterlichen Vergangenheit? Das einzig modern-lebendige sind die Touristenmassen, die sich durch die engen Gassen quetschen.

Die Ausflugsschiffe und Sportboote verursachen fast einen Stau. Das Wasser ist kabbeliger als meine heimische Ostsee bei Nordwind. Von einer Kollegin wurde ich vor den Regensburger Strudeln gewarnt – dort seien schon mehrere Menschen ertrunken. Doch Strudel sehe ich höchstens hinter Brückenpfeilern, und die sind harmlos.

Sorgen und Warnungen gehören zum gesellschaftlichen Konsens. Wir erfüllen damit die soziale Aufgabe, uns Gedanken um andere zu machen. Auch wenn diese Sorgen irrational sind – egal, wie groß diese angeblichen Regensburger Strudel sind, sie werden kein 339-Liter-Brett mit Mann und Maus verschlingen –, müssen wir sie äußern. Nur ganz wenige Freunde haben mir schlicht viel Freude für meine Reise gewünscht. 90 Prozent meines Umfelds haben konkrete Warnungen und Ängste geäußert, säuselten mit betroffener Stimme »Komm gesund wieder« oder haben mir davon abgeraten, eine solche Tour zu unternehmen. Einmal habe ich geantwortet, dass ich bloß für zwei Monate keine Adresse haben würde – das wäre alles. Leider fand das mein Gegenüber nicht so lustig wie ich.

Wir sind durch den Medien-Alarmismus und der täglichen Dröhnung an Horrormeldungen nicht mehr in der Lage, die Realität rational einzuschätzen. Vielleicht ist das alles auch ganz gut so, denn dann muss ich mir um meinetwegen keine Sorgen mehr machen – das übernehmen ja die anderen zu gern.

Wir werden überschüttet mit dem einen Promille Information, das bei uns Spannung erzeugt. Die 999 Promille der spannungsfreien Alltagsinfos gehen unter. Wir sind vom Tagesgeplänkel so überlastet, dass wir das Wichtige, Bleibende nicht mehr wahrnehmen. Wir beschäftigen uns fast ausschließlich mit dem Unwesentlichen, entwickeln Pseudo-Mitgefühl in den sozialen Medien und sind im echten Leben gefühlskalt.

Wir haben vergessen, dass es diesem Kontinent noch nie so gut ging. Dass wir noch nie so reich, so gesund und so frei waren. Je größer unser Wohlstand wird, desto größer sind unsere Ängste, alles zu verlieren. Wir besitzen so viel, dass wir uns um alles sorgen: Altersarmut, Bildungswesen, Flüchtlinge, Gesundheit, Klimawandel, Wirtschaftskrise, Vergangenheit, Zukunft. Wenn sich Menschen heute treffen, sprechen sie selten über Erbauliches. Es geht um Kollegengeläster, Zukunftssorgen, dekadentes Gelaber über Espressomaschinen, Weinauswahl, Handyverträge oder Autoversicherungen.

Das, was sie Lebenserfahrung nennen, ist nichts anderes als die Ansammlung ihrer wiederholten Fehler. Sie beurteilen meine Tour nicht neutral, sie beäugen sie misstrauisch, resultierend aus einem Misstrauen, das sie ihr Leben lang begleitet und vor solchen Abenteuern abgehalten hat. Sie haben Vertrauen und Enthusiasmus verloren; das Feuer des Lebens in ihnen ist fast erloschen. Wie könnten sie mir gute Ratschläge geben? Von den Hunderten Tipps vor meiner Tour machte ein einziger Sinn: Eine Seglerin riet mir, Tennis-Griffband um mein Paddel zu wickeln, um Blasen zu vermeiden. Dieser simple Trick funktioniert hervorragend – alle anderen Ratschläge, Hinweise und Warnungen waren absolut unbrauchbar.

Ich bin gespannt, wie es in den ärmeren Ländern auf meiner Tour wird. Meiner Theorie nach müssten die Menschen dort offener, herzlicher und angstbefreiter sein. Ich glaube nicht, dass sie im Donau-Delta über Eselskarren-Versicherungen sprechen.

Ich lege unterhalb der Walhalla in einer kleinen Schrebergartensiedlung an. Zwei Männer kommen mir entgegen, helfen mir, mein Brett auf den Steg zu hieven und sprechen in einem seltsamen Dialekt – bayrisch ist das nicht.

»Ne,«, sagt einer von beiden, »wir sind aus Siebenbürgen in Rumänien.«

»So wie Peter Maffay«, sage ich. Die beiden lachen. Ich frage, wie Rumänien so ist.

»Die Menschen schimpfen viel. Es herrscht jede Menge Ungerechtigkeit. In einigen Gegenden sind die Menschen immer noch bitterarm und die Regierung tut nichts. Wahrscheinlich versickert das ganze Geld in irgendwelchen Kanälen.«

»Aber es geht den Menschen immer noch besser als unter Ceauşescu«, sagt der andere. »Überleg mal, wie schlecht es uns in den Achtzigern ging. Dagegen leben wir heute im Paradies.«

»Ungerecht ist es trotzdem. Nach Ceauşescu haben die Parteibonzen und Funktionäre das Land unter sich aufgeteilt. Die herrschende Schicht herrschte auch nach der Revolution weiter, nur unter dem Deckmantel der Demokratie. Sie waren nach dem Umsturz am besten organisiert und haben sich gegenseitig zu Millionären gemacht. Das Volk war und bleibt das arme Schwein in dem Land. Ich glaube, das gerechteste Land ist Deutschland.«

»Das stimmt«, sagt der andere.

Die beiden versprechen auf mein Brett aufzupassen, und ich steige zur Walhalla hoch.

Hier kann man die Büsten bedeutender Persönlichkeiten »teutscher Zunge« betrachten. Goethe, Einstein, Sofie Scholl (warum eigentlich nicht ihr Bruder?) und jede Menge Kaiser und Kriegstreiber. Das Beste an diesem Vergangenheits-Elysium ist der Blick auf die Donau. Schiller hätte sich vermutlich kaputtgelacht, wenn man ihm gesagt hätte, dass er eines Tages in Marmor in dieser Schädelstätte beglotzt werden würde – und nur noch eine bedeutungslose, literarische Elite sein Werk liest.

Die Walhalla ist nach dem Ulmer Münster meine erste weltberühmte Sehenswürdigkeit dieser Reise. Ich hätte mir das Prunkstück sparen können. Mir fehlt bei diesen Denkmälern immer das natürliche Erlebnis des Neuen. Ich wusste vorher schon zu viel über die Walhalla; es gibt nichts zu entdecken, das nicht schon Hunderte vor mir entdeckt hätten. Alles wurde bereits berichtet und gedruckt. Der allgemeine Konsens über die Wichtigkeit eines Objekts schmälert mein persönliches Erleben. Die Walhalla hat eine solche Popularität erlangt, dass die individuelle Begegnung mit ihr fad ist. Als wäre die berühmte Stätte durch ihre Berühmtheit verdorben. Zu viele Touristen haben ihr im Laufe der Zeit die Seele geklaut.

Es gibt Gegenden auf unserem Planeten, in denen sich Menschen nicht fotografieren lassen möchten aus Angst, ein Teil ihrer Seele könnte dabei entführt werden. Was würde das für unsere Selfie-Generation bedeuten?

Ich muss willkürlich an die Sphinx neben den Pyramiden in Kairo denken. Auch hier lief mir keine Gänsehaut über den Rücken. Ich hatte zu viel über den liegenden Menschenlöwen gelesen, als dass er mich in Natura noch hätte überraschen können. Ich hatte ein ähnliches Erlebnis erwartet, wie es der Ägyptologe Giovanni Caviglia hatte, als er die Sphinx nach Jahrtausenden vom Sand befreite und vor Ergriffenheit heulend in der ägyptischen Wüste zusammenbrach und die Göttlichkeit in allen Dingen erkannte.

Von Zusammenbrechen und Heulen und Göttlichkeit bin ich weit entfernt. Das Wesen dieser Stätte, das Außergewöhnliche hinter dem Gewöhnlichen, das ist hier nicht zu entdecken. Vielleicht will ich es auch nicht entdecken. Mich zieht es zurück auf mein Brett.

Ich klettere wieder hinab von der Walhalla, verabschiede mich von den beiden Siebenbürgern und paddele weiter ohne Strömung gegen den Wind. Nach vier Stunden habe ich gerade mal zwölf Kilometer zurückgelegt. An mir rasen Sportboote mit Wasserskiläufern vorbei. Donaukähne überholen mich tuckernd. Tausende PS durchpflügen die Donau, und meine eine »MS« kann nicht mehr. Gegen 19 Uhr beschließe ich, mein Zelt aufzuschlagen. Vor einem kleinen Dorf, etwa zehn Kilometer vor Straubing, steuere ich eine Bucht an.

Hinter mir höre ich wieder ein Motorboot. Ich strecke zum Spaß den linken Daumen nach oben und wassertrampe zum ersten Mal in meinem Leben. Und das Wunder geschieht. Das Boot ändert seinen Kurs und kommt direkt auf mich zu. Fünf junge Männer vom Technischen Hilfswerk fragen, ob ich Hilfe bräuchte.

»Hilfe nicht direkt. Ich kann nur nicht mehr und wollte heute eigentlich bis Straubing kommen. Könnt ihr mich mitnehmen?«

Die Jungs freuen sich offenbar über Abwechslung, wuchten mein Brett an Bord und geben mit ihren 40 PS Vollgas. Sie finden meine Tour total verrückt, aber beneiden mich auch ein bisschen. Sie wünschen mir viel Glück. Da sie keine emotionale Bindung zu mir haben, schütten sie nicht ihre Bedenken und Sorgen über mir aus. Eine halbe Stunde und eine riesige Staustufe später lassen sie mich am Steg des Straubinger Ruderclubs heraus.

Während ich mein Zelt aufpumpe, frage ich mich, ob das in Ordnung war. Durfte ich mich von einem Motorboot mitnehmen lassen? Jetzt werde ich nicht die ganze Donau geSUPt haben. Erfülle ich damit trotzdem die hohen Erwartungen, die ich selbst gesetzt habe? Natürlich machen diese zehn Kilometer von insgesamt fast 3.000 nicht viel aus. Aber ich muss für mich entscheiden, wie häufig ich noch von Booten mitgenommen werden möchte. Ab wann ist meine Tour dann nicht mehr »rein«?

TAG 12, STRAUBING-VILSHOFEN

Straubing, 48°52'36.2"N 12°34'51.9"E /
Vilshofen 48°37'37.0"N 13°11'03.6"E

S eit Straubing fließt die Donau ungebremst mit 5 km/h. Dazu habe ich Rückenwind. Wenn ich mit ganzer Kraft paddele, halte ich sogar mit den Gütertransport-Schiffen mit. Jedoch würde ich bei dem Tempo niemals acht Stunden oder mehr auf dem Wasser stehen können. Also bleibe ich im Tempo eines gemächlichen Wanderers, mache lange, ruhige Züge mit meinem Paddel und freue mich über meinen Hut, der mich vor der Sonne schützt und ein bisschen wie ein Segel wirkt.

Meine Füße machen mir Sorgen. Trotz Sonnencreme sind sie verbrannt und geschwollen. Sie sind knallrot und voller Blasen. Vielleicht sollte ich in Socken SUPen, denn meine Wasserturnschuhe habe ich schon längst irgendwo verloren. In Passau will ich mir neue kaufen. Ich schmiere meine Füße mit Donauschlamm ein. Das sorgt kurze Zeit für Linderung, doch nach ein paar kräftigeren Paddelschlägen ist die braune Schicht von meinen Füßen abgewaschen, und die Sonne kann wieder voll zuschlagen.

Nach zwei Stunden und fast 20 Kilometern mache ich in einem kleinen Yachthafen Pause. Außer einem angelnden Pärchen ist niemand hier. Dabei ist die kleine Bucht mit den Schiffchen wunderschön und romantisch gelegen. Auf dem gegenüberliegenden Ufer steht eine Burgruine, und ringsherum rauscht der dunkle, bayrische Wald.

Mir fällt ein, dass Montag ist, und damit ist auch der Wochenendtrubel erst einmal vorbei. Wer jetzt an der Donau sitzt, ist vermutlich Rentner. Die Ferien hier beginnen erst in ein paar Wochen.

Als ich dem Paar von meiner Tour erzähle, sagt der Mann, dass ich ja noch im allerbesten Alter und im Vollbesitz meiner körperlichen

Kräfte sei. Für so eine Tour müsse man im besten Alter sein. Seine Frau sagt sogar »Der ist ja noch keine 40«. Mein Ego macht einen Hops, springt zurück aufs Brett und legt sich ins Zeug. Dass ich 47 bin und damit (ich glaub' es selbst nicht) auf die 50 zugehe, behalte ich für mich. Mit dem Alter zu kokettieren ist selbst meinem Ego zuwider.

Wenige Kilometer später komme ich an ein paar Jungs vorbei, die im Wasser spielen.

»Nicht 'n bisschen kalt?«, frage ich, um 'was Nettes zu sagen.

»Nö«, sagen alle. Als sie mich außer Hörweite glauben, sagt einer: »Das kann auch nur 'n Opa mit Hut fragen.«

Zum ersten Mal gehe ich freiwillig in der Donau schwimmen. Mir ist so unerträglich heiß, dass ich dringend eine Abkühlung benötige. Bisher hatte ich mich geweigert, diesen Fluss zum Baden zu nutzen. Zu viele stinkende und giftige Zuströme habe ich passiert, als dass ich ein Bad in »Europas Lebensader« genießen könnte, ohne die Möglichkeit zu haben, mich danach zu duschen. Doch als ich schließlich nackt im Wasser treibe und ein paar hundert Meter stromabwärts wieder an Land steige, bin ich mit dem Fluss und seiner Wasserqualität versöhnt. Vielleicht ist mir die Donau dadurch noch ein bisschen nähergekommen. Ich nehme mir ab jetzt vor, jeden Tag in »meinem« Fluss zu baden.

Bei jedem Landgang erfahre ich Unterstützung. Menschen schenken mir Wasser, fragen, ob ich Strom oder Nahrung bräuchte oder ob sie mir sonst etwas Gutes tun könnten. Ich bin häufig ganz gerührt vor Dankbarkeit und komme mir vor wie ein Missionar im Mittelalter, auf den die Gemeindemitglieder seit Monaten gewartet haben.

Tausende sind schon so gereist wie ich – häufig unter entsetzlichen Strapazen, vor allem selten freiwillig. Verglichen mit der Reise der Donauschwaben ist mein Trip ein sonniger Betriebsausflug. Sie wurden ab dem 17. Jahrhundert ins östliche Europa gelockt, mit dem Versprechen, dort bessere Lebensbedingungen als in ihrer Heimat zu finden. Auf der Reise starben und verhungerten Tausende; Krankheiten, fehlende Unterkünfte und marodierende Banden zerstörten die Hoffnung auf ein besseres Leben, bevor dieses überhaupt anfangen konnte. Ich frage mich, ob sie ihr schwäbisches Kleinbürgertum – die geputzten Fensterscheiben, die Gottesfürchtigkeit und was man sonst noch damit verbindet – nach Ungarn oder Bulgarien mitgenommen haben.

Auch Missionare, Vertriebene und Verfolgte gelangten über die Donau in fremdes Gebiet. Vermutlich ernährten sie sich von Fisch, tranken das Wasser der Donau und holten ihre Vitamine aus der Natur. Ich habe bis jetzt meine Angel noch nicht einmal ausgepackt, stets Mineralwasser aus Supermärkten besorgt und Nahrung in Restaurants oder Imbissen bekommen.

Ich komme unter einer Autobahnbrücke durch. Ist es die A3? Ich gucke kaum noch auf mein Handy, um zu checken, wo ich gerade bin. Auf einem Fluss kann man sich nicht verfahren. Ich weiß nur, wie lang der Fluss noch ist und freue mich über Schnapszahlen.

Auf der Autobahn herrscht Stau. Lkw-Fahrer glotzen zu mir herab. Wollen sie mit mir tauschen? Oder wundern sie sich über den komischen stehenden Typen auf seinem orangefarbenen Wasserfahrzeug?

Wie viele Stunden stand ich in meinem Leben im Stau? Wieviel Zeit habe ich vor roten Ampeln verbracht? Wie oft habe ich mich bescheuert benommen, weil andere Autofahrer nicht so fuhren, wie ich es erwartete? All das ist unendlich weit weg. Im Moment gehöre ich auf mein Brett, auf diesen Fluss, und irgendwann stehe ich auch wieder im Stau. Ob ich mich dann hierher zurücksehne? Ob ich dann überhaupt noch an diese Tour denke? Man sehnt sich immer nur zurück, wenn man die Zeit nicht ganz ausgekostet hat.

Nach fast 70 Kilometern kann ich nicht mehr. An meinem ersten Tag ohne Wehr oder Staustufen habe ich kaum Pausen eingelegt. Hinter einer Biegung sehe ich ein Blinklicht – ein Hafen. Ich binde mein Brett an den Steg und frage ein paar Männer, die auf einem riesigen Motorboot sitzen, ob es hier irgendwo einen Supermarkt gibt.

»Da musste dich beeilen, Junge. Die schließen in 15 Minuten.« Ich schmeiße meinen Rucksack über und will loslaufen, als mir einer der Männer hinterherruft.

»Nimm das Rad da. Sonst schaffst du es nicht.« Sie beschreiben mir den Weg und in letzter Minute erreiche ich den Supermarkt.

Als ich zurück zum Hafen komme, drückt mir der Fahrradbesitzer einen Schlüssel in die Hand.

»Hier, für die Waschräume, damit du morgen eine warme Dusche hast. Wirfst den Schlüssel danach hier in den Briefkasten. Okay?«

Ich bin überwältigt von der Freundlichkeit der Bayern. Sie sind ein ganz anderes Volk als die Schwaben. Hier winkt jeder zurück, fast jeder ruft mir etwas Nettes zu, und alle wollen mich unterstützen.

ÖSTERREICH

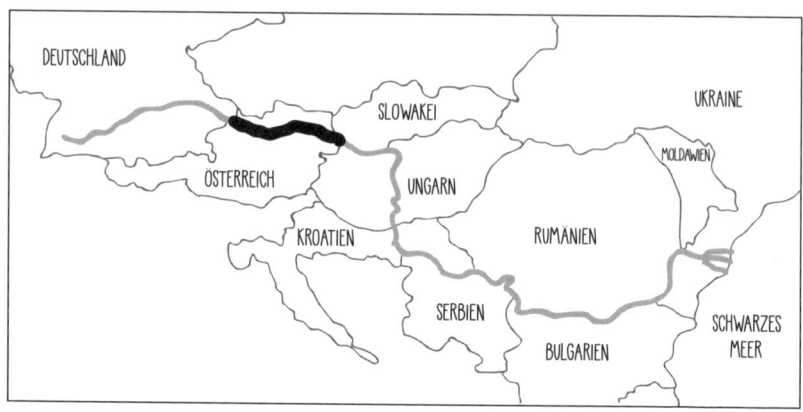

TAG 13, VILSHOFEN–ENGELHARTSZELL

Vilshofen, 48°37'37.0"N 13°11'03.6"E /
Engelhartszell 48°30'44.7"N 13°43'26.6"E

Flüsse haben ihren eigenen Geruch; fast wie wir Menschen. Wobei mich der Geruch der Donau an den des Rheins erinnert. Als ich Ende des vergangenen Jahrtausends in Mainz wohnte und dort regelmäßig mit einem Kajak über den Rhein paddelte, prägte sich der metallische, leicht chemische Geruch des Stroms in mir ein. Dass die Donau genauso riecht, muss an den deutschen Abwasser- und Klärwerksgesetzen liegen. Gesund riecht das auf jeden Fall nicht.

Der bayrische Wald ist finsterer als der Schwarzwald. Sein Nadelbaumanteil ist höher. Hinter jeder Flussbiegung taucht als erstes der Dorfkirchturm auf. Man erkennt die Gesinnung einer Gesellschaft immer an ihren höchsten Gebäuden. Was in Frankfurt die Banken, sind an der deutschen Donau die Kirchtürme. Seltsam, dass sich hier der Katholizismus so gehalten hat und dominiert. Selbst in ihrer Begrüßung beziehen die Menschen den Herrgott ein.

Ich mag den christlichen Glauben – auch wenn ich ihn nicht aktiv praktiziere. Jeder hat seinen Glauben, und die meisten sind von der Lehre einer bestimmten Religion überzeugt. In meiner Familie und meinem direkten Umfeld heißt der Glaube »Leistungsgesellschaft«. Der beschränkte Radius, in dem ich groß geworden bin, ist diesem Glauben fanatisch verfallen. Menschen werden ausschließlich nach den Kriterien dieses Glaubens bewertet. Die Religion zu diesem Glauben nennt sich »Arbeit«. Wer viel arbeitet, erntet Wertschätzung. Bankkonto, akademische Grade und gesellschaftliche Positionen entscheiden über das Ansehen eines Menschen. Auch die eigene Achtung steigt und fällt mit diesen Kriterien. Wer viel arbeitet, ist gut – als Pendant zum Christentum: Wer oft in die Kirche geht, ist gut. Wer viel Geld auf dem Konto hat, ist gut. Wer viel in den Klingelbeutel wirft, ist gut. Wer gesellschaftliche und akademische Grade besitzt, ist gut. Wer viel für die Gemeinde arbeitet und Nächstenliebe praktiziert, ist gut.

Dass der Glaube an die Leistungsgesellschaft und das fanatische Ausüben der Religion namens Arbeit diesen Planeten zerstört, interessiert die Glaubensfanatiker nicht. Wie jede fanatische Gruppe sind auch sie felsenfest davon überzeugt, das einzig Richtige zu tun. Die zerstörerische Kraft ihres Glaubens ist ihnen nicht bewusst. Ganz im Gegenteil: Sie glauben sogar fest daran, Gutes zu tun. Sie sind nicht belehrbar.

Doch ich bin kein Stück besser. Ich habe auch meinen Glauben und meine Religion. Ich glaube an die Selbstbestimmung, meine Religion heißt Freiheit. Ich beurteile Menschen danach, wie sehr sie Marionetten der Leistungsgesellschaft sind. Ich bewerte mein Umfeld nach ihrem Grad der Freiheit und kann an meinem extremen Leben nichts ändern. Meine Religion kann ich nicht abschütteln. Auch mein Glaube muss siegen.

Mir bleiben nur noch ein paar Kilometer in Deutschland. Nach meiner ersten Staustufe seit fast zwei Tagen erreiche ich die letzte deutsche Stadt an der Donau: Passau. Ich binde mein Brett zwischen zwei Ausflugsbooten an einer Leiter fest und muss mir erst einmal Schuhe kaufen. Nachdem meine Wasserturnschuhe verloren gegangen sind, sind beim Umhieven meines Bretts in das THW-Boot vorgestern auch noch meine Flip-Flops ins Wasser gefallen. Einen konnte ich retten. Ich hätte also mit einem Flip und einem Turnschuh durch Passau wandern können. Dann lieber barfuß.

»Do you speak English?«, fragt mich ein Mann Mitte 60. Ich bejahe. Bob ist Amerikaner, hat mich vom Fenster seines Ausflugsdampfers gesehen und würde zu gern wissen, auf was für einem Trip ich mich befände. Ich erzähle ihm von meiner Reise. Er ist begeistert, denn er bezeichnet sich selbst als Abenteurer. Er sei den Appalachian Trail von Georgia bis Maine gewandert, quer durch die USA geradelt und einmal um die Bahamas gesegelt. Wir plaudern ein bisschen, bis er seltsam herumdrucksst.

»Can I ask you a question?« Ich ahne, was kommt. Bob möchte gern wissen, was wir Europäer vom amerikanischen Präsidenten halten. Ich sage ihm, dass es die einhellige Meinung gibt, dass der Mann geisteskrank und eine Schande für Amerika und damit für die Welt sei.

Bob gehört zu den wenigen weißen Floridianern, die den Twitterkönig nicht gewählt haben. Er schämt sich fürchterlich für sein Land und möchte am liebsten nach Europa auswandern. Ich frage ihn, was er hier denn so sehr mag.

»Die Kultur«, sagt er ohne Umschweife. »In diesem Teil der Erde liegt die Wiege unserer heutigen Geisteswelt.« Ich finde, Bob übertreibt ein bisschen.

»Schau dir die französische, italienische, deutsche, englische Literatur der vergangenen zweieinhalb Jahrhunderte an«, sagt er. »Selbst, wenn nie wieder ein Buch geschrieben werden würde, wäre doch alles schon zu Papier gebracht. Schau dir die bildenden Künstler an. Reise durch Italien, besuche Museen in Deutschland oder Frankreich. Schau dir die Architektur in England an. Was habt ihr alles zu bieten, und ihr wisst es gar nicht.«

»Aber alles Gegenwärtige kommt aus den USA«, sage ich. »Google, Facebook, Amazon, hervorragende Literatur, großartige Künstler, die besten Bands, sogar die besten Elektroautos. Ihr habt uns abgehängt. Das wird auch euer Präsident nicht ändern.«

»Das stimmt. Für Europäer scheint die Kultur wie ein Gewicht zu wirken. Ihr schaut nicht nach vorn, sondern lieber nach hinten. Amerikaner sind kulturelle Leichtgewichte und blicken daher lieber nach vorn. Deshalb kommen viele Innovationen zurzeit aus unserem Land. Aber alles basiert auf der Kultur, die aus eurem Kontinent kommt.«

»Amerika überschwemmt uns mit seiner Kultur«, sage ich. »Beispielsweise kommen 90 Prozent aller Übersetzungen aus dem Englischen. Die Chance, als deutscher Autor ins Englische übersetzt zu werden, liegt also bei fast null.«

Bob und ich schlendern ein bisschen durch Passau, bis ich schließlich einen Schuhladen entdecke. Ich kaufe ein Paar amerikanische Sneaker, nicht wegen Bob, sondern weil diese am besten passen und cooler aussehen als die deutschen.

»Das hat jetzt aber nichts mit der Kultur zu tun«, sage ich zu Bob.

Er begleitet mich zurück zu meinem Brett und verspricht, die gedrehten Bilder von meinem Ablegen auf Facebook zu posten.

Als ich Passau verlasse, fließt der viel hellere und mächtigere Inn in die Donau. Die Gewässer vermischen sich wie fremde Galaxien. Von jetzt an riecht die Donau nicht mehr wie vorher. Sie riecht gar nicht mehr. Und sie sieht aus wie ein schlammiger Gebirgsbach mit schmierigen Wellen. Ich habe das Gefühl, auf einem neuen Fluss unterwegs zu sein.

Schlaue Buddhisten sagen, dass man nie auf demselben Fluss unterwegs sein kann. Ich widerspreche dem nicht.

TAG 14, ENGELHARTSZELL– ASCHACH

Engelhartszell, 48°30'44.7"N 13°43'26.6"E /
Aschach, 48°21'52.7"N 14°01'17.5"E

Meine Hände sehen nicht mehr so aus, als gehörten sie zu mir. Sie sind viel dicker als vor der Tour und mit Schwielen übersät. Überall prangen kleine Macken, Abschürfungen und Verkrustungen. Die Adern auf meinen dunkelbraunen Handrücken sind dick wie Ringelnattern. Eine Faust zu bilden fällt mir schwer, da die Schwielen beim Biegen Widerstand leisten.

Mich erinnern meine Pranken an Onkel Kurts Hände. Onkel Kurt war Landwirt und irgendwie mit uns verwandt. Wenn wir ihm als Kinder die Hand geben mussten, verschwand meine gesamte Hand in seinem Handteller. Onkel Kurt war ein einfühlsamer Mann und schaffte es, unsere Hände beim Handschlag nicht zu zerbrechen. Höchstens leichte Stauchungen trugen wir davon und waren froh, wenn wir das Begrüßungsgeschüttel mit Onkel Kurt hinter uns hatten. Als Kind wollte ich immer solche Hände haben wie Onkel Kurt. Jetzt habe ich sie und komme mir klobig und ungeschickt vor.

Schon nach den ersten Metern weiß ich, dass heute ein harter Tag werden wird: Gegenwind und schlappe Strömung. Nach sechs Kilometern gelange ich zum ersten Wehr in Österreich. Es ist viel gewaltiger als die bisherigen und hat keine Ausschilderung für »nichtmotorisierte Fahrzeuge« – also für Leute wie mich. Ich paddele die linke Seite an, bis ich vor dem Schleusentor stehe. Ein Wärter glotzt aus seinem Turm, gibt mir aber keine Anweisungen. Ich hebe die Arme in die Luft, um meine Unsicherheit auszudrücken. Er glotzt weiter auf mich herab.

Der Mann lebt das Gegenteil von mir. Er ist vermutlich verbeamtet, geht jeden Tag derselben Tätigkeit zur gleichen Zeit nach, muss eine Leistung bringen, die ihn hundertprozentig unterfordert und verbringt den Hauptteil seines Lebens in einer satten, unzufriedenen und immer leicht arroganten Atmosphäre unter hochmütigen und feigen Kollegen. Er kommt nicht auf die Idee, sein Fenster zu öffnen und mir zu sagen, was ich tun soll. Denn dafür wird er nicht bezahlt. Dienst nach Vorschrift, bis zur Rente. Doch ich sollte bescheiden und freundlich bleiben, sonst passiert hier gar nichts.

Vor Jahren erzählte mir ein Inder, dass man einen bestimmten regionalen Fürsten nur besuchen dürfe, wenn man die hundert Meter vor seinem Palast auf dem Bauch durch Kuhdung rutscht und dabei in die Hände klatscht. Der Zutritt zur Schleuse ist dagegen bisher höchstens rätselhaft, aber nicht demütigend.

Der Schleusenwärter hat vermutlich zwei Hebel vor sich: Schleuse auf, Schleuse zu. Mit diesen Hebeln hat er die Macht, andere Schiffe – oder Stand-up-Paddler – zu schleusen. Diese kleine Macht, die ihm berufsbedingt verliehen ist, hilft seinem Ego, das widerwärtige, tägliche Einerlei zu ertragen.

Ich entscheide, auf die andere Seite des Wehrs zu paddeln. Also einen halben Kilometer zurück und um eine künstliche Landzunge herum. Am rechten Ufer finde ich eine »Umsetzungsstelle für nicht-motorisierte Kleinfahrzeuge«. Das hätte mir der Typ doch auch sagen können, oder? Eine halbe Stunde später schaue ich zurück auf das Wehr. Ob mich der Schleusenwärter sieht und sich wünscht, ich würde durch Kuhdung kriechen müssen? (Foto 28)

Das nächste Wehr wartet in 30 Kilometern auf mich und ist das größte Österreichs. Es staut das Wasser mehr als 20 Kilometer zurück.

Fast niemand kann sich einen so langen Urlaub leisten – ich eigentlich auch nicht. Aber ich betrachte diese Reise auch als Investition in die

Zukunft. Das Abenteuer, die Veränderung meines Körpers, die neu gewonnen Erfahrungen, die noch weiter ausgebaute Freiheit – all das sind unbezahlbare Werte.

Meine Freiheit begann in dem Moment, indem ich mich zu dieser Reise entschlossen hatte. Als ich mich hundertprozentig auf den Traum konzentrierte, in die Vorbereitungsphase trat, alle Hürden übersprungen hatte und schließlich an der Donau ankam, zum ersten Mal aufs Brett stieg und die Reise Wirklichkeit wurde. In jenem Moment dachte ich nicht an die Zukunft oder an den tieferen Sinn dieser Reise. Ich wusste nur, dass dies genau das Richtige für mich sein würde. Und ein Jahr später wird es egal sein, wie mein Konto dann aussieht, was ich beruflich verpasst haben könnte, welche Chancen mir vielleicht zu Hause entgangen sind. So frei wie auf dieser Tour habe ich mich seit Jahren nicht gefühlt.

Ein Kloster hockt am Ufer. Stift Engelszell – ich kann ein kleines Schild an einem Anleger lesen. Ich halte kurz an und lese auf einer Infotafel, dass die schweigenden Trappistenmönche ihr Gotteshaus längst hätten schließen müssen, wenn nicht eine neue Führung vom Himmel gefallen wäre. Die hatten die grandiose Idee, selbst Bier zu brauen. Als ob das nicht schon jeder zweite Orden tun würde. Also verkaufen sie hier krügeweise Gerstensaft in Gottes Namen und kommen sich innovativ vor. Die lächerlich antiquierte zölibatäre Instanz überlebt nicht mehr, weil sie Menschen Zuversicht oder Gottvertrauen schenkt, sondern weil sie Alkohol herstellt und den Schafen zu saufen gibt. Und die Belämmerten saufen sich die Zumutung namens Kirche schön. Jetzt sitzen die Touristen am Ufer mit einer Maß in der Hand und winken mir glücklich zu.

Seit zwei Wochen habe ich keine Nachrichten gehört oder gesehen. Was für eine Erlösung. Kein Trump, keine Katastrophen, kein Terrorismus. Keine Kriege, die nicht beendet werden. Wenn etwas Wichtiges passiert, bekomme ich es auch so mit. Und das tägliche Geplänkel,

Hochkochen und Angst-Verbreiten darf in den kommenden Wochen gerne ohne mich stattfinden.

Nachrichten sind flüchtig; ohne Bestand und ohne Gedächtnis. Die Donau hingegen, die umgrenzenden dunklen Wälder, die Felsen, der Gesang der Vögel, das alles besitzt absoluten Bestand. Es besitzt ein Gedächtnis, das so alt ist wie die Welt. Ich frage mich, wie mich das sinnlose Gehechel der Nachrichtenmacher je interessieren konnte – und noch schlimmer: Wie konnte ich als Journalist Teil dieser krankmachenden Empörerei sein?

Zu Hause habe ich häufig das Gefühl, als ob ich mich in einem Tunnel bewegen würde. Ich japse dem Licht am Horizont hinterher, erreiche das Ende des Tunnels aber nie. Hier gibt es diesen Tunnel nicht. Ich bin nicht mehr der Gefangene meiner Gedanken, der Arbeit, eines bestimmten Leistungspensums. Solange ich auf dem Wasser bin und halbwegs vorankomme, fühle ich mich frei – auch wenn ich mir aus Gewohnheit Ziele setze und diese erfüllen möchte.

Beim SUPen tue ich nichts; nichts, außer SUPen. Ich habe das Gefühl, alten Ballast abzuwerfen. Um zu SUPen und die Natur zu genießen brauche ich keine Bildung, keine Erfahrung und keine Kompetenzen. SUPen kann jeder, man braucht nur ein bisschen Übung.

Ich kann diese Tour nicht mit anderen Touren vergleichen, wie ich es bei meinen bisherigen Urlauben auf der ganzen Welt tun konnte, denn dies ist meine erste SUP-Reise. Sie ist überwältigend in allen Belangen. Ich kann höchstens die Tage der Reise miteinander vergleichen, doch diese fließen ineinander und vermengen sich zu einem einzigen großen Rausch.

Ich spreche mit höchsten fünf Menschen pro Tag. Meine Identität, mein Beruf, meine Geschichten interessieren nicht. Meine Eitelkeit, mein Schicksal, meine Selbstgefälligkeit haben Pause. Ich bin auch durch die körperliche Erschöpfung zurückhaltender als gewöhnlich, ich bin höflich, aber unverbindlich, und ich freue mich über Ruhe. Ich versuche, die Verbundenheit mit der Natur an Land zu retten. Doch schon das Öffnen von E-Mails zerstört die erpaddelte Freiheit: Ein wichtiger Auftrag ist geplatzt – aber das ahnte ich schon; ein esoterisch verbrämter Bekannter schreibt, dass er spüren würde, dass wir verschiedene Wege gingen (wer tut das nicht?); ein Leser möchte gern, dass ich ihm fünf Autogrammkarten schicke – wie kommt der dazu? Woher soll ich Autogrammkarten haben?

Ein ehemaliger Kollege schreibt, dass er mich um die Reise beneiden würde. Ich würde diese Reise auch stellvertretend für ihn tun. Er könne so etwas ja nicht machen, wegen seiner Verpflichtungen. Warum weiß er nicht um die Lüge dieser Worte. Jeder kann eine solche Reise machen. Sie kostet in ihrer Einfachheit weniger als das Leben zu Hause. Wir können uns von den Klammern des Alltags lösen. Wenn wir krank werden, können wir ja auch monatelang unsere Verpflichtungen vernachlässigen. Müssen wir erst Krebs bekommen, bis wir unser Leben selbst in die Hand nehmen, bis wir uns von den Klammern des Alltags lösen? Ich entscheide über mein Schicksal, und nicht mein Arbeitgeber, meine Gesundheit, fremde Erwartungen oder die materiellen Verlockungen einer perversen Konsumgesellschaft. Es ist Zeit, Ausreden über Bord zu schmeißen. Ich würde niemals zulassen, dass jemand eine Reise stellvertretend für mich macht. Es ist mein Leben. Niemand kann es stellvertretend für mich führen.

Ich sollte meine E-Mail-App löschen.

Für die Donau bin ich niemand. Und das tut mir gut. Für sie bin ich ein Körper, der sich auf ihr bewegt, kleine Wellen verursacht, in ihr badet, sein Geschirr in ihr wäscht und manchmal in sie hineinpinkelt. Auf meinem Brett spiele ich keine Rolle, habe keinen Status und keine Persönlichkeit. Ich habe keinen Plan – aber ein Ziel, das ich heute nicht erreichen kann. Ich bin eine Lebensform, die sich zwischen Sonnenauf- und -untergang bewegt. Immer gleich. Wie der Schleusenwärter ohne Verbeamtung.

Ich kann nicht mehr. Der Gegenwind ist so stark, dass ich mich ans Ufer treiben lasse und überlege, den Karren unters Brett zu spannen und meinen Kram auf dem Radweg hinter mir herzuziehen. Ich verharre mit dem Paddel als Stütze auf dem Brett, schließe die Augen, höre die Vögel, den Wind in den Bäumen – und paddele weiter. Es ist kein Akt des Willens – es kam von allein aus mir heraus. Ohne bewusste Entscheidung. Ich will weiterpaddeln. Und es geht. Ich kämpfe mich um die nächste Kurve und habe immerhin Seitenwind. Nach zwei weiteren Stunden hört der Wind ganz auf. Jetzt, um 15 Uhr, habe ich allerdings erst 20 Kilometer bewältigt. So langsam war ich selbst am ersten Tag nicht unterwegs.

Von hinten hält eine Katamaran-Fähre auf mich zu. Als das Schiff neben mir liegt, fragt der Kapitän: »Timm Kruse?« Ich muss lachen. Immer an den schlimmsten Tagen werden mir Engel geschickt.

Markus ist ungefähr in meinem Alter und hat meine Reise im Internet verfolgt. Wir haben irgendeine gemeinsame Bekannte auf Facebook. Wer soll da den Überblick behalten?

»Ich kann dich zwei Kilometer mitnehmen«, sagt er. Ich binde also mein Brett an seinen »Donau-Bus« und lasse mich mitschleppen. Markus verbindet eine für Radfahrer unbefahrbare Strecke mit seiner Fähre und fährt immer zwischen gewaltigen Felsen die Donau auf und ab, die Schlögener Schlinge. (Foto 29)

»Ich liebe meinen Job«, sagt er. Er hat die Fähre mit seinem Bruder selbst gebaut und bekommt staatliche Unterstützung – das ist billiger als einen Radweg zu bauen – und freut sich, immer nur gutgelaunte Kunden zu haben. Die Saison geht von Mai bis Ende September. Im Winter baut er Brotöfen für gemeinnützige Organisationen auf der ganzen Welt.

Markus gehört zu den Menschen, die von sich aus ein alternatives Leben führen. Ihm muss ich mich nicht erklären. Unterhalb eines steilen Waldhangs legt er an, holt die Leine, mit der er mich geschleppt hat, wieder ein, wünscht mir viel Glück und Kraft, lädt ein paar Radfahrer auf seine Fähre und tuckert wieder zurück. Auch Markus wird zerrissen sein zwischen den täglichen Herausforderungen des freien

Lebens und der heimlichen Sehnsucht, vielleicht doch mal ein ganz normales, geregeltes Leben zu führen. Doch auch er kann nicht anders.

Ich habe die Ausläufer der Alpen erreicht. Wenn ich früher an die Tour gedacht habe, hatte ich immer Luftbilder auf YouTube dieser Region vor Augen. (Foto 30) Was für ein Traum, dachte ich, dort SUPen zu können. Und jetzt bin ich »dort«, habe keine Luftperspektive, dafür Gegenwind, keine Strömung und eine Sonne, die meine Fußrücken brät, sodass die Haut in Fetzen herabhängt.

Als nach der hundertsten Donauschleife ein Zeltplatz auftaucht, beschließe ich spontan, anzulegen. Es ist 18 Uhr. Ich bin platt.

Die Leistungsgesellschaft und ihre prägenden Einflüsse nagen an mir. Heute habe ich kaum 30 Kilometer geschafft, das angepeilte Wehr ist immer noch mehrere Kilometer entfernt, und sofort kommt ein Gefühl des Versagens in mir hoch. Doch bei diesen Bedingungen war heute nicht mehr drin – oder vielleicht doch? Habe ich alles gegeben? Weiß ich überhaupt, was das bedeutet – alles geben? Ich bin doch viel zu leichtfüßig unterwegs, um alles zu geben. Ich kann nicht mehr. Auch nicht mehr schreiben.

TAG 15, ASCHACH–STEYREGG

Aschach, 48°21'52.7"N 14°01'17.5"E /
Steyregg, 48°16'15.4"N 14°23'11.0"E

Stundenlang steche ich mein Paddel ins Wasser und pendele zwischen Oberösterreich und Niederösterreich hin und her. Die einzige Abwechslung ist die Seite, in die ich steche. Alle fünf bis sechs Schläge wechsele ich von links nach rechts und wieder zurück. Somit hat jede Seite genügend Pause zur Regeneration. Auf diese Weise ermüde ich praktisch nicht. Erst abends merke ich, wie schwer meine Arme sind.

In den vergangenen zwei Wochen habe ich nichts gemacht außer paddeln. Ich habe natürlich auch ein bisschen Geld ausgegeben für Nahrung, mit Menschen gesprochen und Landschaften erkundet. Aber ich habe nicht im klassischen Sinn für Profit gesorgt – ich habe höchstens in mich und die Zukunft investiert. Rein wirtschaftlich habe ich nichts produziert, was sich verkaufen lässt, keinem einen Dienst erwiesen oder eine Fremdleistung erbracht, nichts im herkömmlichen Sinne getan, um mein Konto zu füllen. Auch wenn mein Profit im Moment gleich null ist, so ist der Gewinn meiner Reise unbezahlbar; er ist – total.

Ich profitiere nämlich von mir selbst. Profit kann jeder machen, zu jeder Zeit. Ob ich mein Leben gewinnbringend führe oder nicht, hängt von mir selbst ab. Dieses reine, intensive Leben würde ich verlieren, wenn es mir um Profit ginge. Würde ich mehr Geld verdienen wollen, stünde ich nicht auf diesem Fluss. Gleichzeitig plagt mich mein katastrophaler Kontostand, und ein Teil von mir wünscht sich, ein bisschen profitorientierter zu leben.

Unendliche Stunden, jeden Tag, bin ich nur ein Paddler auf seinem Brett. Ich bin niemand – und damit niemand mit Sorgen oder flüchtigen Nöten. Niemand, der dem Geschwätz der Angsterfüllten ausgesetzt ist.

Manchmal paddele ich durch Gegenden, an denen die Donau keinen Radweg und keine Straße am Ufer hat. Diese Momente liebe ich am meisten; dann gibt es nur mich und die Natur. Mein Gewinn ist tonnenweise reine Präsenz. Im Überfluss bekomme ich die ganze Schönheit dieses Flusses und seiner Umgebung geschenkt; ich bin in diesen Momenten ein Teil dieser Schönheit. Erst wenn mir dabei bewusstwird, wie schön und perfekt alles ist, falle ich aus diesem Gefühl der totalen Einheit heraus. Mein Kopf befindet sich in höheren Sphären, während mein Körper Teil dieser Szenerie ist.

Ein Polizei-Hubschrauber fliegt nur wenige Meter über mir hinweg. Ich winke nach oben, und mehrere Hände winken aus den offenen Fenstern zurück. Für sie bin ich ein Teil der Kulisse – und es muss von dort oben eine überwältigend schöne Kulisse sein. Sie wünschen sich bestimmt an meine Stelle. Und ich würde so gern mal Hubschrauber fliegen.

Als vor mir plötzlich Berge auftauchen, muss ich doch mal im Internet meinen Standort checken. Nur ein paar Kilometer nördlich ist Tschechien und im Süden die Adria. Es müssen irgendwelche Berge rund um Wien sein. Ich bin tatsächlich schon ein gewaltiges Stück vorangekommen. Wenn alles glatt läuft, erreiche in knapp zwei Tagen die österreichische Hauptstadt und werde einen Tag Pause einlegen.

Am Ufer fährt ein Pärchen auf Fahrrädern parallel zu mir und winkt mir frenetisch zu. Sie rufen etwas. Ich höre »Regensburg« heraus. Anscheinend haben sie mich schon in Regensburg gesehen. Ich kann mich aber nicht an sie erinnern. Zu viele Menschen begegnen mir während meiner Fahrt, sodass sie alle miteinander verschmelzen und ich nicht mehr weiß, wen ich wo und wann gesehen habe. Seit ich in Österreich bin, komme ich aus dem Winken gar nicht mehr heraus.

Viele fragen mich, wie weit ich paddeln will und grölen vor Freude und Sehnsucht, wenn ich ihnen mein Ziel nenne.

Im Laufe des Tages nimmt der Gegenwind erheblich zu. Ich mache gerade noch 2 km/h – und die nächste Schleuse ist noch mehr als vier Kilometer entfernt. Ich lehne das Paddel an meine Schulter und lasse die müden Arme hängen. Hinter mir tuckert es. Ein Holzboot, vielleicht zwölf Meter lang, es sieht nach einer Privatyacht aus. Das Boot ist mit Fahnen und Wimpeln behangen, was seltsam aussieht, als würde es eine Parade fahren wollen.

Soll ich? Ich strecke den Daumen heraus, und meine Tramper-Quote bleibt bei 100 Prozent. Der Skipper fährt zu mir heran und fragt: »Wülls miit?« I wüll.

Walter und Waltraud – sie heißen wirklich so, schließlich ist das Leben erfindungsreicher als alle Schriftsteller der Welt zusammen – kommen gerade von einer 7.500 Kilometer langen Reise zurück. Sie sind von Linz über Kanäle in die Adria geschippert, von dort über Italien und Frankreich die Rhône zurück auf die Donau. Über ein halbes Jahr waren sie unterwegs. Jetzt noch eine Schleuse, ein paar Kilometer und in ihrem Heimathafen steigt ein Fest – daher die Flaggengala auf dem Schiff.

Wie schon auf der gesamten Reise werde ich auch von ihnen mit Gastfreundschaft überschüttet. Sie bieten mir Bier, Wein, Cola, Brezeln und Süßigkeiten an. Doch ich lehne erst einmal ab. Mir ist schon so viel geholfen worden, dass ich nicht noch mehr annehmen möchte. Außerdem trinke ich seit Jahren keinen Alkohol, was den meisten Seemännern seltsam vorkommt. Walter auch. Ich sage, dass ich nach dem heutigen Pensum kein Gift in meinen Körper schütten sollte. Walter nickt, nimmt einen Schluck Rotwein mit Eis und steuert uns an die Schleuse. Wir müssen mehr als eine halbe Stunde warten, bis uns der Schleusenwärter durchlässt. Ein Frachtschiff muss uns erst noch einholen. Mit ihm zusammen dürfen wir schließlich herein. Zeit habe ich mit Walter und Waltraud nicht gewonnen, denn das Schleusen dauert noch einmal eine gute halbe Stunde. Nur ein paar Kilometer gegen den Wind zu paddeln habe ich mir erspart.

Man spürt den Unterschied zwischen Menschen, die eine lange Reise hinter sich haben, und denen, die zwei Wochen Vollpension gebucht haben. Walter und Waltraud sind tatsächlich entspannt. Nichts bringt die beiden aus der Ruhe. Auch nicht, als Waltraud die Leine in der Schleuse verloren geht und der Wind das Boot Richtung Frachtschiff drückt. Walter wirft den Diesel an und fährt ohne Aufregung den nächsten Schleusen-Poller an. Waltraud legt das Seil in aller Ruhe herum, und wir sinken weiter die Schleusenwand herab als wäre nichts geschehen.

Nach der Schleuse bitte ich Walter, mich wieder abzusetzen. Die Strömung sieht gut aus. Ich bin ausgeruht und freue mich auf mein Brett. Ich will zurück auf den Strom. Wir verabschieden uns schnell, aber herzlich. Eine halbe Stunde später habe ich sie aus den Augen verloren. Sie sind ungefähr 5 km/h schneller als ich. Wir sind vereint in unserer langsamen Art des Wasser-Wanderns.

In Linz binde ich mein Brett an ein altes Fährschiff. Der Skipper stellt mir tausend Fragen und verspricht, auf mein Brett aufzupassen, während ich mir die Stadt anschaue. Es ist kurz vor drei, und alle Geschäfte sind geschlossen. Ich beschließe, einen Döner zu essen und anschließend einen Supermarkt zu suchen. Seltsamerweise haben die Geschäfte um halb vier immer noch geschlossen. Ich frage einen Gendarmen, wann die Geschäfte in dieser Stadt denn offen haben würden.

»An Werktagen«, sagt er. Ich überlege. Heute ist doch Donnerstag. »Fronleichnam!«, sagt der Uniformierte. Für Vagabunden gibt es keine Feiertage, stelle ich fest, und gehe zurück zu meinem Brett.

Ich rausche an so vielen hübschen Städten, Schlössern, Klöstern, Burgen und Naturparks vorbei. Für diese Tour bräuchte man ein halbes Jahr – aber dann zu zweit.

Das viele Alleinsein bekommt mir nicht.

Der Wind hat gedreht und weiter aufgefrischt. Er weht genau achterlich mit bis zu 20 Knoten. Ich surfe kleine Wellen hinab und mache sicherlich 10 km/h. Doch es ist schon 17 Uhr, und ich könnte mir einen Schlafplatz suchen. Links vor mir liegt ein Hafen. Als ich gerade entscheide, noch ein Stündchen zu paddeln, winkt mir jemand aus dem Hafen entgegen.

»Tihiiiiiiiimm«, höre ich. Wer mag das sein? Die Person ist noch zu weit weg, als dass ich sie erkennen könnte. Ich wechsele die Donauseite und erkenne, dass es Waltraud ist. Sie hat mich zufällig gesehen und möchte mich unbedingt bei ihrer Willkommensparty dabeihaben.

Wir umarmen uns freudig. Die Donau-Welt ist klein.

»Jetzt trinkste aber einen mit«, befiehlt Walter. Ich kläre ihn auf, dass ich für ein Menschenleben genügend Alkohol in diesen Körper geschüttet hätte und seit ein paar Jahren lieber die Finger von dem Zeug ließe. Er müsse mir glauben, dass es das Beste für mich sei. Walter versteht und hätte doch zu gern mit seinem neuen Freund angestoßen. Alkohol gehört zur Seefahrt wie der Wind und die Wellen.

Trotzdem sagt Walter: »Nimm dir, was du willst. Heute geht alles auf mich.«

Ich spüre, dass ich in der Runde mit meiner Apfelschorle ein Außenseiter bin. Dazu sinkt wie immer beim Saufen das Kommunikationsniveau. Noch dazu verstehe ich die Österreicher nur zur Hälfte.

Um halb zehn baue ich mein Zelt auf. Eine Gewitternacht wartet auf mich. Die schweren Regentropfen klingen auf den aufblasbaren Röhren meines Zelts wie eine verrückt gewordene Percussion-Band.

TAG 16, STEYREGG–FREYENSTEIN

Steyregg, 48°16'15.4"N 14°23'11.0"E /
Freyenstein, 48°11'44.8"N 14°58'45.1"E

Es gibt das unerklärliche Phänomen des Strapazen-Vergessens. Heute quäle ich mich den ganzen Tag auf dem Brett, obwohl ich extrem starken Rückenwind habe, die Strömung 5 km/h beträgt und die Landschaft nicht schöner sein könnte. Ich schaffe in gut sechs Stunden 55 Kilometer, was sicherlich der beste Schnitt der gesamten Tour ist. Und doch wandern finstere Gedanken durch meinen Kopf: *Ich breche ab, ich kaufe mir ein Boot und fahre die Strecke per Motor, ich buche mir einen Platz auf einem dieser Luxus-Cruiser. Hauptsache, ich muss nicht noch weitere Wochen auf diesem Fluss stehen und allein vor mich hinpaddeln.*

Jetzt sitze ich an Land in einem Dorfgasthof neben einem Zeltplatz, die Sonne geht langsam unter, ich esse meinen ersten Salat seit Beginn der Tour und freue mich auf morgen – trotz der Strapazen, die auf mich warten werden.

Ein Freund bestätigte mir am Telefon das Phänomen des Strapazen-Vergessens: Er ist begeisterter Radfahrer und hat schon mehrfach die Alpen überquert. Auf dem Sattel gäbe es immer wieder Momente, wo er alles verfluchen könnte – die Schmerzen, die Berge, den Wind, sein Rad, die Tour. Alles. Und kaum hat er sein Etappenziel erreicht, sind alle Strapazen vergessen.

Ich weiß von mir auch, dass ich selten aufgebe. Als ich vor ein paar Jahren den Entschluss fasste, für 40 Tage zu fasten – also wirklich nichts zu essen – stand ich häufig vor dem Abbruch. Aber natürlich habe ich es durchgezogen. Sonst hätte ich diese wichtige Erfahrung nicht gemacht und mir mein Leben lang vorgeworfen, diese Chance nicht ergriffen und das Experiment abgebrochen zu haben. Ich wusste damals, dass ich vermutlich nur einmal im Leben den Willen haben würde, für 40 Tage zu fasten. Also musste ich es durchziehen. Die Chance würde so schnell nicht wiederkommen. Und ich habe es im Nachhinein nicht bereut. Immerhin ist dadurch mein erstes Buch entstanden und hat mir die Welt der Schriftstellerei eröffnet.

Das Gleiche gilt für diese Tour. Ich werde vermutlich nie wieder so lange Zeit auf einem SUP verbringen. Ich kann mir im Sommer vermutlich auch nie wieder zwei Monate Urlaub herausnehmen. Und wenn ich diese Tour tatsächlich durchstehe, werde ich zurückblicken und sagen: Das war doch gar nicht so schlimm!

Vor der Tour habe ich mir ausgemalt, alle vier Sechstausender zu erSUPen: Nil, Amazonas, Yangtse und Mississippi. Doch befürchte ich schon jetzt, dass ich keinen dieser Flüsse auf dem SUP bezwingen kann. Sie sind mehr als doppelt so lang wie die Donau.

Der Wind bläst weiterhin mit 20 Knoten von achtern. Ich fliege über die Donau. Plötzlich sehe ich, dass der Heckring samt Leine auf meinem Brett liegt. Eine Welle hat ihn an Bord gespült. Durch das viele Schleifen meines Bretts über Land, Strände, Stege und Slipanlagen, hat sich die Naht geöffnet. Ich kann mein Glück nicht glauben, dass das Wasser den letzten Faden während der Fahrt zerrissen hat. Wie oft hatte ich das Brett im Strom angebunden – es wäre jetzt weg.

Ich habe drei spirituelle Freundinnen, die mir jeden Tag Engel mit auf die Tour schicken. Man mag darüber denken, was man will. Ich kann nur sagen, dass ich auf dieser Tour bisher unendliches Glück gehabt habe. Es könnte also an den Engeln liegen.

Beim nächsten Wehr reißt der Gegenzug des Reißverschlusses meiner großen wasserdichten Tasche. Ich brauche dringend einen Hafen, um alles zu reparieren.

Häufig verlaufen die Straßen so nah an der Donau, dass ich Ortsschilder lesen kann: Mauthausen – war da nicht ein KZ? Ich paddele an einen Landesteg und schaue im Internet nach. Tatsächlich. Zwei

Kilometer bergauf ist eine Gedenkstätte. Mauthausen – klingt nach »Mordhausen«. Braunau, Auschwitz, Wolfsschanze – die Namen dieser Orte hallen durch meinen Kopf. Waren diese Buchstabenfolgen vorher schon so hässlich? Oder sind sie durch die Taten erst zu dem geworden, was sie sind? Oder waren die Taten erst an Stätten möglich, die solch hässliche Namen tragen?

Ich binde mein Brett am Tragegriff in der Mitte des Brettes fest – der wird mit Sicherheit halten –, packe meinen Rucksack und mache mich auf den Weg zum ersten Besuch eines Konzentrationslagers in meinem Leben.

Schon auf dem zwei Kilometer langen Weg in die Hänge oberhalb der Donau habe ich einen Kloß im Hals. Ich könnte heulen, dass der Holocaust überhaupt möglich war, dass er hier stattfinden konnte, dass er sich als Teil meiner Wurzeln anfühlt. (Foto 32)

In der Mauthausener Gedenkstätte bin ich wie paralysiert. Ich streife durch die Baracken, die langen Flure, die Vorplätze mit den Stacheldrahtrollen. Ich kann nicht aufnehmen, was hier geschehen ist. Wie durch einen Filter dringen die Geschichten in mein Gehirn: Vor dem hölzernen Haupteingang wurde ein russischer Offizier bei minus dreißig Grad so lange mit kaltem Wasser übergossen, bis er stehend gefroren war. Ein Foto im Museum zeigt zwölf Wehrmachtssoldaten von hinten, die Gewehre im Anschlag. Man kann auf dem Bild die Gesichter der fünf Männer erkennen, die nur Sekunden, nachdem dieses Foto aufgenommen wurde, erschossen wurden. Im unteren Bereich gibt es ein Krematorium, in dem täglich Hunderte von Leichen verbrannt wurden. Nebenan liegt ein Friedhof. Ich gehe zwischen den Gräbern umher als suchte ich etwas. Wer liegt hier? Wer waren die Toten? Leben sie nicht doch noch ein bisschen weiter, weil Menschen ihrer gedenken? Ihre Namen sind fast nicht mehr zu lesen. Moos hat sich wie Schicksal auf die Grabsteine gelegt. Wie hält man das aus? Ich nicht – ich kann noch nicht mal heulen, gehe zurück zu meinem Brett, das Gehirn in einer Dunstglocke. Die Grausamkeiten erschlagen mich.

Ich SUPe mich zurück in unsere Welt, die als Konsequenz der perversen Welt des Dritten Reichs entstanden ist. Europa und seine völkerverbindenden Freundschaften, die freien Grenzen, das gegenseitige Wertschätzen, der kulturelle Austausch, die Offenheit und Vielfalt, die verschiedenen Lebensformen und -möglichkeiten, Toleranz, Frieden, ein hohes Bildungsniveau, Chancengleichheit, freie Meinungsäußerung, Religionsfreiheit, soziale Netze, geregelte Arbeitsbedingungen, Betreuung und Unterstützung von Alten, Kranken und Behinderten – all das ist für uns selbstverständlich und existierte vor etwas über 70 Jahren in keiner Form.

Vergangene Woche ist ein 94-Jähriger im Pflegeheim meiner Schwiegereltern gestorben. Er lebte über 70 Jahre mit nur einem Arm, weil ihn in den letzten Kriegsmonaten eine Kugel erwischt hatte. Mit ihm stirbt einer der letzten Zeugen des Zweiten Weltkriegs, der Gräueltaten, des totalen Unrechts, der offenen Hinrichtungen, der Ermordung von Millionen, der Bombardierungen, der Verkrüppelungen körperlicher und seelischer Natur, der kulturellen Pervertierung, des maximal größten Unrechtssystems der europäischen Geschichte.

Mir kommt es manchmal nicht so vor, als ob mit dem Tod dieser letzten Zeugen, Opfer und Täter, das Vergessen einsetzt – dafür gibt es zu viele Mahnmale, Geschichtsunterricht und Filmaufnahmen –, sondern die Bereitschaft, unserer Freiheit zu huldigen, unser System zu verbessern, unsere Souveränität und unsere Emanzipation auszubauen, unsere Selbstbestimmung voranzutreiben. Für uns sind die Werte eines offenen, freien, friedlichen Europas so normal geworden, dass wir nicht mehr für sie einstehen.

Wir leben in einer Empörungskultur, plustern uns auf, indem wir Missstände aufzeigen, ärgern uns über die Politik und stänkern und schimpfen den ganzen Tag über ein System, das den Menschen auf diesem Kontinent noch nie mehr Freiheit beschert hat.

Missstände, Ungerechtigkeiten, Korruption, Diskriminierung und Rechtsbrüche sollen unbedingt weiterhin bekämpft und vom Volk und den Medien an die Öffentlichkeit getragen werden. Wir dürfen dabei nur nie vergessen, dass die Mängel unseres Systems in einem System stattfinden, das die Mängel beheben kann. In einem System, das Kritik verträgt, flexibel ist und auf die Sorgen und Nöte des Volks reagieren kann. Dass das nicht immer funktioniert, sehe ich auch. Doch das System an sich ist die Basis unserer Freiheit. Und diese Freiheit gilt es mit aller Kraft zu verteidigen.

Mir kommt unsere Gesellschaft manchmal so vor, als würde sie auf eine LED-Leinwand starren, auf der drei von 10.000 Lichtpunkten nicht funktionieren, und wir uns über die drei dunklen Flecken unendlich aufregen und deswegen die 9.997 funktionierenden Punkte nicht mehr sehen, geschweige denn honorieren. Es ist gut und wichtig, die drei nicht funktionierenden Punkte reparieren zu wollen. Doch dürfen wir dabei nicht die ganze Leinwand einreißen, indem wir darüber streiten, wer wie und zu welchem Preis die drei Punkte austauschen darf.

TAG 17, FREYENSTEIN– ROSSATZBACH

Freyenstein, 48°11'44.8"N 14°58'45.1"E /
Rossatzbach, 48°23'21.6"N 15°30'40.4"E

Auf einem kleinen Zeltplatz hat mir mein finnischer Nachbar aus seinem Wohnwagen Nadel, Segelgarn und eine Werkzeugkiste zur Verfügung gestellt. Ich repariere die Schäden, der Bugring zum Ziehen meines SUPs an den Schleusen sitzt wieder bombenfest, und der Gegenzug zum Reißverschluss müsste auch wieder halten.

Schon um 8 Uhr früh weht ein heftiger Wind – zum Glück von hinten. Er peitscht die Donau herunter. Ich muss fast nicht paddeln und achte lediglich darauf, die Nase im Wind zu halten. Die Wellen zwingen mich in den Surfschritt. Eigentlich ist das Brett für Wellen ungeeignet, da es sich schwer steuern lässt und häufig quer schlägt. Doch mein Gepäck am Heck ist so massiv, dass sich das Brett von selbst gerade zieht und in die Wellen legt. Auch die Nase taucht immer wieder aus den Wellen auf. Ich mache 30 Kilometer in unter drei Stunden – bin mir aber auch bewusst, wie gefährlich so ein Wind sein kann.

Nachmittags biegt der Strom nach Norden ab, und der Wind bläst mir genau ins Gesicht. Die Böen sind so stark, dass ich teilweise stromaufwärts fahre. Ich versuche irgendwie, das Brett im Wind zu halten. Doch nach der zehnten Sturmböe kann ich nicht mehr. Das Brett schlägt quer, der Wind fegt unter das Brett und schleudert mich ins Wasser. Mein Board fliegt hinter mir her. Ich schaffe es gerade noch, das Brett zu greifen und mich an ihm festzuhalten. Der Expander am Bug ist gerissen, und meine Sachen schwimmen um mich herum. Die Situation kommt mir vor wie ein Traum – als könne das alles nicht wahr sein. Eine solche Sturmböe habe ich noch nie erlebt. Sie kam praktisch aus dem Nichts. Kurz frage ich mich, ob Menschen vom Ufer aus sehen können, was hier gerade geschieht. Da treibt ein Mann im Wasser bei 10 km/h Strömung und extremen Sturmböen, in einem Radius von zehn Metern treiben zwei Taschen, ein Ziehwagen, Turnschuhe und eine Wasserflasche. Man müsste dem armen Vogel zu Hilfe kommen, würde dabei aber sein eigenes Leben riskieren.

Irgendwie sammele ich schwimmend alles ein, selbst mein Ziehwagen schwimmt dank der aufblasbaren Räder. Ich packe jedes Gepäckstück einzeln zurück auf mein Brett. Nur die schwere Hecktasche kriege ich nicht zurück an Bord. Im Wasser treibend, mit einer Hand, kann ich die 20 Kilo nicht hochstemmen, ohne selbst unterzugehen. Also steige ich aufs Brett, knie mich hin und wuchte das Ding quer aufs Brett. Dabei verliere ich aber einen Turnschuh und das Paddel. Ich brülle mich selbst an: »Komm!«, schreie ich. Ich lege mich aufs Brett und paddele mit den Armen dem Turnschuh hinterher. Danach versuche ich, das Paddel zu erreichen. Die nächste Böe treibt mich wieder zur Seite. Ich lege mich flach aufs Brett, um nicht erneut umgeworfen zu werden, und plötzlich spüre ich das Paddel an meiner Hand. Wie von Zauberhand hat es der Fluss zu mir getrieben.

Ich sitze breitbeinig auf dem Brett, die Füße zu beiden Seiten im Wasser, schnaufe wie nach einem 400-Meter-Sprint, treibe mit dem Rücken voran mitten in der Fahrrinne und habe Glück, dass gerade kein Schiff kommt. Ich hätte ihm in diesem Moment nicht ausweichen können.

Wie lange hat die Aktion gedauert? 20 Sekunden vielleicht? Mir kam es vor wie eine Ewigkeit. In solchen Situationen gibt es kein Zeitgefühl.

Langsam komme ich zu mir, befestige die Taschen mit den Expandern, paddele Richtung Ufer und ziehe mein Brett an Land. Wie durch ein Wunder habe ich einen wunderschönen Sandstrand angesteuert. Ich ziehe trockene Kleidung an, lege mich in den Sand, Arme und Beine von mir gestreckt, und versuche, zur Ruhe zu kommen. Jetzt kann ich sogar über die Situation lachen. In Lebensgefahr war ich sicherlich nicht. Ich hätte immer noch an Land schwimmen können. Aber die gesamte Reise war in Gefahr. Hätte ich auch nur eine der beiden Taschen verloren, hätte ich aufgegeben.

Der Wind nimmt an Gewalt zu. Soll ich die Nacht an dieser Stelle verbringen? Doch ich will noch einen Versuch starten.

Als das Brett im Wasser liegt, scheint sich der Wind ein bisschen beruhigt zu haben. Ich paddele zehn, 20 Meter, als mich die nächste Böe erwischt. Ich treibe wieder rückwärts. Die Natur will nicht, dass ich heute weiterpaddele. Ich habe keine Chance gegen diese Sturmböen. Also setze ich mich an Land und bin unendlich dankbar, dass meine Taschen tatsächlich wasserdicht sind, dass ich nichts, außer der Wasserflasche, verloren habe und dass ich mit heiler Haut davongekommen bin.

Die Tour wäre um ein Haar vorbei gewesen. Trotz aller Strapazen wäre dies schrecklich gewesen.

Ich liege am Strand, beobachte, wie der Wind die Pappeln peitscht, das Donauwasser gegen das Ufer spritzt, die Wolken über mich hinwegziehen, Sonne und Schatten über meinen Körper streifen. Ich bin erfüllt von der Einfachheit meines Lebens. Ich bin in diesem Augenblick glücklich – überglücklich. Ich erkenne, wie anspruchslos ich in der Natur bin, wie wenig ich brauche, wie unkompliziert dieses einfache Leben sein kann.

Oft wünsche ich mir ein kleines Segel- oder Motorboot, um diese Tour noch einmal zu machen. Doch habe ich dabei vergessen, dass für die Bezahlung dieser Anschaffung viele Monate Arbeit nötig sind. Ich komme also insgesamt mit meinem Brett schneller voran und bin der Natur näher. Dazu bin ich noch umweltfreundlich unterwegs.

Besitz fordert einen viel zu hohen Preis. Ich bewege mich bis zum Ende dieser Reise am Rande der zivilisierten Welt und werde danach wieder in sie eintauchen und ein geregeltes Leben führen. Doch bis dahin werde ich keine Autobahnen benutzen, keinen Profit machen, keinen Luxus genießen und auf meinem Brett Richtung Sonnenaufgang paddeln.

Ich schreibe diese Zeilen, um mir selbst zu bestätigen, dass ich auf dem richtigen Weg bin. Vielleicht, um mir selbst Mut zuzusprechen. Um mir noch einmal Lust zu machen, weiterhin anders zu leben und die Hoffnung auf eine alternative Existenz zu schüren. Um meine Zweifel auszuräumen und den Übergang vom alten, zivilisierten Leben zum jetzigen, neuen, wilden Leben festzuhalten.

Ich schreibe alles auf, was ich selbst erlebt habe, intensiv erlebt habe. Diese tiefen Grenzerfahrungen der vergangenen Tage sind nur meine eigene Wahrheit. Sie gelten nur für mich.

TAG 18, ROSSATZBACH–
NATIONALPARK DONAU-AUEN

Rossatzbach, 48°23'21.6"N 15°30'40.4"E /
Nationalpark Donau-Auen, 48°07'16.2"N 16°50'46.1"E

N un habe ich später als gedacht doch noch die Wachau erreicht. Die Landschaft ist verwunschen und mittelalterlich. Hier ist die Donau ursprünglich und ungezähmt. Vor 1.000 Jahren blickten die Ritter von ihren Burgen herab, und der Anblick dürfte kaum von dem heute zu unterscheiden sein – nur den Typen mit dem orangen Brett gab es damals in dieser Form noch nicht. (Foto 31)

Ich wandele auf dem Wasser als Teil dieser großen Szenerie. Beim Paddeln habe ich das Gefühl, dass ich eins mit allem bin. Verschmelzung, wie ich es aus der Meditation kenne. Ich bin auf meiner Wasserwanderung ein natürlicher Teil dieser Welt. Ich atme die gleiche Luft wie die Pflanzen und Tiere um mich herum, in mir schlägt der gleiche Puls des Lebens, für mich gelten die gleichen natürlichen, physikalischen Gesetze wie für alle und alles. Das wusste ich zwar schon vorher – doch hier spüre ich es noch deutlicher.

Mein Kopf fühlt sich freier an. Häufig verschwinden Gedanken, und Überlegungen und machen Platz für die Präsenz des Augenblicks. Es ist, als würde die Donau diese Präsenz anspülen und in meinem Geist ablagern. Wenn ich abends in meinem Zelt liege, bewusst atme und die Augen schließe, fühlt es sich an, als würde die Landschaft in Wellen über meinen Körper ziehen. Ich fühle mich an Land, nach den langen Anstrengungen auf dem Wasser, geborgen und aufgehoben.

Wir Menschen gehören nicht aufs Wasser. Wir gehören an Land. Das Wasser duldet uns höchstens eine Zeitlang, spuckt uns dann wieder aus – oder es verschlingt uns für immer.

In Wien wartet ein Paket auf mich. Ich hatte es vor Wochen zu meinem Cousin geschickt: 100 Energieriegel für den Rest der Tour. Sechs Kilogramm Zusatzgewicht. Mein Cousin holt mich am vereinbarten Ort mit dem Auto ab, die letzten Kilometer der Wachau spare ich mir und sitze gemütlich in seinem Van. Das Brett liegt gut festgezurrt auf dem Dach. Ich brauche eine Pause. Außerdem stürmt es immer noch so, dass ich dem Fluss einen Tag Urlaub gönne. Offenbar hat er gerade die Nase voll von mir.

Mein Cousin und ich sehen aus wie Brüder. Höchstens meine Mutter sieht mir noch ähnlicher. Dabei ist er ein ganz anderer Typ als ich: Er kommt nach unserem ordnungsliebenden Großvater, ich nach unserer unberechenbaren Großmutter. Er hat die Intelligenz unseres Großvaters und die Ruhe und Ausgeglichenheit seines Vaters geerbt. Er ist zuverlässig und gewissenhaft. Wenn es um familiäre Dinge geht, wünscht er sich bestimmt, dass ich weniger wie unsere Großmutter wäre. Aber er wird wissen, dass ich nicht aus meiner Haut kann.

Mein Cousin wohnt mit seiner Frau und drei Kindern seit zehn Jahren mitten in Wien. Ich kehre als Wasser-Vagabund in einen Familienverbund ein und merke, wie gut es mir tut, für ein paar Stunden ein geregeltes, ordentliches Leben zu führen. Mit lachenden Kindern, seiner umsorgenden Frau und eben meinem Cousin und seiner beruhigenden, verwurzelten Art.

Nach einem gewaltigen Frühstück beschließen wir, eine Fahrradtour durch Wien zu machen. Ich kenne die Stadt ein bisschen, aber ein paar Stunden allein mit meinem Cousin als Fremdenführer sind auch für unser Verhältnis wichtig.

Unterwegs merke ich, wieviel Energie es kostet, unsere Zivilisation aufrechtzuhalten: Gebäudesanierung, Abwasserregelungen, Fahrradwege, Straßenbau, Verkehrsführung, Denkmalschutz, Wohnungsnot, Zuwandererintegration, Steuersystem, Politikkoordination, Angelscheinausstellung. Wie mühelos ist hingegen die Natur? Sie

1 Journalisten, Stadtbeauftragte und Neugierige fragen sich, wie ich es mit dem Ding bis ins Schwarze Meer schaffen will.

2 Hier, in Donaueschingen, soll die Reise losgehen – doch die Donau führt zu wenig Wasser.

3 Kurze Trainingseinheit im Quellbrunnen von Donaueschingen.

4 Die ersten Meter, ein letztes Winken.

5 Der Anfang einer langen Reise ist so intensiv, dass sich jedes Detail ins Gedächtnis brennt. Der ganze Fluss liegt vor mir, all die vielen Kilometer, die wilde Natur. Noch bin ich frisch, jungfräulich, zivilisiert. Matratzengewöhnt.

6 Ein GPS-Sender trackt meine Tour. Die genaue Position kann online verfolgt werden.

6

7+8 Anfangs begleiten mich zwei Freunde und machen Aufnahmen mit einer Drohne. Erst von oben zeigt sich, wie überwältigend die Natur der jungen Donau ist.

9 Nach 30 Kilometern versickert die Donau – ich muss zu Fuß weiter.

10   Wenn es gar nicht weitergeht, steige ich ab, ziehe das Heck übers Wasser und wate durch das Donaubett, bis es wieder tiefer wird.

11–13 Auf den ersten Kilometern sind Wehre das größte Hindernis. Außen herumgehen, ist anstrengend, sie
direkt zu überwinden, lebensgefährlich.

14   Ein Kamerateam des *SWR* interviewt mich. Den Film gibt es auf www.gekritzeltes.de zu sehen.

15 Eines von Dutzenden von Klöstern und Burgen an der Donau.

16 Das Equipment von links nach rechts: Handy, E-Reader, Kameras, Computer mit wasserdichten Taschen. Rollwagen. Angelzeug. Steckgrill. Finne. Pumpe. Ersatzpaddel, Flickzeug. Auf dem Rasen: Wasserdichte Taschen für Kleidung und Elektronik. Solarladegerät. Energieriegel. Küchenutensilien. Isomatte, Schlafsack, Zelt. Wasserdichte Tasche. Paddel.

17 Der Fluss ist mein 3.000 Kilometer langes Zuhause.

18

18 Wasserrutsche für Kajakfahrer und Stand-up-Paddler an einem Wehr direkt neben der Donau.

19 Überall steht das Mittelalter herum. Auf jedem Gipfel prangt ein Kreuz, auf jedem Fels eine Kapelle.

20 Seegras bedeckt die Donau. Ich paddele rückwärts, um meine Finne von dem Zeug zu befreien.

21 Die The Anythings spielen mir ein Ständchen. Ich wippe ein bisschen im Takt mit den Hüften und singe bei »Dead Flowers« von den Rolling Stones laut mit.

22 Die Donau sieht von oben so lieblich aus, so einladend. Als wäre ihr die Puste ausgegangen. Sie liegt nur da und ruht sich aus. Wie eine wässrige Blutbahn, die sich durch Ulm und um Ulm herum zieht.

23 Mehr als 200 Wehre und Schleusen gibt es auf der Donau, die ich alle auf dem Landweg umgehen muss. Das ist anstrengender als das SUPen selbst.

24 Der Extremsportler Pascal Rösler schenkt mir eine Finne, die mich später retten wird.

22

23

24

25

27

28

25 Es stehen immer zwei Personen auf dem Brett: Eine, die paddelt, Hunger hat, Schmerzen spürt. Und eine, die versucht, sich die ganzen Strapazen und kruden Gedankengänge zu merken, um sie abends in den Computer zu tippen.

26 In der Weltenburger Enge begegnet mir das erste »echte« Boot: ein Ausflugsdampfer.

27 Als plötzlich die Walhalla vor mir auftaucht, weiß ich, dass ich auf diesen Fluss gehöre. Ich fühle mich ihm total verbunden, regelrecht heimisch.

28 Sperrwerk in Österreich mit »Umsetzungsstelle für nichtmotorisierte Kleinfahrzeuge«.

kostet nichts, macht alles von allein und hält dabei immer das Gleichgewicht – bis wir Menschen zu stark eingreifen.

Wir haben durch unsere Überzivilisation total vergessen, dass wir ein natürlicher Teil unseres Planeten sind.

Um 17 Uhr bringt mich mein Cousin zum Donaukanal. Wir umarmen uns lange und haben wieder gespürt, wie wichtig Familienbande ist.

Ich stehe keine 20 Sekunden auf dem Brett, als von vorn ein Monster auf mich zurast: der Twin City Liner Wien–Bratislava. Die 2.500 PS legen die 60 Kilometer lange Strecke in einer Stunde zurück. Ohne Rücksicht auf Verluste rast die Fähre an mir vorbei, zieht das Wasser vom Ufer fort, um es dann mit dreifacher Wucht zurückzuschleudern. Wie durch ein Wunder falle ich nicht ins Wasser und werte dies als gutes Omen.

Ich paddele noch für drei Stunden bei starker Strömung und erreiche Kilometer 1.901. Über einem Steinstrand liegt ein Plateau, wo ich mein Zelt aufschlage. Plötzlich höre ich hinter mir eine Stimme.

»Wos mochs'n du do?« Ich erschrecke fürchterlich und stehe einem altgedienten Rocker gegenüber. Der Mann will nur sichergehen, dass ich ein brauchbarer Typ bin und keinen Mist verzapfe. Er besitzt nämlich 100 Meter stromabwärts eine kleine Hütte. (Foto 33) Angeblich wimmelt's vor Einbrechern.

»Nee, ein Einbrecher bin ich nicht«, sage ich, stelle mich vor und erzähle ihm von meiner Tour. Beppi ist begeistert und lädt mich in seine Hütte ein. Mit seiner Frau hat er gerade zu Abend gegessen, aber sie haben noch jede Menge Fleisch auf dem Grill liegen. Dazu gibt es Kartoffeln und Salat. Ich solle mich richtig satt essen, wer weiß, wann ich das nächste Mal was Vernünftiges bekäme, sagt Beppis Frau. Dass ich gerade bei meinem Cousin war und weit über mein Völlegefühl hinaus gegessen habe, erzähle ich Beppi und seiner Frau nicht. Auf Vorrat essen geht immer. Erst recht, wenn im Hintergrund AC/DC läuft. Beppis Totenkopf-Kopftuch wackelt im Takt mit. Seine Frau findet die Musik zu laut.

Beppi zahlt 170 Euro Pacht im Jahr für sein kleines Grundstück an die Stadt Wien. Und 750 Euro für den Angelschein.

»Bei uns ist alles durcheinander. Alle sind verrückt geworden seit der Grenzöffnung«, erzählt er. »Wir waren hier ja vorher das letzte Ende Westeuropas. Die Grenze ist noch 30 Kilometer weit weg. Und dann kam der Eiserne Vorhang. Hier wollte kein Mensch mehr hin. Wir zahlen immer noch die gleiche Pacht wie 1989. Nur die Fischereigesetze, die haben sie geändert, die Wahnsinnigen.« Seit der Grenzöffnung fahren jedes Jahr immer mehr Ausflugsdampfer und mehr Schnellfähren an seiner Hütte vorbei. Früher sah man wochenlang kein einziges Boot.

»Aber is scho schee, die neue Welt. Bratislava vor der Haustür. Budapest ist auch nur zwei Autostunden weg. Ist gut so.«

SLOWAKEI UND UNGARN

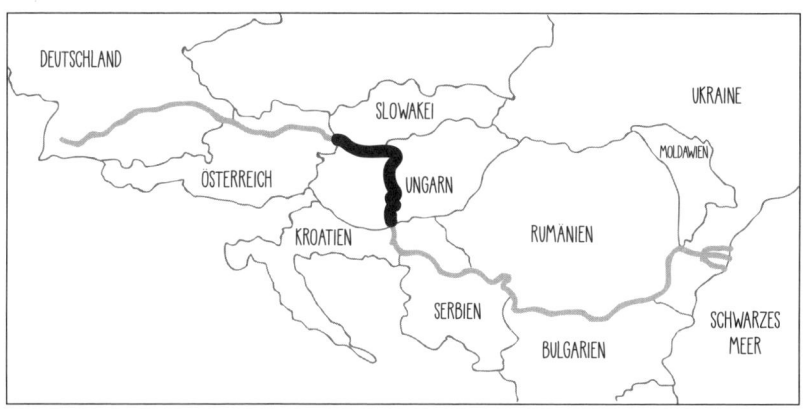

TAG 19, NATIONALPARK DONAU-AUEN–GABČÍKOVO, SLOWAKEI

Nationalpark Donau-Auen, 48°07'16.2"N 16°50'46.1"E /
Gabčíkovo, 47°51'14.1"N 17°32'40.2"E

D ie Sonne geht gerade unter, ich sitze vor meinem Zelt und
denke an den Tag zurück. Mir schießt eine Frage durch
den Kopf: Wie – das ist alles heute passiert? Abschied von
Beppi, Grenze über den ehemaligen Eisernen Vorhang, in
der Donau geschwommen und gewaschen, Bratislava, die Mücken-
hölle des Altarms, das langärmelige T-Shirt, damit die Brandblasen
auf meinen Oberarmen wieder verschwinden. Ja – das war alles
heute. Dieser Tag war so reich und erfüllt, weil ich 18 Stunden voller
rauschender Ungewissheit hinter mir habe. Das ist der gewaltige

Unterschied zum durchgeplanten Alltagsleben zu Hause. In meiner Fantasie hätte ich mir niemals einen solchen Tag ausmalen können. Es kommt mir vor, als würde mich die Donau behutsam in ein neues Leben führen, voller wundersamer Orte, Erlebnisse und universeller Gesetze.

Meine Tage sind so opulent und doch so gleich. Sie sind dominiert von monotonem Paddeln, von Glückseligkeit, von Ungeduld und Unzufriedenheit. Alle Gefühle vermischen sich miteinander und haben keinen langen Atem. Wenn ich wieder mal die Nase voll habe vom Paddeln ohne Strömung, vom fehlenden Rückenwind, von der Hitze, von den Schmerzen, dem Sonnenbrand und der Einsamkeit, weiß ich, dass früher oder später wieder das Gefühl des Glücks hochkommt, das Erstaunen über die wunderschöne Natur und die Städte entlang der Donau, die Herrlichkeit meines freien Lebens, die Landgänge, die Mahlzeiten, kalte Getränke oder manchmal auch eine warme Dusche. Alles wechselt sich ab, es geht bergauf, bergab und doch immer näher Kilometer Null entgegen. Wie im echten Leben.

Die Kilometer laufen am rechten Donauufer herunter wie Jahreszahlen. Vorgestern bin ich in unserer Zeit angelangt – bei jedem Kilometer überlegte ich, was in dem Jahr passiert ist. Viele Jahre gingen einfach so dahin, ohne dass ich eine einzige Erinnerung daran gehabt hätte. 2011 ist zum Beispiel so ein Jahr. Was war da? Ich wüsste nicht ein Ereignis, das ich mit diesem Jahr verbinde. Ist das nicht erschreckend?

Gestern habe ich dann das Jahrhundert gewechselt. 1990 – Wiedervereinigung. Ich weiß noch, dass mein jüngerer Bruder die Zeitung vom dritten Oktober aufgehoben hat. Ihr Titelbild war einfach nur schwarz-rot-gold. Mir war das zu viel nationale Freude. Die anderen mochten die Symbolik. Ob mein Bruder die Zeitung heute noch besitzt? Sie hätte historischen Wert.

Oder wie wir 1989 mit 100 km/h durchs Brandenburger Tor gerast sind – es gab ja keinen Staat mehr und keine Macht, die uns hätte stoppen können. 1970 – mein Geburtsjahr. Da war der Zweite Weltkrieg erst 25 Jahre her. Kürzer als heute die Wiedervereinigung. Wie aktuell also die Kriegserinnerungen noch waren.

Heute liefen die Zahlen schon in die Geburtsjahre meiner Großeltern – 1912, 1909, 1899 und früher. Und nun sitze ich am Ufer und schaue auf die 1843. Da gab es Deutschland noch nicht einmal. Aber das ist jetzt egal. Hier muss es irgendwo eine Ausstiegsstelle geben, um vom Donau-Altarm zurück auf die schiffbare Donau zu klettern. Mir hatte jemand empfohlen, unbedingt den Altarm zu benutzen. Doch bei Hunderten von Moskitos um meinen Kopf konnte ich die Natur des Altarms nicht eine Sekunde genießen.

Ich wäre beinahe panisch geworden, weil ich zwischendurch nicht mehr atmen konnte, da meine Nasenlöcher voller Insekten waren. Trotz »Anti-Brumm«, das ich mir extra noch in Österreich gekauft hatte, versuchten die Biester, jede Kopföffnung zu entern. Ich paddelte schneller, um die Tiere abzuhängen, was natürlich ein lächerlicher Versuch infolge von Selbstüberschätzung war. Irgendwann kam ein leises Lüftchen auf und verscheuchte den Großteil der Insekten. An Land wirkt »Anti-Brumm« seltsamerweise hervorragend. Ich kann vor meinem Zelt sitzen und schreiben und bekomme nicht einen Mückenstich ab. Vielleicht ist auf meinen Armen und Beinen aber auch kein Platz mehr für weitere Stiche.

Der Eiserne Vorhang ist verschwunden. Nichts ist von ihm übriggeblieben. An der Grenze zum ehemaligen Ostblock steht eine mittelalterliche Burg. Ein riesiger Felsen markiert die Stelle, die das »Ende der Welt« bedeutete. (Foto 34) Niemand konnte hier durchfahren geschweige denn -paddeln. Nur für die Donau gab es diese Grenze nie. Sie floss einfach weiter.

Vielleicht sollten wir uns mehr an der Natur orientieren. Wenn ein Fluss das Recht hat zu fließen, dann haben wir das auch. Es gibt keine Grenzer mehr, keine Zäune, keine Wachtürme. Wofür hat es sie dann je gegeben? Wie viele Menschen wurden an dieser Grenze erschossen, gefangengenommen und anschließend gefoltert, kaserniert und von ihren Familien ferngehalten?

Jetzt herrscht die Freiheit. Ich paddele in die Slowakei genauso unbemerkt und unspektakulär wie von Baden-Württemberg nach Bayern. Nichts deutet auf die Vergangenheit hin. Als hätte es den Kalten Krieg nie gegeben. Es ist heute schier unvorstellbar, dass sich fast der gesamte Planet an zwei Systemen ausgerichtet und geteilt hat. Dass die Welt immer wieder kurz vor der nuklearen Katastrophe stand, weil die Herrschenden ihr System, und damit ihren Glauben, verteidigen mussten.

Jedes System wird im Laufe der Zeit unmenschlicher, um sich selbst zu erhalten. Das Gleiche gilt für unser jetziges System. Die Marktwirtschaft fordert permanente Profitsteigerung. Die Kosten hierfür zahlen die Natur, die sozial schwächer gestellte Klasse und der Einzelne, indem er sich diesem System nicht mehr entziehen kann und im Kampf um Marken und Klasse immer den Kürzeren ziehen wird.

Das alte System des Kommunismus hat sich in seinem Wahnsinn selbst aufgefressen. Jetzt ist das nächste System dran. Unseres.

Während ich mir Gedanken über die Zeit mache, rast ein Motorboot auf mich zu. Egal, in welche Richtung ich ausweiche, hält es einfach stur in meine Richtung. Erst als ich die Arme zur Seite hebe, um in Erfahrung zu bringen, was das soll, nimmt der Motorbootfahrer das Tempo heraus und kommt ein bisschen gemächlicher näher. Erst jetzt erkenne ich, dass es sich um ein slowakisches Polizeiboot handelt. Die Typen sollten eigentlich wissen, dass man nicht mit Vollgas auf andere zufährt.

»Wohin?«, fragt mich einer der beiden Polizisten an Bord auf Englisch.

»Black Sea«, sage ich.

Der Mann lacht, gibt die Information auf Slowakisch an seinen Kollegen weiter und haut den Gashebel aufs Metall.

Wenig später erreiche ich Bratislava. Ich gebe zu, dass ich vor meiner Tour nicht gewusst habe, wie die Hauptstadt der Slowakei heißt. Doch jetzt kenne ich ihren Namen, und ich werde die Stadt nie wieder vergessen. Eines Tages werde ich für längere Zeit dorthin zurückkehren. Ich nehme die Städte der Donau im Schnelldurchlauf mit, im Fast-Food-Modus, und komme mir dabei oberflächlich vor. Wie ein asiatischer Tourist, der zehn europäische Länder in fünf Tagen durchhechelt, nur um erzählen zu können, wo er überall gewesen ist.

Ich spüre, dass ich diese Tour teilweise aus den ähnlichen Gründen mache: Ich kann danach behaupten, die ganze Donau geSUPt zu haben. Eine Tour für mein Ego, zum Angeben, für den kleinen Jungen in mir, der Anerkennung braucht. Natürlich mache ich diese Tour für mich, fürs Jetzt, für die Erfahrung, für die Grenzen, für das Abenteuer – für die Freiheit. Wegen der Freiheit. Weil diese Tour dank der Freiheit überhaupt erst möglich ist. Aber eben auch ein bisschen, um später sagen zu können »Ich war der erste Mensch, der die gesamte Donau allein geSUPt ist«.

Bevor ich Bratislava betrete, passiere ich eine futuristische Brücke, auf deren einzigem Pylon eine fliegende Untertasse gelandet ist. Die Stadt ist nicht schön im klassischen Sinne, eher ein Kaleidoskop absurder Geschmäcker. Und genau das gefällt mir. Die Architektur ist zusammengewürfelt, Bausünden aus den Sechzigern stehen neben riesigen Baulöchern, in denen einst Häuser gestanden haben müssen. Ganze Straßenzüge sind verfallen, sozialistische Betonblocks blicken auf historische Palais.

Auf dem Marktplatz spielt ein Pärchen selbstkomponierte Rockstücke. Ich klatsche begeistert, als ihr Gig vorbei ist. Sie ist Neuseeländerin, er Kanadier. Zusammen reisen sie seit Jahren durch Europa. Da sie eine englische Mutter hat und er italienische Eltern, haben sie keine Visumsprobleme. Beide möchten erst einmal nicht zurück in ihre Heimatländer. Europa sei zu schön, zu abwechslungsreich, zu kulturell, zu kultiviert, zivilisiert, zu offen, zu geschmackvoll und zu nobel, als dass sie sich im Moment vorstellen könnten, das einstige Zentrum der Welt zu verlassen.

Wir setzen uns in ein Café, die beiden trinken Bier, ich einen O-Saft. Neben uns sitzt ein US-Amerikaner und mischt sich in unser Gespräch ein. Auch er liebt Europa, aber er liebt auch die USA. Er ist Mitglied der National Rifle Association – also der Organisation, die auf das Recht pocht, eine Waffe tragen zu dürfen.

»Warum soll ich dafür bestraft werden, wenn andere nicht mit Waffen umgehen können?«, fragt er.

Ich sage, dass es für mich eine Strafe wäre, eine Waffe besitzen oder gar tragen zu müssen.

»Weapons are fun«, sagt er. »Es macht Spaß zu schießen. Sich mit Freunden zu treffen und Schießwettbewerbe auszurichten.« Ich frage mich, ob das Schießen für Amis so ist wie für uns das Bowlen oder Kniffel spielen.

»Ich gehe auch auf die Jagd und schieße Wild mit meinen Waffen. Wieso sollte man mir das verbieten wollen?«, fragt der Amerikaner in die Runde.

»Bei uns kann man auch auf die Jagd gehen. Und jeder Jäger darf mehrere Waffen besitzen – nachdem er einen Waffenschein gemacht hat. Jede Waffe in Deutschland ist registriert und muss unter recht hohen Auflagen ordnungsgemäß zu Hause verschlossen werden. Vielleicht könnten solche Auflagen den USA auch helfen. Immerhin werden bei euch 14.000 Menschen pro Jahr erschossen. In Deutschland sind es ungefähr 70.«

»Das geht nicht. Es sind zu viele unregistrierte Waffen im Umlauf. Die kriegst du nie alle in ein System.«

»Vielleicht sollte man einfach mal damit anfangen?«

»Maybe«, sagt der Amerikaner, um die Diskussion zu beenden.

»In Kanada hat kein Mensch Waffen. Außer ein paar Jägern vielleicht. Und unser Land grenzt genau an euer Land. Wieso glaubt ihr, Waffen tragen zu müssen?«, fragt der Kanadier.

»Es sind zu viele im Umlauf. Wir müssen uns verteidigen.«

»Dann nehmt doch so viele Waffen wie möglich aus dem Umlauf. Fangt einfach mal damit an, anstatt immer weiter aufzurüsten. Wo soll das enden?«

Der Kanadier dreht sich bewusst weg, um nicht weiter mit dem Amerikaner streiten zu müssen.

Als unser Nachbar gegangen ist, erzählt die Neuseeländerin, dass sie gern mal nach New York reisen möchte. Oder New Orleans. Um dort auf den Straßen zu singen. Aber das ginge nicht mit ihrem Freund. Er hasst die USA und diese »Rednecks«.

»Ich dachte, ihr findet Europa so toll«, sage ich.

»Das tun wir auch«, antwortet die Neuseeländerin. »Aber irgendwann geht für alles die Begeisterung vorbei. Und früher oder später möchte ich etwas Neues sehen. Und Amerika wäre dann mein Lieblingsziel.«

Wie Recht sie hat, denke ich. Die Begeisterung für unseren offenen und freien Kontinent nimmt ringsum ab. Wie begeistert waren wir, als die Mauer fiel. Bis heute habe ich einen Kloß im Hals, wenn ich Bilder des Mauerfalls sehe. Und ich schätze, dass es den meisten Deutschen so geht. Aber schon ein paar Jahre später, nachdem Ossi-Witze längst out waren und die blühenden Landschaften nicht so recht blühen wollten, wünschten sich viele den Osten zurück. »Ostalgie« kam auf. Und wir im Westen sahen überhaupt nicht mehr ein, warum wir für die Wiedervereinigung immer noch Steuern zahlen sollten, obwohl uns der dicke Kanzler doch versprochen hatte, dass dies niemals nötig sein würde und bald alle so viel fressen könnten wie er.

Die Freiheit gibt es nicht umsonst. Wir müssen uns daran gewöhnen, dass wir in einer kostspieligen Welt leben, die uns mit unendlichen Möglichkeiten belohnt.

TAG 20, GABČÍKOVO, SLOWAKEI– ÁCS, UNGARN

Gabčíkovo, 47°51‘14.1”N 17°32‘40.2”E /
Ács, 47°44‘54.6”N 18°00‘55.2”E

S echs Stunden Schlaf genügen vollkommen, trotz körperlicher Strapazen. Mein Körper hat umgeschaltet auf Fettverbrennung. Er ernährt sich nicht mehr nur von der Nahrung, die ich ihm zufüge, sondern von seinen eigenen Fettreserven. Zum Glück bin ich mit Speck am Bauch in dieses Abenteuer gegangen. Der Brennwert von Fett ist weitaus höher als der eines Käsebrötchens. Beim Paddeln ermüde ich kaum noch, schlafe abends wie ein Stein ein, wache morgens mit dem Sonnenaufgang auf und fühle mich so wohl und fit wie beim Fasten.

Täglich verstehe ich die Donau ein bisschen besser. Vor allem im Altarm kann ich ihre Strömungen, Strudel und Winde gut erkennen und voraussehen. Hier fließt sie noch ursprünglich und ungezähmt und nicht gebändigt wie im Hauptarm, der den Fluss durch ein Kanalbett führt und ihm seine Ursprünglichkeit geklaut hat.

Nachdem ich am Morgen ein riesiges natürliches Wehr umklettert habe, fließt der Fluss wieder. Ich erkenne den Strömungsverlauf in den Biegungen, weiche den Strudeln aus und wechsele fast jeden Kilometer die Flussseite von Nord nach Süd, um dem Wind zu entgehen. Fast immer ist ein Ufer bevorteilt. Die Bäume verwirbeln die Winde, decken sie ab oder lassen sie aufsteigen. Nur: Wenn der Wind genau von vorn kommt, kann ich ihm nicht ausweichen.

Doch dann reiße ich mich zusammen, stelle mich in den Surfschritt, gehe tief in die Knie und versuche, dem Wind möglichst wenig Widerstand zu bieten. Ich steche mein Paddel gerade und lautlos in den Fluss, ziehe meine Augenlider zusammen und schiele unter meiner Hutkrempe hindurch.

Hinter der nächsten Biegung komme ich mir vor wie der Revenant aus dem großartigen Film mit Leo DiCaprio, in dem er einen unerbittlichen Überlebenskampf gegen die Natur, die Indianer und den weißen Mann führt. Der Revenant verbringt Wochen und Monate allein in der Wildnis – ohne Handy, Supermärkte, GPS, Zelt, Kochgeschirr, EC-Karte. Er schläft sogar eine Nacht in einem toten Pferd, das er zuvor ausgeweidet hat, um nicht zu erfrieren.

War ich eben noch Leonardo, so komme ich mir jetzt wie ein Indianer auf der Pirsch vor. Ich spiele mit mir selbst, um der Tristesse zu entgehen. Die Räuber-und-Gendarm-Spiele aus meiner Kindheit kommen mir in den Sinn – wie ich unseren Nachbarsjungen ausgepeitscht, meinem kleinen Bruder böse Fallen gestellt oder Kühe mit einer Eisenstange über die Weide gejagt habe. Grenzenlosigkeit wurde mir in die Wiege gelegt.

Ich fange an, laut mit mir zu reden. Ich feuere mich an, fluche laut oder sage sinnlose Dinge, nur um die Stille zu füllen und eine Stimme zu hören. Ich singe AnnenMayKantereit und brülle »Pocahontas« in die Natur, bis ich heiser bin. Oder »Ich kenne Europas Zonen vom Ural bis westlich Paris« – ein Lied, das uns unser Vater beigebracht hat, als wir noch Kinder waren, und er nicht ahnen konnte, dass einer seiner Söhne dieses Lied eines fernen Tages wörtlich nehmen würde. Auch den »lachenden Vagabunden« singe ich, und natürlich lache ich dabei so künstlich wie Fred Bertelmann.

Heute kann ich die Natur genießen, die Mücken halten sich wegen des Winds zurück. Ich sehe sogar einen Fischadler bei der Arbeit. Wie mühelos er einen Fisch aus dem Fluss holt, in der Luft noch einmal nachfasst und dann in die Wipfel fliegt und verschwindet. Riesige Karpfen kreuzen meinen Weg. Ein Fuchs schnürt parallel zu mir am Ufer entlang.

Wenn ich eine Pause brauche, lege ich mich auf meine Tasche, lasse das Brett treiben und träume vor mich hin. Heute habe ich mich auch einmal rückwärts aufs Brett gelegt, den Kopf an die Tasche angelehnt, minutenlang in den Himmel geschaut und die Arme ins Wasser fallen lassen. Das sind Bilder, wie sie Hollywood gern benutzt, denke ich. Ich stelle mich wieder hin. »Stand up!«, sage ich laut zu mir.

Nach vier Stunden verlasse ich den Altarm und werde wieder in den Hauptstrom geleitet. Ich steuere die Fahrrinne an, da kein Schiff in der Nähe ist und dort die Strömung am stärksten scheint. Plötzlich biegt ein rasend schnelles Motorboot hinter der nächsten Kurve hervor und hält genau auf mich zu. Ich ahne bereits, dass es wieder die Polizei ist. Dieses Mal die ungarische.

»Auf welcher Seite möchten Sie fahren? Rechts, auf der ungarischen, oder links, auf der slowakischen?«, fragt mich der Beamte. Ich wusste noch nicht einmal, dass ich schon an der ungarischen Grenze bin.

»Ich hatte rechts erwogen, kann ich aber noch ändern.« Ich ahne, dass hier irgendwo eine Falle versteckt sein könnte.

»Ändern Sie das«, sagt der Wasserschutzpolizist in strengem Ton. »In Ungarn ist Stand-up-Paddeln nämlich verboten.«

»Was?«, frage ich ungläubig nach. »Und Kanus und Kajaks?«

»Die sind erlaubt. Ihr Brett aber ist ein Hilfsmittel zum Schwimmen. Und die sind hier nicht erlaubt.«

»Ein Hilfsmittel? Komisches Hilfsmittel. Finden Sie nicht?«

»So ist das Gesetz.«

»Was kostet es mich denn, wenn ich erwischt werde?«

»50 Euro.«

Geht doch, denke ich. In Deutschland stand mal ein Schild mit 10.000 Euro Strafe, wenn man im Naturschutzgebiet paddelt. Ich mag die Ungarn schon jetzt.

Für ein, zwei Stunden halte ich mich an die richtige Seite, aber dann sehe ich, dass die Strömung aufgrund einer Linkskurve im ungarischen

Teil viel stärker ist und wechsele das Ufer. Ich überlege, dem nächsten Beamten glaubhaft zu vermitteln, dass das Gesetz nicht für SUPs mit Gepäck gilt. Denn dann ist es ja eindeutig keine Schwimmhilfe mehr, sondern ein Wasserfahrzeug, das nicht mit Motorkraft betrieben wird. Zum Glück kommt heute kein Polizist mehr. Vielleicht fällt mir für morgen eine bessere Geschichte ein.

Je tiefer ich in den Osten eindringe, desto unberührter ist die Natur, desto heimischer werde ich. Für Stunden liegt kein Haus, kein Dorf, keine Straße an der Donau. Hier bereiten sie sich noch auf die Zukunft vor. Bei uns haben sie mit der Zukunft abgeschlossen und verwalten ihre Errungenschaften. In der Wildheit des Ostens liegt die Garantie für eine Weiterentwicklung unseres übersättigten Systems.

Jetzt habe ich seit drei Wochen keine Nachrichten gehört, keine Neuigkeiten erfahren. Neuigkeiten, die gar keine Neuigkeiten sind, sondern neue Problemstufen alter Probleme. Sobald sie bekannt werden, ist ihr Verfallsdatum auch schon abgelaufen. Sie sind wie vergorene Früchte – sehen vielleicht noch interessant und attraktiv aus, hinterlassen aber immer einen faulen Geschmack, und sie breiten sich als Benebelung in unserem Körper aus. Es tut gut, diesem Rhythmus einmal entkommen zu sein – er wird mich in ein paar Wochen wiederhaben. Bis dahin genieße ich die nachrichtenfreie Zeit.

Der gesellschaftliche Rhythmus überlagert unseren persönlichen Rhythmus – und genau das macht uns krank. Die Nachrichtensucht unserer Gesellschaft ähnelt der Sucht von Serien-Junkies, die sich von Cliffhanger zu Cliffhanger hangeln und immer unbedingt wissen müssen, wie es weitergeht. Dabei wird es nie ein Ende geben. Es wird sich nichts so verändern, dass es tatsächlich neu und unbefleckt in die Zukunft starten kann. Die Neuigkeiten lösen sich ab, vermischen sich, werden in neuer Verpackung wiederholt und schließlich vergessen. Warum sollte ich diesem Wahnsinn folgen? Wenn etwas tatsächlich

Wichtiges passiert (was könnte das sein?), werde ich es auch ohne News-Sendung mitbekommen.

Sobald ich auf meinem SUP stehe, verschwinden die News, das Gerede, das Aufplustern, die Ängste. Hinter jeder Biegung wartet eine andere Welt. Alles ist im Beginn.

Oder werde ich langsam verschroben? Entfremde ich mich jetzt schon den Konventionellen, Arbeitseifrigen, Besitzenden? Eigentlich suche ich nur nach meiner wahren Authentizität, meiner Wahrheit jenseits der gesellschaftlichen Prägungen, den Konventionen, der Heuchelei, dem Schein.

Wieso stößt sich mein Umfeld daran? Erkennen die Schoßhündchen, dass sie keine Lust haben auf Probleme jenseits ihres stets gefüllten Napfs? Ich werde arrogant, weil ich in den vergangenen Tagen so viele Opfer gebracht habe, um mein Ich neu zu orientieren.

Mir kommt ein Kajakfahrer entgegen. Wir unterhalten uns kurz, sein Englisch ist radebrechend. Wenn ich ihn richtig verstanden habe, trainiert er jeden Abend für eine Stunde auf der Donau. Nächste Woche sind hier irgendwelche Meisterschaften. Als er weiterpaddelt ruft er mir noch einmal zu: »Hallo!«

Als ich mein Zelt an einem wunderschönen, ungarischen Donaustrand aufschlage, hält der Kajakfahrer auf seinem Rückweg neben mir an. Er sagt, dass er sein Boot hinter dem Wald in einem Schuppen liegen hat und wünscht mir viel Erfolg für meine Tour. Ich lasse ihn noch mein SUP ausprobieren, freue mich, dass er so begeistert ist und pumpe weiter mein Zelt auf.

Kurz darauf kommt der Paddler zu Fuß zurück. Er stellt sich vor – Gabor – und hält mir ein eiskaltes Bier, Erdnüsse und eine Tafel Schokolade hin. Wieder werde ich beschenkt. Kein Tag vergeht, ohne dass mich Menschen auf meiner Tour unterstützen.

Gabor erinnert mich noch daran, dass man in diesem Land mit Forint bezahlt und ich mit Euro nicht weit kommen würde. Im nächsten Ort, etwa zehn Kilometer entfernt, gebe es einen EC-Automaten.

Zum Abschied ruft er wieder »Hallo«. Erst jetzt begreife ich, dass man in diesem Land »Hallo« zur Begrüßung und zur Verabschiedung sagt. Also rufe ich auch »Hallo« und wundere mich selbst über meine chamäleonesque Art.

Die Dorfjugend breitet sich an »meinem« Strand aus – dabei ist es wohl eher ihr Strand, denn sie gucken mich verwundert und neugierig an. Nach einer Stunde trauen sie sich zu mir. Ob ich Feuer hätte, fragen sie in gutem Englisch. Klar – brauche ich ja für meinen Gaskocher. Wo ich herkäme? Deutschland mögen sie nicht so, sagt einer.

»Wegen '54?«, frage ich. 1954 haben die hochfavorisierten Ungarn im Endspiel der Fußball-Weltmeisterschaft mit großem Pech 3:2 gegen Deutschland verloren. Der Stachel sitzt bis heute tief, und Deutschland war seitdem wieder wer.

»Nein, wegen Angela Merkel. Sie diktiert, wie wir unsere Politik machen müssen. Das geht nicht. Wir sind ein eigenständiges Land. Sie sollte sich nicht in unsere Angelegenheiten mischen.«

Ich bin hochvorsichtig – allein deswegen, weil in Ungarn eine rechtspopulistische Regierung herrscht. Präsident Orban sagt Dinge, für die er in Deutschland schon hundert Mal hätte seinen Hut nehmen müssen.

Ich versuche – vorsichtig – zu erklären, dass unsere Kanzlerin eine einheitliche Politik für ganz Europa einführen möchte. Dass jedes Land, zum Beispiel in Fragen der Sicherheit, an einem Strang ziehen müsse. Es ginge nicht, dass Deutschland unbegrenzt Flüchtlinge aufnehme und andere europäische Länder sich weigern würden, auch nur einen Syrer ins Land zu lassen.

»Warum lassen wir dann nicht gemeinsam keinen einzigen Flüchtling ins Land?«, fragt mich einer der Jungs, während sein Kumpel neben ihm die Angel aufwirft.

»Weil diese Menschen aus einem Kriegsgebiet kommen und ihr Leben in akuter Gefahr ist. Wir haben die humanitäre Verpflichtung, diesen Menschen zu helfen.«

»Und was ist mit den Terroristen, die sich mit einschleusen?«

»Das sollte nicht passieren. Ich weiß.«

»Eben. Warum sollen wir andere retten und uns dabei gefährden? Das geht nicht. Und das müsste Frau Merkel auch merken!«

»Hat sie«, sage ich. »Vielleicht ein bisschen zu spät.«

Er schnipst die Zigarette in die Donau.

»Und du bist Deutscher? Siehst gar nicht so aus.« Ich bedanke mich für das Kompliment und schenke ihnen die Flasche Bier, die mir Gabor gegeben hat. Die Jungs gucken sich verwundert an, bedanken sich und fragen sich vermutlich, seit wann es wohl nette Deutsche gibt. (Foto 35)

TAG 21, ÁCS-GRAN

Ács, 47°44'54.6"N 18°00'55.2"E /
Gran, 47°47'36.9"N 18°44'30.6"E

Jedes Abenteuer erzeugt einen Bruch. Je länger das Abenteuer, desto größer der Bruch. Meine Suche nach mir selbst – oder die Suche nach der Wahrheit jenseits von Prägungen und Konventionen – führt mich in ein abweichendes Leben. Unbewusst versuche ich, einen Weg abseits der überkommenen Wahrheiten und festgefahrenen Meinungen zu finden. Ich suche eine zwischenzeitliche Alternative, um der Komfortsucht und einem harmlosen Leben zu entfliehen. Vielleicht nehme ich auch einfach nur zwei Monate Urlaub von mir selbst – wobei ich mich immer mitschleppe. Ich weiß nicht, wonach ich eigentlich suche. Wüsste ich es, würde ich vermutlich nicht suchen. Auf dieser Reise soll sich das Suchen in ein Finden verwandeln. Werden die, die mich gefragt haben, was ich denn suchte, später fragen, was ich gefunden habe?

Mir fiel heute auf dem Brett eine Situation ein, die den Wunsch nach meiner Suche, meiner Flusswanderung angetrieben hat: Ein französischer Bekannter erzählte mir ein Jahr zuvor stolz, dass er schon mit 55 in Rente gehen könne. »Nur noch sieben Jahre«, sagte er begeistert.

»Nur noch?«, fragte ich. »Sieben Jahre deines Lebens willst du weiterhin in einem Job verbringen, der dich ankotzt? Sieben Jahre vergeuden, damit du dann in eine sichere Rente gehen kannst?« Der Bekannte hatte keine Ahnung, wovon ich sprach. Schließlich verbrachte er ja schon 20 Jahre in diesem Job.

»In sieben Jahren kann man sein ganzes Leben umkrempeln, sich komplett neu erfinden, alles verändern, ganze Imperien aufbauen, Familien gründen, Bestseller-Autor werden, um die Welt wandern, Staatspräsident werden – egal, was. In sieben Jahren ist alles möglich.« Er schaute mich verwundert an, als wollte er sagen: »Ja und?«

Vielleicht habe ich zu hohe Anforderungen an das Leben. Aber wie kann jemand seine Lebenszeit absitzen, um dann in Rente gehen zu können? Was passiert denn danach? Mit 55 will er das Feuer noch einmal anzünden und Großartiges erreichen? Nach fast 30 Jahren Dürre? 30 Jahre totengleich immer Dasselbe machen, zur gleichen Zeit, am selben Ort? Und dann plötzlich Vollgas? Wie soll das gehen?

Ich sehe es bei meinen ehemaligen Kollegen, die der öffentlich-rechtlichen Sicherheit ihr Leben opfern. Wie viele haben Depressionen? Burn-out? Bore-out? Entwickeln seltsame psychische Marotten, glauben sich krank, werden krank, machen krank. Der Preis der Sicherheit ist zu hoch, wenn er mein Leben kostet.

Ich muss mein Leben spüren, meine Lebendigkeit. Auch wenn bei dieser Tour mein Körper leidet, mein Geist manchmal ganz am Boden ist, Gefühle hochkommen, die ich bisher nicht gekannt hatte oder aber Gedanken zu Tage treten, die mich der Herrlichkeit des Lebens näherbringen. Gefühle und Gedanken, zu denen mich diese 2.800 Kilometer führen. Jahrelange Routine wäre für mich der Tod.

Um mein Abenteuer durchzuziehen und auf keinen Fall wie ein Schwätzer dazustehen, habe ich Freunden und Bekannten von meiner Idee erzählt. Und zwar so vielen, dass es irgendwann kein Zurück mehr gab. Ich muss die Reise durchziehen. Und wenn ich manchmal nicht mehr kann oder verzweifelt bin und schwöre, nach der nächsten Biegung in einen Zug zu steigen und nach Hause zu fahren, stelle ich mir die Gesichter der Zweifler, Bedenkenträger und Sesselfurzer vor. Allein, um ihnen zu zeigen, dass ich mein Ziel erreichen werde, mache ich weiter. Die Aussicht ihres Gelächters versperrt jeden Ausweg.

Ich paddele der Sonne entgegen und habe das Gefühl, ihr immer näher zu kommen. Die Zeit geht mir nicht mehr verloren. Sie kommt mir entgegen. Das Gefühl, Zeit nicht zu verlieren, sondern zu gewinnen, beruhigt mich. Manchmal glaube ich, dass diese Tour nie enden wird. Wie sollte sie auch? Selbst wenn ich das Schwarze Meer erreicht habe, geht mein Leben weiter, und die Erfahrungen dieser Reise leben in mir fort.

Meine Zeit auf dem Brett und an Land, in der Natur, in meinem Zelt, dem Kocher, auf meiner Isomatte, dem Geglucker der Donau, den Moskitos und springenden Fischen, ist wild und ursprünglich. Es hat fast nichts mit meinem Leben zu Hause zu tun. Ich richte mich nach mir selbst und der Natur, merke, wie es täglich früher dunkel wird, da ich immer weiter Richtung Osten vordringe, schlafe gegen zehn Uhr abends ein, wache gegen halb fünf mit der Sonne und dem Gezwitscher der Vögel auf, gehe als Erstes in der Donau schwimmen, koche mir einen Kakao und schreibe diese Zeilen. Ich spüre, dass sich meine Gedanken und Urteile wandeln, gesellschaftliche Themen verlieren an Anziehung, ich bin nicht mehr der Gefangene meiner eigenen Gedankenwelt oder des aufgebauschten Konstrukts unserer beruflichen, persönlichen und gesellschaftlichen Umgebung.

Unsere Gesellschaft macht süchtig – süchtig nach News, Konsum, Ansehen, Geld. Aber auch nach Stress, Wichtigtuerei, Angst und Krankheit. Wir glauben, ohne diese Faktoren nicht mehr leben zu können. Dabei könnte jeder ein viel sorgenfreieres Leben führen. Doch wir sind Gefangene der Suchtmaschine und wollen dort scheinbar nicht herauskommen. Die meisten Menschen wüssten dann vermutlich nicht mehr, wer sie sind, wenn man ihnen ihre Ängste genommen hätte.

Natürlich fällt mir dieses neue Leben nicht leicht. Es fällt mir auch nicht automatisch zu. Es gibt immer wieder Momente, in denen ich mich nach Hause sehne, zu meiner Freundin, meinen Freunden, Ausgehen, Tennisspielen, im Büro sitzen, mit Kollegen reden und Kaffee trinken, im Restaurant essen, Fahrrad fahren. Häufig verfluche ich meinen Freiheitstrieb und die ewige Suche nach einer tieferen Wahrheit. Mindestens die Hälfte meiner Zeit auf dem Brett wünsche ich mich weg. Meine Fantasie hilft mir dann, sie lässt mich an andere Orte fliegen: Ich gehe in Mexiko tauchen, wandele durch ägyptische

Tempel, sitze am Ganges – und plötzlich sind wieder ein paar Donau-Kilometer geschafft, Kilometer 0 rückt näher.

Mein Leben ist seit Wochen einfach. Alles, was ich brauche, befindet sich in einer Tasche. Meinen gesamten Besitz habe ich zurück gelassen in Kiel – und mir fehlt davon nicht ein einziger Gegenstand. Ich kann alles, was ich zum Überleben benötige, auf dem Rücken tragen. Diese Reduktion und der Minimalismus machen mich glücklich – anders kann ich es nicht beschreiben. Ich werde zu Hause ausmisten – wie konnte ich nur ein so überladenes Leben führen?

Fast kommt mir diese Tour wie eine Askese vor. Ich lebe in einfachsten Verhältnissen und habe das Gefühl, damit meine Persönlichkeit zu stärken. Rituale, Konditionierungen und Gewohnheiten haben sich in diesen drei Wochen radikal verändert oder aufgelöst. Nicht mein Besitz und meine Rolle in der Gesellschaft definieren mich, sondern der Umgang mit den Unwägbarkeiten dieser Reise. Hier ist nichts einstudiert. Bequemlichkeiten kennt diese Tour nicht. Ich muss permanent improvisieren und durch die rohe Natur mein eigenes rohes Inneres kennenlernen und einsetzen. Wie viele Monate bin ich durch Indien getingelt, um diesen Zustand zu erreichen? Askese und Ekstase liegen nicht nur wörtlich eng beieinander – sie bedingen sich auch. Durch Askese erreiche ich Ekstase. Die Inder sagen, es gäbe keinen anderen Gott als die Wirklichkeit. Und auf dieser Reise ist die Wirklichkeit so gewaltig, dass ich Gott nicht verfehlen kann. (Foto 36)

Es ist so einfach, hier draußen nach meinen Vorstellungen zu leben. Erst wenn ich es schaffe, in der Welt zu Hause meine Unabhängigkeit zu bewahren, habe ich den Status erreicht, der mich überall glücklich machen wird.

Eines Tages werde ich mich genau hierher zurücksehnen, weil ich die Zeit nicht in vollen Zügen genießen konnte. Und dann wächst langsam der Wunsch nach einem weiteren Abenteuer. Es herrscht ein ewiger Kreislauf aus Abenteuer, Rückkehr in den Alltag, Routine, Verdruss, Ersinnen von neuen Abenteuern und dem erneuten Aufbruch.

Ich bin kein Stück besser als die Konventionellen in unserer Gesellschaft. Ich kriege auch nie genug – vom Unkonventionellen.

Während ich am Donaustrand in Ungarn sitze, etwa 100 Kilometer vor Budapest, tuckern Frachtschiffe und Schubverbände an mir vorbei. Meist reicht die Zeit, um ihr offenes WLAN zu nutzen und diese Zeilen abzuschicken. (Foto 38)

Nach einer Stunde auf dem Brett auf ungarischer Seite, lege ich an einem alten Kahn an und betrete zum ersten Mal eine ungarische Stadt. Neben Trabis und Mercedes-Benz haben die Ungarn Rossmann, Euronics, dm und Spar in ihr Land geholt. So unbeliebt können wir hier also nicht sein. Trotzdem behandeln mich die Menschen an den Kassen im Supermarkt und beim Bäcker seltsam unhöflich. Ist das wirklich ihre Art? Oder haben sie Angst vor dem Fremden, davor, vielleicht eine ausländische Sprache mit ihm sprechen zu müssen? Allerdings habe ich gestern zum ersten Mal wieder in einen Spiegel geschaut. Ich verstehe, wenn Menschen Angst vor mir haben. Meine Lippen sind aufgeplatzt, mein Bart sprießt wild und meine Haare stehen in alle Richtungen ab. Vielleicht habe ich auch einen irren Blick – ich weiß es nicht.

Mittags halte ich an einem Restaurant auf slowakischer Seite. Und auch hier benimmt sich die Bedienung ungewohnt muffig und unaufmerksam. Ich habe den Ostblock nie kennengelernt – war das damals schon so, und hat sich das bis heute hinübergerettet? Ich kann es mir nicht vorstellen. Vielleicht ist das die Art der Menschen, cool sein zu wollen? Aber Frauen wollen in der Regel nicht cool sein. Das ist eher Männersache.

Schon wieder rast ein Boot der Wasserschutzpolizei auf mich zu. Dieses Mal sind es Slowaken. Ebenfalls unhöflich.
»Fifty meters«, ruft der Herr Wachtmeister. Er meint, ich solle mich nicht weiter als 50 Meter vom Ufer entfernen. Sonst »punishment«.

Ich bin vielleicht 60 Meter entfernt, bedanke mich für den klugen Tipp und paddele weiter. Solche Verordnungen machen auf dem Wasser überhaupt keinen Sinn. Es kommen immer wieder Wellenbrecher, die vom Uferrand als Steinwall ins Wasser ragen, sodass ich das Ufer teilweise 100 Meter verlassen muss, um nicht aufzusetzen. Oder der Wind drückt mich in die Fahrbahnmitte, und ich weiche einem Boot lieber in Lee aus, um nicht dagegen gedrückt zu werden. Somit bin ich natürlich noch weiter vom Ufer entfernt und schon auf ungarischer Seite.

Ich komme nicht dahinter, was hier los ist. In ganz Deutschland und Österreich ist mir nicht ein Polizeiboot entgegengekommen. Und hier in drei Tagen vier.

Sind das doch die Überbleibsel? Die Kontrollsucht der Kommunisten? Die Regulierungswut? Das System hat sich geändert, doch sind die Menschen, die das System aufrechterhalten, teilweise die Gleichen wie 1989. Wie lange braucht es, bis die Freiheit wirklich in den Köpfen ankommt? Oder habe ich ein falsches Verständnis von Freiheit? Versuchen die Menschen hier ihre Freiheit zu verteidigen, indem sie Fremden gegenüber vorsichtig sind und Wassersportler lieber nicht unkontrolliert herumpaddeln lassen? Ich muss ihnen die Freiheit lassen, unhöflich zu sein und sinnlose Gesetze aufzustellen.

Zum ersten Mal SUPe ich mit freiem Oberkörper. Erstens kann ich es mir nach drei Wochen Dauersport halbwegs leisten, und zweitens ist es so heiß, dass ich stündlich in die Donau springen muss, um mich abzukühlen. Meine kurze Segelhose ist nach fünf Minuten wieder trocken. Nur mein Hut bleibt länger feucht und kühlt meinen Schädel.

Nach fast zehn Stunden auf dem Brett erreiche ich endlich Gran. Hier gibt es laut Google einen Campingplatz. Ich brauche dringend Strom. Da mein Handy nicht mit dem Solargerät kompatibel ist, muss ich mich durchfragen. Als ich den Campingplatz schließlich entdecke und mein Brett auf dem Bootskarren eine Rampe hochziehe, reißt erneut der Bugring ab, sodass ich das Brett – gebückt, mit beiden Händen rückwärtsgehend – ziehen muss.

An der Schranke zum Campingplatz begegnet mir der erste freundliche Mensch des Tages. Der Chef des Areals spricht fast akzentfrei Deutsch, besorgt mir sofort eine Nadel, gibt mir den Tipp, den Bugring mit Angelleine festzunähen, zeigt mir den besten Zeltplatz auf dem Gelände und fragt, was er noch Gutes für mich tun kann.

Was für ein Unterschied. Liegt das nun am Bildungsniveau? Am Beherrschen der Fremdsprache? Noch habe ich ein paar Tage in diesem Land – wenn sie mich denn paddeln lassen. Ich werde es herausfinden.

Ich pumpe mein Zelt auf und spüre sofort, wie viel wohler ich mich in der freien Natur außerhalb eines Campingplatzes fühle. Dort bin ich unbeobachtet, ungestört. Ich muss nicht ewig zu einem Toilettenhäuschen gehen, dazu liegt die Donau zwei Meter von mir entfernt. Kein Straßenlärm, sondern die feinen Geräusche des Flusses, keine Stimmen, sondern das Zwitschern der Vögel. Ich habe mich offenbar verändert. Und es liegen noch 1.600 Flusskilometer vor mir. (Foto 37)

TAG 22, GRAN–BUDAPEST

Gran, 47°47'36.9"N 18°44'30.6"E /
Budapest, 47°29'54.0"N 19°02'40.4"E

I n Gran bröckelt der Putz vom Rathaus. Schon morgens um sieben laufen Menschen mit riesigen Taschen durch die Stadt. Als wären sie auf der Flucht. Sie schauen mich ängstlich an. SUVs hupen Trabis von der Straße. Hier gilt das Gesetz des Stärkeren.

Endlich finde ich einen kleinen Laden, in dem ich Wasser, O-Saft und belegte Brötchen kaufen kann. Es riecht exotischer als bei uns – nach Gewürzen, die ich nicht einordnen kann. Die Stimmung in dem Geschäft ist ganz anders als draußen. Hier stehen Frauen zusammen, wirken gelöst, unterhalten sich intensiv, lachen, begutachten Halstücher an einem Kleiderständer.

In einem Café bestelle ich Rührei mit Toast. Die Kellnerin ist wieder seltsam gehemmt und abweisend. Fünf Minuten später kommt sie mit meinem Frühstück zurück. Rührei mit Toast – wie bestellt. Ein Klecks Rührei aus Eipulver und zwei ungetoastete Scheiben Weißbrot daneben. Noch nicht einmal ein Scheibchen Gurke oder Tomate zur Zierde. Ungarn ist ungeschminkt.

Mein Ziel ist heute: Budapest – 65 Kilometer. Gegen 17 Uhr erwartet mich dort Louis, ein Bekannter des Rockmusikers, der in Scheer für mich gespielt hat. Er hat irgendwie arrangiert, dass ich eine Nacht in einem richtigen Bett schlafen kann. Louis fragt per WhatsApp, ob mein Board in seinen 911er passt. Ich bin mir nicht sicher, ob er scherzt.

Die ungarische Donau ist träge. Sie fließt kaum noch. Offenbar ist das Gefälle hier extrem niedrig. Mein Brett kommt mir schwer wie ein

Tanker vor. Ich paddele an einsamen, weißen Stränden vorbei, unter mittelalterlichen Burgen und an verwunschenen Dörfern. Irgendwo hier endet die Slowakei auf der linken Seite. Ich biege in einen Altarm ein, die Strömung wird stärker, und plötzlich sehe ich schon von Weitem ein Polizeiboot, das an einem der Strände festgemacht hat. Als die Beamten mich entdecken, springen sie in ihr Boot, schmeißen den Motor an, hauen den Gang rein, dass ein Ruck durchs Boot geht, und rasen auf mich zu. Sie brüllen etwas auf Ungarisch. Ich frage, ob sie auch Deutsch oder Englisch sprechen würden. »Turn, turn«, brüllt der Polizist. Er meint, ich solle mein Brett in seine Richtung drehen, damit wir nebeneinanderliegen können. Warum hat er mich nicht gleich richtig angesteuert? Er hat doch den Motor an Bord zum Manövrieren, nicht ich. Seine Arme sind mit irgendwelchen Voodoo-Puppen und ungarischen Sprüchen tätowiert. Sein Ziegenbart ist zu einem Zopf geflochten und seine langen, lockigen Haare mit einer Spange zurückgebunden. Seine Kollegin guckt sparsam-arrogant und kann Deutsch: »Polizeikontrolle.«

Ich soll meinen Ausweis zeigen. Ihr Ton erinnert mich an Stasi-Filme. »Ordnungswidrigkeit«, sagt sie, als hätte ich gerade ein Kind ertränkt. Sie erklärt, was ich längst weiß. Aber ich gebe mich unwissend, freundlich und versuche es mit Charme. Vielleicht hilft das.

Sie holt ein blaues Büchlein aus dem Bootsinneren und sucht den entsprechenden Paragraphen. Ihr Kollege telefoniert währenddessen aufgeregt mit seinen Kollegen in der Hauptstadt und wiederholt permanent das Wort »SUP«. Aber vielleicht heißt das auf Ungarisch auch »Verbrecher«.

Endlich hat die Polizistin den Paragrafen gefunden. Sie streckt mir das Buch entgegen und tippt mit dem Finger auf eine bestimmte Stelle.

»Ich kann kein Ungarisch«, sage ich – jetzt vielleicht doch etwas genervt. Sie erklärt mir, dass SUPs auf der ungarischen Donau grundsätzlich verboten seien. Man dürfe sie nur in ausgewiesenen Zonen benutzen, zum Beispiel dort, wo Wasserski erlaubt ist.

»Sind Sie mit einer Strafe einverstanden?«, fragt sie mich. Ich verneine. Es gebe keine Schilder und keine Informationen über meine Ordnungswidrigkeit. In keinem Land der Welt wären SUPs verboten. Es gebe hierfür auch keinen Grund.

»Unwissenheit schützt vor Strafe nicht. 15.000 Forint. Umgerechnet 50 Euro.« Sie kritzelt eine ganze Seite mit sinnlosen Informationen vol – unter anderem fragt sie nach dem Geburtsnamen meiner Mutter, schreibt alles falsch, auch meine deutsche Adresse, obwohl die auf der Rückseite meines Ausweises steht, füllt einen Überweisungsträger aus, lässt mich einen Wisch unterschreiben und ordnet an, dass ich jetzt an Land fahren muss, um zu Fuß weiterzugehen. Ich sage ihr, sie solle sich mal den Strand angucken. Wie soll man denn da gehen? Überall liegen umgestürzte Bäume herum, Sträucher versperren den Weg. Unmöglich, dort mit meinem ganzen Gepäck zu gehen. Sie können mich gern nach Budapest bringen, damit ich von dort einen Zug oder eine Fähre nach Serbien nehme.

»Das geht nicht«, sagt sie.

»Gut, dann werde ich also weiterpaddeln. Sie können mich nicht zwingen, hier mitten in der Botanik an Land zu gehen und festzusitzen. Damit gefährden sie mein Leben.« Seltsamerweise wirkt dieses bekloppte Argument.

»Hören Sie zu«, sagt sie. »Wir fahren jetzt Richtung Norden. Sie paddeln bis Szentendre, etwa 15 Kilometer südlich, und gehen dort an Land. Dort gibt es Bus und Bahn.« Zum ersten Mal trägt sie ein Lächeln auf den Lippen, und plötzlich finde ich sie sogar hübsch.

»Und lassen Sie sich nicht in Budapest mit ihrem Brett blicken. Die Kollegen warten nur auf Sie. Und dann kostet sie der Spaß 200 Euro.« Der Tätowierte schaut mich böse an und haut seine Handgelenke aneinander – das internationale Zeichen für Handschellen. Ich lache ihn einfach aus und paddele davon. Dass jemand wegen Paddelei im Knast landet, halte ich selbst in Ungarn für ausgeschlossen. Ich werde das Geld niemals überweisen – und wenn ich mein Leben lang Einreiseverbot in diesem seltsamen Land habe.

Ich rufe Louis an und erzähle ihm, dass meine Reise vorerst in Szentendre endet. Er lacht, sagt »fuckin' commies« und »bloody idiots« und verspricht, in zwei Stunden vor Ort zu sein.

Eine halbe Stunde später kommt mir erneut ein Boot entgegen. Doch es sind lediglich Vater und Tochter, die unbedingt wissen möchten, auf was für einem Ding ich stehen würde, ob diese Art der Fortbewegung schwerfiele, und wie weit ich schon gepaddelt sei. Offenbar sind SUPs in Ungarn noch völlig unbekannt. Kein Wunder, bei den Gesetzen!

Etwas später fahren die beiden erneut neben mich. Ob sie mich auf ein Bier einladen dürften. Sie hätten einen Kilometer stromabwärts ein Sommerhaus. Ich frage, ob sie auch alkoholfreies hätten. »Of course«, sagt der Vater, haut den Gashebel auf den Tisch und legt eine Minute später am Steg einer Villa an. Als ich schließlich festmache, stehen eiskalte Getränke auf einem Tisch, drei gepolsterte Stühle mit Blickrichtung Donau daneben, und gedämpfte Lounge-Musik dringt aus unsichtbaren Lautsprechern.

Ich erzähle meine Polizeigeschichte – die beiden können es nicht glauben. Eigentlich wollten sie sich auch ein SUP kaufen. Aber das macht ja jetzt keinen Sinn mehr. Ich frage, ob sie das Brett wenigstens mal ausprobieren wollen würden. Eine Minute später spiele ich den SUP-Lehrer vom Steg aus. Beide sind so begeistert vom SUPen, dass sie sich noch heute ein Brett in Budapest kaufen wollen.

»Scheiß auf die Gesetze in unserem Land«, sagt der Vater. »Die spinnen hier. Und ich glaube nicht, dass sie so ein Theater mit einem Ungarn durchziehen würden.«

Ich verabschiede mich, auch wenn ich mich gern noch über die Ungarn und ihre Polizei unterhalten hätte. Aber in Szentendre wartet Louis auf mich. Ich möchte ihn keinesfalls warten lassen, und es sind noch zehn Kilometer bei ungünstigem Wind.

Louis steht zwar nicht mit seinem 911er Porsche am Quai, dafür aber mit einem 500-PS-Range Rover, dem größten seiner Klasse. Er hat noch ein befreundetes Pärchen mitgebracht.

Ich lasse die Luft aus meinem Brett, falte es zusammen, verstaue mein SUP im riesigen SUV-Kofferraum und freue mich, mal wieder in einem Auto zu sitzen. Louis erzählt, dass er Engländer ist, in Cannes aufgewachsen, verschiedene Elite-Schulen und Unis besucht und mehrere Läden gegen die Wand gefahren hat, um schließlich mit Ende 20 einem Schweden die perfekte Idee zu klauen: Er hat in Ungarn – warum er da gelandet ist, weiß er auch nicht mehr genau – ein Inkasso-Verfahren aufgebaut, das säumige Zahler von Strafzetteln und ähnlichen Ordnungswidrigkeiten auf faire Weise dazu bringt, das Geld doch noch zu zahlen. Und Louis' Firma durfte vertraglich von jedem Schuldner einen bestimmten Prozentsatz behalten. Dieses System hat er noch in der Ukraine, Polen, Rumänien und Bulgarien aufgebaut. Ich überlege, ob ich mit meiner Ordnungswidrigkeit auch in sein System falle.

Louis parkt seinen Luxus-Geländewagen vor einer enormen Villa in den Bergen oberhalb von Budapest. In der Garage steht tatsächlich ein 911er, daneben ein e-BMW.

Ich habe noch nie in meinem Leben ein derartiges Haus betreten. Man spürt sofort, dass hier Geld keine Rolle spielt. Alles darf so viel kosten, wie es eben kostet. Louis zeigt mir mein Zimmer im Untergeschoss. Ich habe ein eigenes Bad und kann direkt von meinem Bett in den Pool schauen.

Oben hängen Original-Kunstwerke an den Wänden, die Teppiche sehen so wertvoll aus, dass ich sie gar nicht mit meinen rauen Füßen betreten mag. Das 150 Quadratmeter große Wohnzimmer ist von einer Fensterfront umrahmt, der Budapest zu Füßen liegt. Alles ist perfekt und so stilvoll eingerichtet, dass mir der Atem stockt.

Ich bin bei Multi-Multi-Millionären gelandet. Und diese Menschen nehmen mich auf – den ärmlichsten Tropf des Kontinents, zumindest im Augenblick. Ich besitze nicht mal ein sauberes T-Shirt zum Anziehen.

Das Pärchen, das mit uns im Auto saß, liegt schon am Pool. Sie winken mir zu, ich solle auch hineinspringen. Selbst der Pool hat die perfekte Temperatur, den idealen Chlorgehalt und mit zehn Metern genau die richtige Länge, um sich einmal abzustoßen und unter Wasser gerade die andere Seite zu erreichen. Anschließend lege ich mich auf die warmen, geschliffenen Lavaplatten aus Italien und lasse meinen rechten Arm von schottischem Gras streicheln.

Dieses Kontrastprogramm ist so absurd, so ausufernd verrückt, dass ich kurz glaube, nicht mehr zwischen Realität und Fantasie unterscheiden zu können. Louis bringt uns eine eiskalte, aufgeschnittene Wassermelone und fragt, ob ich alles hätte, was ich bräuchte, und ob ich vielleicht bis zum Wochenende bleiben möchte. Dann käme Lama Ole Lydahl nach Budapest und würde ein Retreat anbieten. Der Däne sei ihr spiritueller Meister:

»Wir folgen ihm um die halbe Welt, nach Israel, Amerika, durch Europa. Egal, wohin. Durch ihn lernen wir täglich, zum Wohle aller zu handeln. Und manchmal gelingt das sogar.«

Louis zeigt mir die Waschmaschine, den Trockner, den Whirlpool. Ich solle alles benutzen und mich wie zu Hause fühlen. Das versuche ich – jedoch ist dieses Zuhause so fabelhaft, dass ich vor Ehrfurcht wie gelähmt bin.

Die Zeit verfliegt in diesem Paradies, und ich möchte sie so gern anhalten. Ich wünschte, dieser Tag möge nie enden. Doch zum Glück können wir das Gute nicht festhalten, sonst würde das Schlechte auch nie vergehen. Ich frage mich bloß, womit ich so viel Güte, Freundlichkeit und Entgegenkommen verdient habe.

Louis' Frau ist spontan nach Nizza geflogen, um ein paar Bekannte zu treffen – unter anderem Keira Knightly.

Louis veranstaltet eine kleine Grillparty mir zu Ehren und hat seine besten Freunde eingeladen: Menschen mit Wohnungen in Monaco, Ferraris als Zweitwagen und Büros in der obersten Etage der höchsten Gebäude der Stadt. Immerhin habe ich mittlerweile ein sauberes T-Shirt an; ich wäre dazu gern rasiert und hätte lieber ein weniger verbranntes Gesicht. Doch scheint das die Gäste nicht zu stören. Sie sind aufmerksam und freundlich mir gegenüber – ich bin die Hauptattraktion des Abends. Sie sind nur ein bisschen enttäuscht, dass ich mich nicht wenigstens zu einem Schluck Wein überreden lasse. Ich vermute, dass die Flasche 100 Euro kostet.

Ich erzähle von meiner Tour, meinen Abenteuern, meinen Büchern. Sie sind begeistert und fasziniert, doch würden sie niemals ihr Luxusleben gegen meine Freiheit eintauschen. Der Preis wäre ihnen zu hoch.

Weit nach Mitternacht falle ich endlich in mein Bett – das beste Bett meines Lebens.

Würde ich mein Leben gegen ihres tauschen? Ja! Ich hätte gern so viel Geld wie Louis. Aber ich wäre nicht bereit, soviel Lebenszeit in Arbeit zu investieren. Also haut der Tausch nicht hin. Ich habe auf dieser gesamten Reise bisher 300 Euro ausgegeben – umgerechnet zwei Tankfüllungen für Louis' Range Rover. Die meisten Menschen unterschätzen die Möglichkeiten, die sich bieten, wenn man low budget reist. Jeder kann es sich leisten, um die Welt zu reisen. Es ist lediglich eine Frage der Mittel, der Bedürfnisse und der Zeit.

TAG 23, BOGYISZLÓ–BAJA

Bogyiszló, 46°20'36.7"N 18°53'28.5"E /
Baja, 46°10'07.7"N 18°53'24.1"E

Louis meint, dass es südlich eines Atomkraftwerks keine Polizeikontrollen mehr geben dürfte. Nur an der Grenze nach Serbien könnte ich Probleme bekommen. Aber was sollen sie da schon machen? Ich will ja lediglich das Land verlassen. Wir fahren eine gute Stunde Richtung Süden – ungefähr 80 Kilometer. Während der Fahrt erzählt mir Louis von seiner neuen Geschäftsidee: Er möchte jetzt nicht mehr Menschen das Geld aus der Tasche ziehen, sondern helfen. In Ungarn gebe es Zehntausende von Hausbesitzern, die ihre Hypothek nicht mehr bezahlen könnten. Sie würden schlicht von den Banken betrogen, da sie höchstens zehn Prozent Eigenkapital in ihre Häuser investieren mussten und die Interessen der Banken von Jahr zu Jahr gestiegen seien. Dieses Problem gebe es überall in Osteuropa. Und bevor die bankrotten Hausbesitzer ihre Häuser verlassen müssten, will Louis mit seiner neuen Firma einspringen, die Häuser kaufen, die Hypothek tilgen, und den Leuten ihr eigenes Haus vermieten. Somit seien die Betrogenen nicht mehr den brutalen Geschäftsbedingungen der Banken ausgeliefert.

»Jetzt müssen sie nur noch glauben, dass sie dir eher trauen können als der Bank. Und wer einmal übers Ohr gehauen wurde, ist vorsichtig«, sage ich. Das weiß er natürlich selbst, gibt aber zu bedenken, dass den Leuten keine Wahl bliebe. Sie könnten entweder ihr Haus verlassen oder mit ihm kooperieren und zu Hause wohnen bleiben. Es würde eine Zeitlang dauern, bis sich herumspricht, dass er der Gute sei. Aber die Zeit hat er.

Bevor wir uns trennen, darf ich Louis wenigstens auf eine Pizza einladen – als kleines Dankeschön. Dann verabschieden wir uns an einem

Steg südlich des Atomkraftwerks. Zwei Stunden später schreibt er mir eine SMS, dass ich einen Freund fürs Leben gewonnen hätte. Ich habe einen Kloß im Hals und frage mich zum tausendsten Mal, womit ich dieses wunderschöne Leben bloß verdient habe.

24 Stunden Paddelpause haben mir gutgetan. Ich fühle mich kräftig und motiviert. Nach Serbien sind es noch 70 Kilometer. Wenn ich die Nacht durchSUPe, könnte ich es schaffen. Dann würde ich der Polizei entgehen. Aber will ich das?

Ein Angelboot kommt auf mich zu. Ein alter, zerfurchter Mann spricht ein bisschen Deutsch und sagt, ich solle dort drüben zu seiner Hütte fahren. Dort würde mir sein Sohn Essen und Getränke geben. Ich fahre zwar immer noch die Pizza in meinem Bauch spazieren, kann das Angebot des lieben Alten aber nicht ablehnen. Ein Mann in meinem Alter kommt auf mich zu. Er nennt mir seinen ungarischen Namen. »Heißt auf Deutsch Kaiser«, sagt er stolz. Er arbeitet als Schweißer in Österreich und verdient dort das Fünffache von dem, was seine Kollegen in Ungarn verdienen. Jetzt hat er drei Wochen Urlaub und seit einer Woche keinen Fisch gefangen.

Wir gehen in sein Häuschen, das ungefähr 20 Quadratmeter groß, aus Verbundsteinen gebaut und robust ist. Die Wände sind bis unter die Decke gekachelt. »Wegen des Hochwassers«, erklärt Kaiser. »Vor drei Jahren stand das Wasser bis hier.« Er hält die Hand ein paar Zentimeter unter die Decke, holt eine Dose Bier aus dem Kühlschrank und stellt sie auf den Tisch. Kaiser ist ein bisschen enttäuscht, als ich ablehne. Ich erkläre immer wieder, dass sich das nicht mit meinen körperlichen Anforderungen während meines Paddelns decken würde. »Ein Bier und ich habe nur noch 50 Prozent Kraft.«

Aber Nahrung könne ich auf keinen Fall ablehnen. Er stellt mehrere Salami-Würste auf den Tisch, dazu Paprika, Tomaten, Gurken und Weißbrot. Die Salami hat er mit seinem Vater selbst produziert.

»Echte ungarische Salami. Musst du essen.« Ich probiere mich durch die verschiedenen Sorten. Sie schmecken alle umwerfend gut.

Ich frage Kaiser nach der Polizeipräsenz in dieser Region und erzähle ihm, dass ich hier auf meinem Brett illegal unterwegs sei.

»Das ist typisch Ungarn«, schimpft er. »Diese Regierung besteht nur aus korrupten Schweinen, die uns den Spaß am Leben klauen wollen. Aber in ein paar Jahren sind die alle weg, und die nächsten Arschlöcher kommen an die Macht. So war das hier schon immer, und alle wundern sich, dass unser Land nicht in die Gänge kommt.« Kaiser trinkt seine Dose Bier in einem Zug aus. Gegen den Frust scheint es nur diese Lösung zu geben.

Sein Vater kommt in die Hütte und hat zwei Freunde mitgebracht. Alle sprechen fließend Deutsch. Die alte Generation hatte Deutsch in der Schule und lernte durch den Kontakt zu ehemaligen DDR-Urlaubern unsere Sprache. Die Jungen lernen Deutsch in Österreich oder Deutschland, wo sie zu Hunderttausenden arbeiten. Ich bin zum ersten Mal in einem Land, in dem ich kein Wort der Landessprache spreche und der Großteil der Bevölkerung Deutsch kann.

Kaisers Vater hat den ehemaligen Polizeipräfekten mitgebracht. »Großes Problem, großes Problem« sagt er und meint mein SUP. »Sehr gefährlich. Sehr gefährlich.« Ob es südlich von hier viele Polizeiboote gebe, möchte ich wissen. »Viele Boote. Viele Boote.«

Kaiser bringt mir zum Abschied eine Fünf-Liter-Flasche Wasser und eine Tüte mit Salami, Tomaten und Paprika. »Für unterwegs.« Dann umarmt er mich wie einen alten Freund und bedankt sich, dass ich ihn besucht habe.

Die Ungarn scheinen privat ganz anders zu sein als im Berufsleben. Ihre Gastfreundschaft, ihre Offenheit und Fürsorge rühren mich. Sie haben auch immer etwas Traurig-Melancholisches an sich. Als hätten sie etwas Besseres verdient.

Gegen 19 Uhr SUPe ich nah am Ufer und so schnell ich kann an der Stadt Baja vorbei. Hier liegen mehrere Frachtkähne; dann ist die Polizei bestimmt nicht weit. Ich komme unentdeckt durch, als ein Junge in seinem Boot auf mich zuhält. Er möchte unbedingt Fotos mit mir machen und auf Facebook veröffentlichen. Sein Englisch ist katastrophal. Er versucht mir irgendetwas zu erklären. Aber ich komme einfach nicht dahinter, was er mir sagen möchte. Er zuckt resigniert die Achseln und rast davon.

Eine halbe Stunde später taucht er wieder am Horizont auf. Jetzt verstehe ich – er hat eine Leine mitgebracht und möchte mich zu seinen Freunden mitnehmen, die auf einer Insel campen.

Etwa fünf Kilometer später erreichen wir eine Ansammlung kleiner Boote. Sechs, sieben Leute jubeln uns entgegen. Der Bootsherr des größten Schiffs drückt mir ein eiskaltes Glas Rosé in die Hand. Ich nehme es an und reiche es direkt an eine Frau weiter, die ohne Glas auf einem Bordsessel sitzt.

An Bord wird gegrillt. Niemand spricht Deutsch oder Englisch. Aber das macht nichts. Auf dem Wasser versteht man sich traditionell ohne Worte. Die Ungarn lachen und trinken, feiern und hören Popmusik. Später liegen wir alle am Strand und schauen aufs Lagerfeuer. Über uns funkeln die Sterne. Ich liege mit ausgebreiteten Armen und Beinen im Sand und bin gesegnet – auch wenn es noch so kitschig klingt.

Häufig fühle ich mich wie auf einer Pilgerreise. Aber ich bin weder an einem heiligen Ort gestartet, noch erwartet mich am Ziel eine Basilika oder ein Dom, sondern ein verrosteter Leuchtturm und ein Schild mit der Ziffer »0«. Mehr nicht.

Beim Pilgern soll man sich innerlich verwandeln – und genau das geschieht gerade. Ich bin nicht mehr der, der ich vor der Reise war. Ich bin gelassener, entspannter und zielloser. Ohne Absicht. Vielleicht hat der Fluss mein altes Selbst weggespült. Meine Stimmung wechselt unentwegt zwischen Siegesgeschrei und Tränen.

Ich fühle mich vom Fluss bezwungen und gleichzeitig als Gewinner; ich würde mir gern einen Fluss-Namen geben, da ich auf dem Wasser ein anderer bin als an Land. Vielleicht schenkt mir der Fluss eines Tages einen Namen. Oder jemand, der an ihm wohnt und mit ihm verbunden ist.

Der Fluss durchdringt jeden; das merke ich an den Menschen, die mit ihm leben. Er gibt Kraft und macht gleichzeitig demütig. Er ist die Quelle für Nahrung, Arbeit und Erholung. Ohne den Fluss gäbe es hier vermutlich keine Menschen.

TAG 24, BAJA

Jede Reise trete ich an, um auf einer alten Welt zu wandeln. Um den Ahnen zu danken, dass sie ihre Wege gegangen sind und mir Raum gemacht haben. Ich paddele auf dem Fluss, um die Vergangenheit noch einmal zu spüren, zu erhalten und zu verändern – wenn das alles überhaupt möglich ist.

Wenn ich frühmorgens am Ufer sitze, die Sonne hinter den Bäumen erscheint, die Nebel verschwunden sind und die strudelnde Oberfläche der Donau an mir vorbeizieht, erkenne ich die Illusion der Zeit. Ich spüre so etwas wie Ewigkeit; die ewige Präsenz dieses Flusses. Als wäre es schon immer geplant gewesen, dass ich eines Tages diese Tour machen würde. Nach den langen Tagen auf, an, im, mit und für den Fluss bin ich tatsächlich ein Teil der Donau geworden. Meine Füße berühren das Wasser, somit gehöre ich in die Flusslandschaft und -welt.

Ich bin fernab aller Touristenrouten angekommen. Diese Ufer hat zuvor nie ein Fremder betreten. Die Donaudampfer stampfen an den Stränden und Wäldern vorbei, als könnten sie gar nicht schnell genug die unberührte Natur hinter sich lassen. Sie wollen so schnell wie möglich die überfüllten Orte erreichen.

Wurden dem Fluss früher Opfergaben überbracht? Hat man Menschen und Tiere in ihm ertränkt, um die Flussgötter gnädig zu stimmen? Warum sind sie mir so gnädig? Ich habe nichts geopfert. Oder doch? Ich habe mitten im Sommer zwei Monate freigenommen, wodurch mir als freischaffendem Journalisten eine Menge Geld durch die Lappen geht. Doch was zählt der Profit gegen den Gewinn dieser Reise?

Abends um neun beginnt ein helles Sirren durch die Luft zu schwirren. Es sind Millionen von Moskitos, die diese Insel für eine Stunde schier unbewohnbar machen. Ich verkrieche mich in mein aufblasbares Zelt, das seit Tagen ein Loch hat. Ich nehme an, dass das Ventil kaputt ist oder die Innenhaut nicht korrekt mit dem Ventil abschließt. Doch komme ich nicht ans Ventil heran. Ich müsste alle Nähte öffnen. Ein Loch im Schlauch habe ich nicht gefunden. Täglich verliert der linke Schlauch meines Zelts schneller seine Luft und bricht in sich zusammen. Das Zelt ist zwar so konzipiert, dass es auch mit einem Schlauch stehen kann, doch dann ist es nicht mehr regendicht, da die Außenhaut die Innenhaut berührt. Ich brauche dringend eine Lösung. Weitere vier Wochen in diesem Zelt machen keinen Sinn.

Außerdem habe ich mir gestern an Bord der Ungarn den linken Daumen gequetscht, sodass ich ihn erst einmal nicht mehr einsetzen kann. Er ist prall geschwollen und sieht aus wie eine frisch gegrillte Krakauer. Ich muss also für einige Tage eingeschränkt weiterreisen. Beim Paddeln brauche ich meine Daumen praktisch nicht. Aber alle Arbeiten – Tasche schließen, Rollwagen anspannen, Reißverschlüsse zuziehen, Zelt aufbauen – sind mit lädiertem Daumen schwierig und langwierig.

Mein drittes Problem ist mein Handy. Seit Beginn der Reise entlädt es sich innerhalb weniger Stunden, selbst wenn ich es nicht benutze. Mittlerweile funktioniert es fast gar nicht mehr. Natürlich könnte ich diese Tour ohne Handy machen. Ich werde sehen, ob eine Lösung auf mich zukommt.

Vielleicht hat sich aber auch ein weiterer Wunsch erfüllt. Häufig möchte ich nicht erreichbar sein und keine Ablenkung durch mein Handy erleben. Die Digitalisierung raubt mir meine Freiheit. Durch die permanente Netzabdeckung gewinne ich zwar an Effizienz, verpaddele mich weniger, komme auf dem schnellsten Weg an Inseln vorbei und kann im Notfall Hilfe holen. Gleichzeitig raubt mir der digitale Knochen das Gefühl der totalen Freiheit, der Unerreichbarkeit. Ohne Handy muss ich genauer schauen, wo ich entlangpaddeln muss. Der

Zufall gewinnt an Kraft, und meine Offenheit für die Welt steigert sich erheblich. Ohne Handy lebe ich außerhalb jeder Kontrolle. Ich möchte nicht Teil von »Big Data« sein und der verrücktgewordenen Konsumgesellschaft dienen, ohne dass ich wüsste, welche meiner Daten für welche Verkaufsstrategie verwendet werden.

Auf der Donau bewege ich mich in einer Welt ohne Politik, ohne Religion, ohne Technologie und ohne Information. Ohne Vernetzung. Ich lebe in einer rein natürlichen Welt und bin so nah dran an meinem wahren Selbst wie nie zuvor. Ich bin wieder Nomade, Urmensch – so wie meine Vorfahren es waren. Ich denke weniger, handele instinktiv und kann somit nichts mehr falsch machen.

Vielleicht werde ich aber auch langsam verrückt. So wie manche Spinner in Jerusalem das Jerusalem-Syndrom bekommen und plötzlich meinen, Jesus oder einer seiner biblischen Kumpels zu sein, glaubt mein Unterbewusstsein, zum Flussmenschen zu werden. Ich muss mich vor mir selber hüten.

Ich habe den ganzen Tag mit »meinen« Ungarn am Strand auf dieser Insel verbracht. Wir haben riesige Fische aus Netzen geborgen, die Stadt Baja angeschaut, Fischsuppe gekocht, versucht, mehr voneinander zu erfahren, Speck auf Stöcken am Lagerfeuer gegrillt, unsere Kontakte auf Facebook ausgetauscht und uns geschworen, nächsten Sommer wieder gemeinsam hier zu sein. (Fotos 39+40)

Auf einer unserer Bootstouren heute lief ein Lied von Adriano Celentano, und ich konnte einfach nicht mehr an mich halten. Mir liefen die Tränen vor Glück und Rührung übers Gesicht, als würde es regnen. Ich glaube, die anderen haben es nicht mitbekommen, da ich vorn saß und mein Gesicht von ihnen wegdrehen konnte. Dieses Volk mit seiner einfachen, immer ein bisschen traurigen Art, rührt mich unendlich.

Insgesamt waren bestimmt 50 Menschen heute hier auf der Insel. Und sie alle kannten sich, gingen respektvoll und achtsam miteinander um. Sie scheinen ihre Freundschaften zu pflegen, wie es früher vielleicht Familienclans getan haben. Ich konnte die ganze Zeit neutral beobachten, da ich die Sprache nicht verstehe.

An ihrer Gestik und Mimik kann ich mehr lesen als Worte auszudrücken vermögen. Worte übertünchen häufig die wahre Intention eines Menschen. Ich sehe nur ihre Verbundenheit und den gegenseitigen Respekt. Einen Freundeskreis wie diesen habe ich mein Leben lang gesucht. Vielleicht bin ich auch zu sehr Vagabund, um einen solchen Kreis um mich herum aufbauen zu können. Vielleicht könnte ein derartiger Kreis selbst meine Unstetigkeit über einen längeren Zeitraum ertragen.

Die Frau des Clan-Chefs – zumindest hat er das größte Boot, und alle scheinen auf ihn zu hören – fragt mich, welche Reiseführer ich für meine Tour benutzen würde. Sie kann nicht glauben, dass ich ohne Ratgeber und ohne Karte bis ins Schwarze Meer paddeln will.

»Auf einem Fluss kann man sich nicht verfahren«, sage ich. »Und außerdem sind mir Informationen von Einheimischen wichtiger als alles, was in Büchern steht.«

»Aber dann verpasst du doch historische und kulturelle Hintergründe«, sagt die Frau. Damit hat sie zwar Recht, doch ich reise lieber ohne Plan und ohne Vorsätze.

»Meist erzählen mir die Einheimischen von örtlichen Besonderheiten, oder ich sehe sie von der Donau aus. Ich verlasse mich am liebsten auf Mundpropaganda und den Zufall. Das Unvorhersehbare und Ungewisse ist das, was diese Reise ausmacht. Wenn ich wüsste, was auf mich zukommt, bräuchte ich diese Reise nicht zu machen.« Die Frau lacht und schüttelt den Kopf.

KROATIEN UND SERBIEN

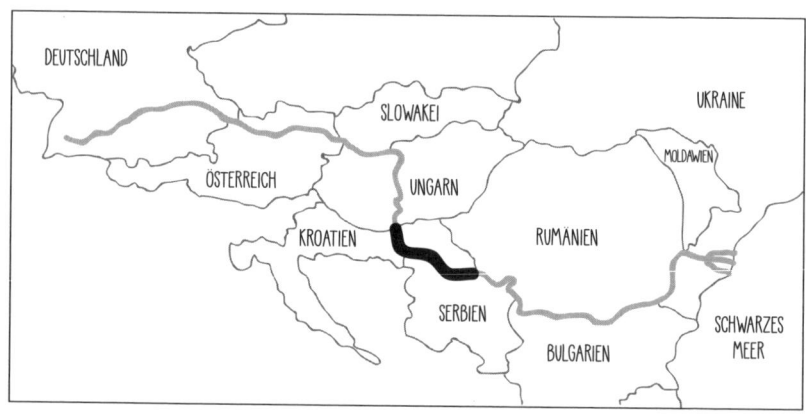

TAG 25, BAJA, UNGARN–BATINA, KROATIEN

Baja, 46°10'07.7"N 18°53'24.1"E /
Batina, 45°51'13.9"N 18°51'14.9"E

Als ich mich heute früh von den Ungarn verabschiede, stehen sie Spalier am Strand und winken für mindestens eine halbe Stunde, bis ich hinter der nächsten Ecke verschwunden bin. Ich weiß, was sie mir bedeuten. Aber was bedeute ich ihnen?

Ein paar Minuten später kommen sie mit einem ihrer Motorboote noch einmal auf mich zu und schenken mir eine Tüte Studentenfutter. »Ungarische Spezialität«, sagen sie. Dann drehen sie ab, holen ihre Netze ein und leben ihr schönes Leben ohne mich weiter.

Nach 20 Kilometern holt mich ein Gewitter ein. Ich hätte gedacht, es würde rechts an mir vorbeiziehen. Aber dann machte die Donau eine Kurve, und plötzlich bin ich mittendrin. Mit bloßem Oberkörper – ich hatte mein T-Shirt in die Tasche gesteckt, um nicht wieder nasse und stinkende Kleidung transportieren zu müssen – steuere ich mit aller Kraft zum Ufer, ziehe das Brett im jetzt strömenden Regen so weit ich kann auf den Sand und hocke mich unter einen schiefen Baum. Erneut verschonen mich die Blitze. Man braucht kein Glück. Man darf nur kein Pech haben. (Foto 41)

Ich bin in diesem Moment der Natur näher als auf der gesamten Tour. Ich komme mir vor wie ein Ureinwohner unseres Kontinents – der ich im Grunde bin, bevor sich durch die Zivilisation alles veränderte. Ich bin wieder ein Frühmensch, der den Gewalten direkt und ungezähmt ausgesetzt ist. Ich werde in diesem Moment zum Tier, in dessen Unterbewusstsein und Genen Hunderttausend Jahre Frühzeit und gerade mal 200 Jahre Zivilisation stecken. Das Erleben des Elementaren bringt mich zurück zur Ursprünglichkeit meines Selbst. Der Sturm und der Regen, der übers Wasser peitscht, die Sonne hinter den Gewitterwolken, der feste Boden, der wolkendurchzogene Himmel und die totale Unruhe in der Gewitternatur. Erst jetzt erkenne ich die absolute Wahrheit der ungebändigten Welt und die Künstlichkeit unserer menschgemachten Welt.

Die Natur lässt sich nicht hintergehen. Wir können sie nicht greifen oder gar verändern. Deshalb versuchen wir, unsere beschränkte Macht in der menschlichen Gesellschaft auszuspielen und haben ganz vergessen, dass wir am Ende doch nichts verändert haben. Gott lässt sich nicht ins Handwerk pfuschen. Wir können unsere Flüsse vergiften, Urwälder roden, Gattungen ausrotten, aber auf den Lauf der Welt haben wir keinen Zugriff. Gott sei Dank.

Ich fühle mich auf dieser Reise unendlich frei. Das ganze Land, der Fluss, selbst der Himmel stehen mir offen. Ich habe alles bei mir, was ich zum Leben brauche. Ein neues Zelt – einer der Ungarn hat mir seines verkauft und versprochen, meins nach Deutschland zu senden –

Wasser, ein bisschen Nahrung, Kleidung, die Luft und die Sonne. Ich bin mittlerweile auf dem Fluss zu Hause. Mir fehlt nichts, und ich habe nichts zu verlieren.

Das Elementare, Rohe, dieses »Draußen«, das macht mich zu einem Naturbürger, dem alles zur Verfügung steht. Deshalb ist der Unterschied zwischen arm und reich eine Illusion. Ich fühle mich sogar reicher als die Reichen, da es mir an nichts mangelt. Ich habe hier nicht das Gefühl, etwas kaufen, aufbauen oder verbessern zu müssen. Alles ist perfekt. Nur das Überangebot unserer Konsumgesellschaft macht uns zu armen Schweinen.

Wir haben in unseren Breiten Hunger, Krieg und die meisten Krankheiten beseitigt. Es sterben mehr Menschen durch Selbstmord als durch menschliche Gewalt. Wir sterben vor allem, weil wir zu viel fressen und nicht, weil wir zu wenig hätten – so wie in den vergangenen Jahrtausenden. Und trotzdem tun wir aus dem alten Bewusstsein heraus so, als hätten wir nicht genug und häufen krankhaft viel Materielles an, um unsere innere Sicherheit zu bestärken. Wir konsumieren uns zu Tode.

In meiner Vorstellung würde ich gern immer so weiterleben. Doch bin ich viel zu versaut durch unsere Komfortgesellschaft, als dass ich mich nicht in sie zurücksehnen würde.

Was mir hier die Natur ist, sind zu Hause meine Freunde. Sie sind meine Basis, meine Heimat. Sie halten mich auf dem Boden, lehren mich Wahrhaftigkeit und Demut. Sie sind verwurzelt. Norddeutsche durch und durch. Ihnen muss ich nichts von meiner Freiheit erzählen, oder von der grenzenlosen, unendlich teilbaren Souveränität des Umherziehenden. Denn sie müssen nicht umherziehen. Nur ich trage das Vagabundengen in mir, und sie haben ihre Wurzeln tief in Norddeutschland eingegraben.

Am frühen Nachmittag erreiche ich die ungarisch-serbische Grenze. Schon von weitem sehe ich ein riesiges Polizeiboot. Als ich mich schon vorbeiwähne, legt es ab und fährt in einem großen Bogen auf mich zu.

Mindestens zehn Uniformierte stehen an Deck. Einer winkt mich zu sich. Wortführerin ist wieder eine Frau. Ich solle mich zu dem gelben Ponton einen Kilometer stromaufwärts begeben und dort warten. Ich würde Schengen verlassen, hierzu wären ein paar Formalitäten notwendig.

Ich kämpfe mich gegen die Strömung zurück, warte vergeblich auf das Polizeiboot und gehe schließlich über eine Rampe in ein finsteres Bürogebäude. Am Empfang händigt mir jemand mehrere Zettel aus und erklärt, dass ich fünf Abteilungen durchlaufen müsse: Immigrationsabteilung, Zoll, Polizei, Medizincheck, Sicherheitsüberprüfung. Ich sage, dass ich Deutscher bin und hier ein Missverständnis vorliegen müsse. Ich wolle lediglich über die Grenze nach Serbien und dann weiter ins Schwarze Meer. Der Mann antwortet mir nicht und sagt F2 – das erste Zimmer, in dem ich mich melden müsse: Immigration.

Ich klappere also die einzelnen Abteilungen ab und bekomme Stempel auf diverse Zettel. Führe Diskussionen mit Beamten, weil mein Schiff keinen Namen trägt und auch die Bruttoregistertonnen nicht messbar sind, kreuze an, dass weder blinde Passagiere noch Drogen bei mir an Bord zu finden seien, keine schrecklich kranken Besatzungsmitglieder in den Katakomben schlummerten – nein, Waffenhändler vermute ich ebenfalls nicht unter meiner Besatzung. Ich darf eine Stunde später meine Fahrt fortsetzen. Ich müsse aber noch heute bei den serbischen Behörden vorsprechen und ein ähnliches Prozedere durchlaufen.

Während ich zehn Kilometer später versuche, mein Handy zu laden und meine Position zu checken, liegt plötzlich eine Piroge neben mir. Ein junger bärtiger Kerl sitzt drin und grinst mich an. Ich habe ihn nicht kommen hören, weil sein Einbaum mit dem Ausleger schnell und geräuschlos übers Wasser gleitet. (Foto 42)

Matthias aus Belgien ist seit Tuttlingen auf der Donau und möchte bis zum Eisernen Tor in Serbien paddeln. Wir sind beide unendlich glücklich, endlich jemanden getroffen zu haben, der genauso verrückt und wild ist wie man selbst. Matthias ist 21, hat gerade die Schule beendet und will erst einmal reisen. Warum die Donau, warum die Piroge, das weiß er nicht. Er musste es einfach machen. Genau wie ich. Wir verabreden uns für später. Er will heute nicht mehr allzu lange machen.

Die letzten Kilometer Niemandsland gehören noch zu Ungarn. Ich paddele an weißen Sandstränden vorbei. Überall liegen Grüppchen, Familien, Freundeskreise, sie grillen, angeln, lachen. Eine Frau ruft mir auf Deutsch zu, ob ich etwas trinken möchte. Natürlich sage ich »ja«, und paddele zu ihr und ihrer Clique. Ich bekomme eiskaltes Mineralwasser, dazu frisch gebackenen Kirschkuchen und kleine Törtchen. Sie fragen mich über meine Tour aus, warum ich keinen Freund dabeihätte, ob ich verheiratet sei und wie man so was beruflich hinbekäme. Zwei Monate Urlaub! Zum Abschied drücken sie mir zwei mal zwei Liter Wasser in die Hand, den Rest Kirschkuchen und Obst und wünschen mir viel Glück und Erfolg auf meiner Tour.

Endlich sehe ich serbische Flaggen am Ufer stehen. Doch die Grenzstation ist immer noch mehrere Kilometer entfernt. Als ich dort schließlich ankomme, beschließe ich, die Behörde nicht zu betreten und einfach weiterzupaddeln. Was soll schon passieren?

Endlich erreiche ich das erste Dorf. Ich bin erschöpft und beschließe, dort ein Restaurant zu suchen und irgendwo mein Zelt aufzuschlagen. Plötzlich sehe ich die Piroge am Ufer liegen. Als ich näherkomme, erkenne ich, dass ein riesiger gedeckter Tisch auf dem Gras steht. Mindestens zehn Personen, alle um die 30, winken mich zu sich, schütteln mir begeistert die Hand und sagen, dass ich herzlich eingeladen sei, alles an Nahrung nachzuholen, was ich in den vergangenen Wochen versäumt hätte. Matthias, der Belgier, hatte ihnen bereits von meiner Reise erzählt.

Es gibt frisch gegrilltes Hühnchen. Die Mutter eines der Freunde kommt aus dem Haus mit einer Pfanne Bratkartoffeln. Sie sagt, dass die Hühner alle hier aufgewachsen seien und von ihr persönlich zubereitet wurden.

»Auch geschlachtet?«, frage ich.

»Selbstverständlich«, sagt sie.

Nach dem Essen frage ich in die Runde, ob der Krieg auch hier stattgefunden hätte.

»Natürlich. Da drüben sind ja die Serben«, sagt eine Frau und zeigt mit der Hand ans andere Ufer. »Hier war mehr als fünf Jahre lang Krieg.«

Matthias fragt, wie es überhaupt zu dem Krieg kommen konnte. Keiner scheint antworten zu wollen. Doch dann ergreift ein dünner, intelligent aussehender Mann das Wort.

»Es gibt zwei Versionen. Eine Version ist, dass der ganze Reichtum des ehemaligen Jugoslawiens nach Belgrad floss, was Serbien natürlich sehr zupass kam. Als die Kroaten ein eigenes Land aufbauen und das hart verdiente Geld in ihrem Land behalten wollten, eröffneten die Serben den Krieg.« Ich schweige, denn ich kenne mich in diesem Konflikt zu wenig aus.

»Und die zweite Version?«, hakt Matthias nach. Wieder schauen sich alle in der Runde an. Eine andere Frau in der Runde antwortet.

»Die zweite Version ist, dass andere Länder den Krieg wollten.«

»Welche? Amerika?«, frage ich.

»Auch. Aber vor allem wohl die Deutschen, um ihre Kriegsexporte zu steigern.« Es herrscht längeres Schweigen.

»Es wird hierfür niemals Beweise geben«, sagt die Frau. »Es gibt aber eine gute Doku: »Der vermeidbare Krieg«. Hierin wird klar dokumentiert, dass es zu diesem Krieg niemals hätte kommen müssen.«

»Gibt es noch eine dritte Version?«, frage ich.

»Da musst du die Serben fragen«, sagt die Frau. »Für uns ist dieses Thema immer noch schwierig. Wir wurden alle im Krieg geboren. Unsere Väter waren Soldaten und kamen verletzt oder traumatisiert zurück. Es gibt keine Familie hier, die keinen Sohn, Bruder oder Vater verloren hat. Die Veteranen sprechen nicht über das, was sie erlebt haben, und wir versuchen einfach nur, in Frieden zu leben. Auch wenn das schwerfällt.«

Die Männer stehen auf und spielen Fußball. Die beiden Frauen bleiben bei Matthias und mir sitzen. Wir schweigen; aber es ist nicht unangenehm. Der Krieg wiegt so schwer, dass die Stille spricht.

Die Mutter kommt zum Abräumen an den Tisch und bittet eine der Frauen, für sie zu übersetzen.

»Es gibt zwei Möglichkeiten, mit diesem Krieg zurechtzukommen. Du vergibst. Oder du vergibst nicht. Wir vergeben. Wir möchten, dass Frieden herrscht. Aber es gibt die andere Hälfte unseres Landes, die nicht vergibt. Sie sind dagegen, dass beispielsweise Straßenschilder in serbischer Schrift in unseren Städten hängen, weil diese sie an die Mörder unserer Söhne und Väter erinnern. Wir glauben, dass diese Schilder symbolisch wichtig sind. Serben sind bei uns willkommen. Und ich fände es schön, wenn wir wieder bei denen willkommen wären.« Sie zupft ihr Kopftuch zurecht. »Es braucht Zeit«, sagt sie.

»Wieso seid ihr in der EU und die Serben nicht?«, frage ich die beiden Frauen.

»Die Serben sind ein extrem stolzes Volk. Sie haben sich noch nie unterworfen und werden dies auch nie tun. Sie werden niemals einer anderen Gemeinschaft angehören, in der sie nicht eindeutig das Sagen haben. Und da ihr« – sie meint uns Deutsche – »in Europa das Sagen habt, muss man in der Lage sein, sich zu unterwerfen.« Ich lache. Erst sind wir schuld am Jugoslawien-Krieg, und jetzt unterjochen wir ganz Europa. Böses Vaterland.

Dann kreisen Joints um die Tafel. Perfekte, locker nach außen gebaute, lange Tüten. Ich merke, wie ich ziemlich entspannt auf meinem Sitz zusammensinke und mir keinen besseren Abend hätte wünschen können. Selbst mein Daumen gibt Ruhe und pocht nicht mehr. Der Nebel des Rauschs breitet sich in meinem Kopf aus. Es ist schön, mal wieder benebelt zu sein nach all den Wochen der Klarheit und des reinen Erlebens der Realität. Aber nötig war es nicht. Die Reise ist Droge genug.

Die Mutter bietet Matthias und mir das Sofa im Erdgeschoss ihres Hauses an. Es ist das einzige Haus einer ganzen Reihe, das nicht auf

Stelzen steht. Stolz zeigt sie mir das Hochwasser von 2013. Sie versichert uns, dass wir heute Nacht sicher seien und lacht.

Als mitten in der Nacht ein gewaltiges Gewitter über uns hinwegzieht, bin ich unendlich dankbar, nicht in meinem neuen Zelt schlafen zu müssen. Wieder wurde mir mehr geschenkt, als ich je erwarten durfte. Hochwasser trifft auch keines ein.

TAG 26, BATINA, KROATIEN-BOĐANI, SERBIEN

Batina, 45°51'13.9"N 18°51'14.9"E /
Bođani, 45°24'02.3"N 19°01'21.1"E

» **D**ie Serben sind hart und kühl; sehr unangenehm.« »Hüte dich vor den Kroaten. Das sind alles Nationalisten!« »Pass bloß in Bulgarien auf. Die Zigeuner klauen dir alles!« »Rumänien? Da wimmelt's von Verbrechern!« »Sei bloß froh, wenn du durch Ungarn durch bist. So ein arrogantes Volk.«

Was musste ich mir nicht alles anhören über die Völker entlang der Donau. Was erlauben wir uns, wenn wir unsere Vorurteile so ungefiltert herumposaunen? Fast jeder warnte mich vor irgendwem. Und bisher habe ich ausnahmslos zugewandte, offene, hilfsbereite, gastfreundliche, ehrliche Menschen kennengelernt. Polizisten, Zöllner und Kellner mal ausgenommen. Aber das hat Gründe jenseits der Nationalitäten.

Matthias und ich paddeln um acht Uhr früh los. Unsere Gastgeber müssen zur Arbeit. Es ist Montag. Ich merke, wie weit Wochentage und Uhrzeiten von meinem Leben entfernt sind. Diese Erfindungen gibt es erst seit einem Bruchteil der Menschheitsgeschichte, und wir glauben, ohne Kalender nicht mehr leben zu können. Auch die Uhrzeit haben wir erfunden und völlig vergessen, dass Menschen Ewigkeiten ohne lebten. Wenn ich das den Leistungsversessenen erkläre, zeigen sie mir den Vogel; dann würde ja ihre 3.000 Euro teure Breitling keinen Sinn mehr machen.

Nach ein paar Kilometern fragt Matthias, ob er mein SUP ausprobieren dürfe. Ich könne auch mal seine Piroge fahren. Also tauschen

144

wir unsere Flussfahrzeuge. Die Piroge hat sogar ein Fuß-Lenkrad, mit dem man sehr wendig steuern kann. Ein bisschen zu wendig für mich, denn aus dem Nichts liege ich im Wasser und Matthias' Sachen treiben um mich herum. Panisch schiebe ich alles zwischen Ausleger und Hauptboot und versuche schwimmend, das Gefährt Richtung Land zu bugsieren. Da ich meinen linken Daumen nicht benutzen kann, brauche ich fast zehn Minuten. Erst jetzt merke ich, dass meine Sonnenbrille nicht mehr auf meinem Kopf sitzt. Die 300 Euro teure! Ich fluche und schmeiße meinen Hut mit voller Wucht auf den Strand. So unnötig! Warum habe ich mir nicht ein Bändchen umgebunden? Weil ich zu eitel bin! Weil ich solche Bändchen opahaft finde. Nur deshalb. Und jetzt habe ich Idiot zu recht keine Brille mehr. Doch dann beruhige ich mich – die Urzeitmenschen hatten auch keine Sonnenbrille. Ich werde ohne zurechtkommen. Dafür sind unsere Augen schließlich ausgestattet. Und diese teure Brille trägt die Energie einer Luxusuhr in sich. Ich verzichte ab jetzt drauf.

Matthias und ich setzen unsere Fahrt getrennt fort. Jeder in seinem Vehikel. Er will täglich 60 Kilometer machen und wartet irgendwo bei Kilometer 1.360 auf mich. Ich bin froh, wieder allein zu paddeln. Es gibt mir ein größeres Gefühl der Freiheit und Wildheit. Ich spüre eine gewisse natürliche Rohheit in mir. Ich möchte nicht auf Manieren achten müssen, will ungeniert im Stehen von meinem Brett ins Wasser pinkeln, keine Kompromisse machen, keine Diskussionen führen. Mein Körper funktioniert am besten, wenn er sich nicht um Konventionen und Regeln kümmern muss. Je länger ich mich auf dem Wasser und damit in der Natur bewege, desto deutlicher folge ich meinem Körper und seinen biologischen Funktionen. Ich esse, wenn ich hungrig bin und entleere meinen Körper rückwärts schwimmend in der Donau. Wer braucht schon ein Bidet?

Ich spüre die Künstlichkeit unseres gesellschaftlichen Lebens immer deutlicher, die Mühen, die sogenannte gute Erziehung, die überlieferten Werte und Scheinheiligkeiten, die kulturellen Leiern. Auf dem Wasser will ich ganz und gar ich sein.

Seit Beginn der Tour gibt es kein Drinnen mehr. Nur noch ein Draußen. Ich muss mich nicht mehr vor der Natur schützen. Sie ist mein Zuhause geworden. Seit Ungarn umschwirren mich hornissengroße Insekten, die aussehen wie Bremsen und auch genau so weh tun. Sie kreisen in Scharen um mich herum und setzen sich auf mich, um Stücke aus meiner Haut zu beißen. Ich schreie jedes Mal laut auf, wenn sie mich erwischen und schlage um mich. Sie kommen immer gegen 17 Uhr und stechen sich für eine knappe Stunde durch die Welt. Dann verschwinden sie wieder.

Abends an Land sind die Moskitos das größte Problem. Sie kommen nach Sonnenuntergang für 60 Minuten zu Millionen aus ihren Löchern und würden uns Menschen komplett aussaugen, wenn sie nur könnten.

Es müsste eine Blutbank für Moskitos geben, an die wir einen Liter Blut im Jahr spenden und dann Ruhe vor den Biestern hätten. Ich überlege, Blut in eine Schale neben mich zu stellen, um sie abzulenken. Aber wahrscheinlich fehlt ihnen dann der Nervenkitzel und das Durchstechen meiner Haut.

Eine weitere Plage sind Ameisen. Ich habe noch keinen Platz in der Natur entdeckt, an dem es sie nicht gegeben hätte. Sie schaffen es sogar, in mein verschlossenes Zelt zu krabbeln. Angeblich wiegen alle Ameisen zusammen mehr als die gesamte Menschheit. Ich will es gern glauben.

Heute habe ich Bergfest. Die 1.400 fließt an mir vorbei. (Foto 43) Während ich anfangs jeden Kilometer feierte und mich freute, dem Ziel näherzukommen, nehme ich jetzt die Anzeigenschilder gelassen hin und weiß, dass mir die Natur unendlich fehlen wird, wenn ich wieder zu Hause bin.

Neben den Kilometeranzeigen stehen auch immer Minen-Warnschilder. Hier haben Menschen im Krieg Tretminen versteckt, damit der Feind das Land nicht betreten kann. Im Krieg sind solche Maßnahmen erlaubt, denn es geht ausschließlich ums eigene Überleben.

Die Frage ist nur, wer solche Minen herstellt. Wer schafft es, morgens in eine Fabrik zu gehen, Sprengsätze zusammenzustecken und abends guten Gewissens einzuschlafen? Wer kann eine solche Firma führen, von den Gewinnen seine Kinder ernähren und seiner Frau Schmuck schenken? Wer ist in der Lage, solche Minen in Kriegsgebiete zu verkaufen und anschließend eine Luxusreise zu genießen? Was sind das für entmenschlichte Schweine? Und sie werden in unserer Gesellschaft noch bewundert, weil sie protzige Autos fahren und in den fettesten Villen leben. Bei jedem Luxusschlitten frage ich mich, wie das Geld hierfür wohl zusammengekommen ist. Auch Gelder, die über Aktienfonds gewonnen werden, in denen Waffenfirmen eine Rolle spielen, sind absolut schmutzig und nicht vertretbar. Je länger wir in einer reinen Profitgesellschaft leben, desto amoralischer werden wir. Viele Menschen in unserer Gesellschaft haben längst vergessen, dass wir nicht alles dem Profit unterordnen dürfen.

Dies ist vielleicht mein letztes großes, geplantes Abenteuer. Auch wenn mir auf meiner Tour die Menschen immer wieder sagen, dass ich überhaupt nicht wie 47 aussehen würde. Doch wenn ich in den Spiegel schaue, meine grauen Schläfen und die Falten sehe, kann ich mein Älterwerden nicht leugnen. Auch fühlt sich mein Körper nicht mehr an wie mit Mitte 20 – obwohl mein Geist manchmal nicht glauben kann, dass mehr als die Hälfte dieses herrlichen Lebens schon vorbei sein soll.

Mein rechtes Knie schmerzt immer leicht, mein Rücken ebenfalls. Meine Schultern senden beim Paddeln ein Stechen aus, und meine Ellbogen sind so überlastet, dass sie sich nicht mehr ganz durchbiegen lassen. Aber ich lache über die Zipperlein, denn durch die körperliche Anstrengung und den Muskelaufbau sind meine Hüftschmerzen völlig verschwunden – ich konnte vor der Tour praktisch nicht mehr schnell laufen, ohne dass ich ein heftiges Stechen auf der rechten Seite spürte, meine Fußgelenke sind viel stabiler, sodass ich nicht mehr umknicke und mein Nacken fühlt sich frei und fest an.

Nach vielen ruhigen Stunden auf dem Brett entdecke ich Matthias'
Piroge am serbischen Ufer. Ich freue mich, ihn zu treffen und merke
gleichzeitig, dass ich mir diesen Zeltplatz niemals ausgesucht hätte.
Das Ufer ist extrem schlammig, sodass man praktisch nicht ins Wasser gehen kann. Auf einer kleinen Anhöhe steht sein Zelt auf hohem
Gras – ein Garant für Mücken und Ameisen. Dabei gibt es hier überall
wunderschöne Donaustände. Aber ich will ihn nicht kritisieren oder
nachfragen. Ich nehme diesen Platz an, baue mein Zelt auf und setze
mich zu ihm.

Er ist ein ruhiger, ausgeglichener Kerl und ganz bei sich. Er ist nie
künstlich, redet keinen Unsinn, versucht nicht, mir zu gefallen. Er ist
schon zwei Wochen länger unterwegs als ich, ist in Tuttlingen nach
der Donauversickerung losgepaddelt und schleppte seine Piroge auf
der Schulter um die Wehre herum. Ich wäre mit 21 Jahren niemals
für eine solche Tour bereit gewesen. Matthias hingegen ist ganz und
gar mit seinem Abenteuer verwachsen. Er hat noch nicht einmal ein
Smartphone dabei, keinen Computer, kein einziges Buch. Er erinnert
mich an Alexander Supertramp aus »Into the Wild« von Jon Krakauer. (Foto 44)

Ursprünglich wollte Matthias nur bis zum Eisernen Tor an der ser-
bisch-rumänischen Grenze paddeln, weil er befürchtete, vom Schwarzen Meer keine Möglichkeit zu finden, seine Piroge zurück nach
Belgien zu befördern. Doch nun hat er seine Schwester überzeugt, ihn
vom Schwarzen Meer abzuholen.

Er bietet mir an, gemeinsam zurückzufahren. Schon fangen meine
Gedanken an zu kreisen. Doch ich lasse alles auf mich zukommen.
Planen macht keinen Sinn, denn meine Tour ist weiterhin so unbe-
rechenbar, dass ich nicht weiß, wann, wo und wie ich mein Ziel
erreiche.

Spät abends kaufe ich mir 6 MB für 1,99 Euro, um diese Zeilen zu
verschicken und meiner Familie ein kurzes Lebenszeichen zu senden.
Trotz aller Nähe zur Natur spüre ich gleichermaßen die Nähe zu meinen Lieben. Ich spüre in meiner Verletzlichkeit und Heimatlosigkeit

während dieser Tour eine überwältigende Liebe zu meiner Familie. Ich bin häufig den Tränen nahe, wenn ich an sie denke. Das Reisen öffnet mein Herz, es macht mich angreifbar, nackt. Gleichzeitig weiß ich, dass sich meine Familie aus der Ferne leichter lieben lässt.

TAG 27, BOĐANI, KROATIEN-NEŠTIN, SERBIEN

Bođani, 45°24'02.3"N 19°01'21.1"E /
Neštin, 45°14'00.4"N 19°26'25.6"E

Seit Tagen, nein – seit Wochen – habe ich keinen Verkehrslärm mehr gehört. Keine Musik, keine Maschinen, kein iPhone, keine plappernden Massen. Ich habe fast nur die Natur gehört. Und sie überhörte ich meist, denn ihre Geräusche sind so natürlich, dass mein Unterbewusstsein sie ausblendet. Ich muss mich bemühen, das Plätschern der Donau zu hören, das Knistern meiner Brettspitze im Wasser, die Vögel, das Rauschen des Winds. Nach vier Wochen auf dem Fluss und in der Natur herrscht in mir eine Stille, wie ich sie bisher höchstens aus Meditationsseminaren kannte. Doch diese Stille war künstlich herbeigeführt. Die Stille jetzt ist echt und unverfälscht. Sie ist ein Teil meiner inneren Welt geworden. Erst jetzt, beim Schreiben, merke ich, dass ich diese Stille seit Jahren vermisst habe. Wenn Stille spricht, habe ich seit Ewigkeiten nichts von ihr gehört. Es kommt mir vor, als wäre sie der eigentliche Grund für diese Reise.

Doch die Stille verschwindet manchmal, weil ich nicht mehr allein unterwegs bin. Aber Matthias ist ein eher ruhiger Mensch, der niemals unnötigen Lärm verbreiten würde. Und doch ist das Reisen zu zweit tausendmal lauter als meine Zeit allein.

Mein Daumen fühlt sich heute Morgen sehr viel besser an. Die Schwellung geht langsam zurück, und ich kann das Gelenk wieder bewegen – wenn auch nur um wenige Millimeter. Doch als ich versuche, den Reißverschluss meiner Hose mit der linken Hand zu kontern, merke ich, dass es noch Tage dauern wird, bis ich den Daumen wieder richtig einsetzen kann. Aber ich komme ohne ihn gut zurecht. Die pochenden Schmerzen, die von der Schwellung verursacht wurden, sind verschwunden.

Aber auch mit nur einem Daumen mache ich alles schneller als Matthias – essen, packen, reden, einkaufen. Doch ich fühle mich dabei nicht verkehrt oder hektisch, wie häufig in Deutschland. Ich stelle fest, dass ich jemand mit viel Energie und einer natürlichen Effizienz bin. Daher paddele ich bereits vor ihm los, und ich freue mich, allein zu sein.

Es ist ungerecht – aber ich wäre gern wieder ohne ihn unterwegs. Andererseits bin ich froh, jemanden zu haben, mit dem ich dieses Abenteuer teilen kann. Der abends mit mir ins Restaurant geht, tagsüber irgendwo wartet und Brot und Käse gekauft hat. Doch werde ich mich früher oder später von ihm trennen müssen. Ich verliere mich zu zweit. Mein Timing war so perfekt. Ich wusste immer genau, wo ich anhalten musste, wann ich weitermusste, mit wem ich sprechen und wann ich lieber weiterpaddeln sollte. Jetzt, im Verbund mit Matthias, gibt es eine Hintertür. Er könnte mich aus brenzligen Situationen herausholen – und schon bin ich nicht mehr so aufmerksam wie zuvor. Bis zur Trennung am Eisernen Tor sind es noch knapp 300 Kilometer – fünf Tage also. In dieser Zeit möchte ich seine Gegenwart genießen und mir ein bisschen Unaufmerksamkeit gönnen. Dann bleiben mir immer noch 900 Kilometer ohne Begleitung.

Fast jedes Dorf, an dem ich vorbeikomme, trägt Kriegsnarben. Häuser stehen als Ruinen herum, Kirchtürme staken geköpft in den Himmel, Straßen enden plötzlich im Nichts. Kroatien leidet immer noch unter den Kriegsfolgen und kommt offenbar nicht über die Verluste hinweg. In Deutschland sah es 20 Jahre nach dem Krieg nicht mehr so aus. Wir haben mit den Schäden und der Schande ganz schnell aufgeräumt. Kroatien behält sich vor, überall Mahnmale stehen zu lassen – gegen das Vergessen. Es ist eine andere, ebenfalls schmerzhafte Form der Vergangenheitsverarbeitung.

Die Donaustrände sind weiß wie Puderzucker. Überall stehen Holzhütten auf Stelzen in den Wäldern. Die Kroaten verbringen ihre
Sommermonate auf den Donauinseln, feiern, angeln, baden, lachen.
Ihre Art hier ist ganz anders als in den Dörfern. Geht es ihnen wie
mir? Befreit die Natur von der Last der Vergangenheit? Von der ganzen Schwere der Kriege, Verbrechen, Profitorientierung und Effizienz?

An einem besonders hübschen Strand winken mich drei Jungs
zu sich. Der Geruch ihrer Joints wabert übers Wasser. Es sind drei
Serben, die den Sommer auf kroatischer Seite verbringen. Ihnen ist
Politik egal. Jetzt herrsche Frieden, und das solle auch so bleiben.
Ob ich mal ziehen wolle. Ich erkläre, dass ich heute noch mindestens
30 Kilometer paddeln vor mir hätte. Daraufhin drücken sie mir einen
frisch gebauten Joint in die Hand – für danach. Die drei haben ein
Motorboot, drei vollgeladene Autobatterien, ein paar Kühlboxen,
ihre Angeln, was zu rauchen und Badehosen.

»Das reicht«, sagt einer, »mehr braucht man doch nicht, oder?«
Wie Recht sie haben. Ich trinke noch einen Becher eiskaltes, aber
chlorhaltiges Wasser und verabschiede mich. (Foto 46)

Das einfache Leben an diesen Stränden erinnert mich an Indien. Ich
habe vor Jahren auch wochenlang am Strand geschlafen, mein Essen
auf Feuer aus Kokosnussschalen zubereitet und einfach nur genossen,
dass ich nichts machen musste. Wenn es mir zuviel mit dem Nichts-
tun wurde, bin ich weitergezogen. Einmal habe ich Saddhus kennengelernt – indische Bettelmönche. Sie wandern nur mit einem kleinen
Sack und einem Wanderstab durch den Subkontinent und leben von
dem, was ihnen die Menschen geben. Da es in Indien Tradition ist,
zehn Prozent des Einkommens für gute Zwecke abzugeben, müssen
Saddhus nie Angst haben, zu verhungern. Einige sind sogar dick.

Saddhus sind in Indien Heilige. Sie haben nicht mehr zu verlieren.
Sie haben alles aufgegeben. Sie haben keine Frau und keine Kinder,
keinen Kontakt zu ihren Familien oder früheren Freunden. Sie ziehen
immer allein durch die Welt und sind jedem Inder ein Vorbild. In dem
Land muss niemand verhungern, denn jeder kann Saddhu werden.

Ich bin Meilen davon entfernt, ein Wasser-Saddhu zu werden. Jede neue Nachricht auf meinem Handy lässt mein Herz höherschlagen, jedes gute Restaurant macht mich glücklich, und sämtliche Bequemlichkeiten wie Schuhe, Zelt oder Zahnbürste sind für mich unverzichtbar.

Die Menschen hier und in Indien verbindet eins: Sie haben Zeit. Und das haben sie den Reichsten der Reichen in meiner Heimat voraus.

Während der Mittagspause in einem kleinen Imbiss im weiterhin stark beschädigten Vukovar telefoniere ich mit Kollegen. Ich merke, wie weit ich von ihnen entfernt bin. Sie haben kein Ohr für meine Reise. Es geht ihnen um ihre Projekte, den damit verbundenen Stress und den permanenten Versuch, das Hamsterrad noch ein bisschen schneller zu drehen. Es kommt mir aus der Ferne wie ein Zwang vor. Ihnen geht es nie um ein er-fülltes Leben, es geht ihnen um ein be-fülltes Leben – vollgepackt mit Besitz und dem Gefühl, es dadurch zu etwas gebracht zu haben. Sie verwechseln gutes Leben mit vollem Bankkonto und Besitztümern.

Abends treffe ich Matthias wieder. Wir entscheiden, heute schon nach 40 Kilometern Schluss zu machen. Der Gegenwind war zu heftig, um die angepeilten 60 zu erreichen. Wir halten an einem kleinen Gasthof. Drei Rentnerpärchen sitzen um einen Tisch und sprechen uns in perfektem Deutsch an – wenn auch mit einem eigentümlichen Dialekt. Es sind Donau-Schwaben, ihre Vorfahren sind vor 300 Jahren nach Osten gezogen und haben die Sprache aus der alten Zeit ins Heute gerettet.

Während Matthias und ich unsere Zelte aufbauen, bereiten die Männer den Grill vor. Es gibt Ziege – und zwar eine ganze Ziege. Sie ziehen eine Eisenstange durch das Tier, reiben es ein und hängen es an einer Vorrichtung über das Feuer. Drei Stunden brauche das Tier, wir seien herzlich eingeladen. (Foto 45)

Ich komme mit einem der Männer ins Gespräch. Er ist hager, fast so groß wie ich und hat permanent Schluckauf.

»Seit drei Jahren geht das so«, erzählt er. »Kein Arzt kann mir helfen. Selbst nachts habe ich diesen verdammten Schluckauf. Er hört nie auf, und ich kann nie länger als ein, zwei Stunden am Stück schlafen.« Als ich ihn frage, ob er es schon mal bei Alternativmedizinern versucht habe, fragt er, was das sein soll.

»Heilpraktiker zum Beispiel«, sage ich.

»Sowas gibt's hier nicht.«

Ich frage ihn, ob er sich als Serbe fühle.

»Nein. Ich fühle mich staatenlos. Ich bin Donau-Schwabe. Ich brauche keinen Staat. Es gibt das undefinierte Donau-Schwabenland, und das genügt uns. Wenn wir ins echte Schwabenland fahren, fühlen wir uns zwar wohl, aber nicht zu Hause. Für uns ist hier die Heimat. Sie hat aber nichts mit dem Staat zu tun, in dem diese Heimat liegt. Ich habe einen serbischen Pass, er könnte aber genauso gut kroatisch oder sonst was sein.«

Die Ziege schmeckt – nach Tier. Vielleicht ist das der Geschmack, den die Menschen hier besonders lieben. Es sind noch mehr Donau-Schwaben eingetroffen, die über die Ziege herfallen, als hätten sie seit Tagen nichts gegessen. Da Matthias Vegetarier ist, hat er sich längst in sein Zelt verkrochen. Ich folge ihm später unauffällig. Hoffentlich sind die lieben Donau-Schwaben nicht allzu enttäuscht, dass ich nur eine Portion Ziege gegessen habe.

Wenn ich abends im Zelt liege und diese Zeilen schreibe, läuft mir der Schweiß herunter. Mein neues Zelt ist schlecht belüftet. Es herrschen weit über 30 Grad hier drin. Doch kann ich den Reißverschluss nicht öffnen, weil sonst die Moskitos ihre blutige Schlacht beginnen. Ich sehne mich in die Kälte meiner ersten Tage zurück – da herrschten nachts noch fünf Grad, mein Schlafsack war viel zu dünn. Dazu hatte meine Isomatte ein Loch, und ich fror derart, dass ich vor Kälte hätte ausrasten können. Vielleicht sehne ich mich dahin doch nicht zurück.

TAG 28, NEŠTIN–NOVI SAD, SERBIEN

Neštin, 45°14'00.4"N 19°26'25.6"E /
Novi Sad, 45°13'42.4"N 19°48'04.8"E

Täglich traue ich der Welt mehr. Anfangs habe ich mein Brett noch mit einem Schloss festgebunden. Mittlerweile lasse ich es einfach in der Natur liegen und weiß, dass es niemand klauen würde. Wozu auch? Kein Mensch hier kann mit dem Teil etwas anfangen. Die meisten haben in ihrem Leben noch nie ein SUP gesehen. Wer mir auf einem Boot begegnet, streckt die Daumen in die Höhe und ruft mir begeistert etwas auf Serbisch zu. Fast niemand spricht Englisch.

Die Einfachheit meines Lebens ist der Schlüssel zu meinem Glück. Ich mache immer nur eine Sache – nie zwei oder mehrere gleichzeitig. Wenn ich paddele, dann paddele ich. Wenn ich Kakao trinke, trinke ich Kakao, wenn ich schweige, schweige ich und tue nichts Anderes. Wenn ich in die Donau springe, gibt es keine andere Sinnes- oder Geisteswahrnehmung. Hier draußen gibt es keine Theorie. Es gibt nur die Praxis. Alle Probleme lösen sich im echten Leben auf, nicht im Kopf, am Schreibtisch oder in Arbeitskreisen. Das ist der Unterschied.

In den langen Stunden der Einsamkeit und Eintönigkeit, entdecke ich kleine Nuancen von Graugrün in der Donau. Der Fluss hat nie die gleiche Farbe und verändert sich permanent. Die wenigen Fremdeindrücke schärfen meine Sinne. Ich spüre alles – die Winddreher, das Zunehmen der Strömung, steigende Luftfeuchtigkeit oder Tiefdruck. Ich kann zwar nicht das Wetter voraussagen, spüre aber, dass eine Veränderung ansteht.

Hinter mir hält ein Boot auf mich zu. Zwei Männer reden auf mich ein, als würde ich ihre Sprache verstehen. Sie bieten mir Bier, Schnaps,

Wasser, Kirschen und Mirabellen an. Ich setze mich auf meine Hecktasche, halte mich an der Reling fest und lasse mich einen Kilometer
mitziehen, bis sie in einen Hafen einbiegen.

Es fühlt sich herrlich an, ohne Muskelkraft übers Wasser zu gleiten. Ich habe ganz vergessen, was für eine Kraft Motoren haben
und welchen Luxus sie uns bieten. Seit ich in der Grundschule eine
Dampfmaschine als Bausatz verstanden habe, frage ich mich, warum
Hochkulturen wie die alten Ägypter, Griechen oder Römer nicht auf
eine so simple Idee gekommen sind. Und heute frage ich mich, welche
einfache Idee wohl in der Atmosphäre schlummert und wer sie wann
entdecken mag, um das Leben auf diesem Planeten ein weiteres Mal
auf den Kopf zu stellen.

Ich mache in einem kleinen Dorf fest, um einen Supermarkt zu suchen
und eine Kleinigkeit zu essen. Niemand spricht Englisch. Die Landmenschen in dieser Region sind fürchterlich arm, fast jeder, der mir
begegnet, scheint ein Alkoholproblem zu haben – zumindest lassen
rote Gesichter, Tränensäcke und die Getränke in ihren Händen und
auf den Tischen darauf schließen. Und alle bieten sie mir das an, was
sie am meisten mögen: Alkohol. Die Offenheit und Freundlichkeit der
Menschen ist rührend. Sie scheinen völlig unverdorben zu sein von
einer Gesellschaft, die ihnen Angst vor Fremden einredet. Sie haben
zu wenig zu verlieren, als dass sie Angst vor mir haben könnten. Ihre
Gastfreundschaft konnte auch der Krieg nicht brechen.

Ich spüre immer mehr, wie besonders diese Tour ist, wie einmalig.
Denn es ist das erste Mal, dass ich einen langen Fluss erSUPe. Alle
Wiederholungen würden die Erlebnisse nur aufwärmen und wieder-
käuen. Gleichzeitig träume ich von anderen Flüssen: dem Ganges,
dem Nil, der Loire. Vielleicht nicht mehr so lange Touren wie jetzt,
sondern kürzere, intensive Reisen in herausragenden Regionen.

Mein Körper hat sich dem Paddeln komplett angepasst. Anfangs
stand mein linker Fuß immer ein bisschen vor dem rechten. Mitt-

lerweile stehe ich parallel, außer bei Gegenwind, wenn ich in den Surfschritt falle. Auch diesen beherrsche ich jetzt beidfüßig.

Heute muss ich bei Seitenwind stundenlang auf rechts paddeln, und es macht mir nichts aus. Ich wiege sicherlich zehn Kilogramm weniger als noch vor einem Monat. Ich bin nicht der Typ, dem große Muskelpakete wachsen. Ich werde bei hohem Kalorienverbrauch eher schlank und sehnig. Wenn ich mich im Spiegel betrachte, was seit Tagen nicht der Fall war, könnte man auch »ausgemergelt« sagen. (Foto 47)

Ich erreiche die Ausläufer Novi Sads und beschließe, an einem der Strände Halt zu machen. Hinter einer kleinen Anhöhe gibt es einen Park. Außer der Diskomusik, die über den Fluss wummert, habe ich einen guten Platz erwischt.

Nachts grölen Betrunkene über den Strand. Ich binde jetzt doch mein Boot mit einem Schloss an einem Fahrradständer fest. Jemand, der beides gemeinsam wegschleppen will, müsste nüchtern sein.

Ich liebe die Abende; wenn ich wieder mein Pensum geschafft habe, mein Zelt steht, meine Arme und Beine in einen Entspannungsmodus fallen und ich schreibend über den Tag nachdenke. Nahrung brauche ich abends nicht viel. Es fühlt sich so gut an, keinen Hunger zu haben, keine Leiden, kein Paddeln mehr. Ich spüre die Lebendigkeit meines Körpers in seiner ganzen Intensität. Abends am Lagerfeuer in der Natur gibt es nur mich, die Dankbarkeit, am Leben zu sein und diese intensive Gegenwart. (Foto 48)

Die Hindernisse des Tages, die Erschöpfung, die Abenteuer, das Unwägbare, die Gefahren – nichts möchte ich missen. Die fehlende Bequemlichkeit und Vorhersehbarkeit des Alltags sind Meilen entfernt. Nie wieder möchte ich ein Leben führen, das keine Überraschungen parat hält.

Abends trinke ich mehr als zwei Liter Wasser. Gerade bei der serbischen Hitze ist mein Flüssigkeitsverlust schwer zu decken. Dabei halte ich tagsüber stündlich an, trinke mindestens einen halben Liter, esse Kleinigkeiten und versuche, mich im Schatten von Bäumen zu erholen.

TAG 29 NOVI SAD– SLANKAMENAČKI VINOGRADI, SERBIEN

Novi Sad, 45°13'21.7"N 19°48'37.4"E /
Slankamenački, Vinogradi, 45°10'16.3"N 20°13'22.8"E

Als ich vor der Reise an Novi Sad dachte, kamen mir Krieg und Terror in den Sinn. Ich hatte großen Respekt vor der Stadt und kein gutes Gefühl. Gleichzeitig wusste ich, dass Novi Sad bereits ein Meilenstein auf dem Weg ins Schwarze Meer sein würde. Ich hatte mir gesagt: Wenn ich Novi Sad packe, dann packe ich alles. Und tatsächlich gibt es in mir keinen Zweifel mehr, dass ich diese Reise zu Ende bringen werde. Das Schwarze Meer wird kommen, solange nichts Schlimmes dazwischenkommt: Krankheiten, SUP geklaut, Hochwasser. Aber seit wann male ich den Teufel aufs Wasser?

In Novi Sad stehen zerstörte Pfeiler von kaputt gebombten Brücken in der Donau. Dazu stürmt ein heftiger Südwestwind, der den Fluss unruhig werden lässt. Ich muss die ganze Zeit auf der linken Seite paddeln, um nicht gegen die Böschung gedrängt zu werden.

Am Ufer zeigen mir Ruinen und zerschossene Uferbefestigungen, was hier vor 20 Jahren losgewesen sein muss. Gleichzeitig dringt seltsame Balkan-Musik an mein Ohr. Sie klingt fast arabisch, ein bisschen traurig. Die Serben sind mir noch völlig fremd.

Ich mache mein Brett neben einem deutschen Gastanker fest. Der Kapitän spricht Hessisch, trägt graues, langes, offenes Haar und wiegt so viel wie zwei Öltanks.

»Wo willsch du dann hiin?«, fragt er in seiner Mundart. Als ich »Schwarzes Meer« sage, stellt er fest, dass wir doch etwas gemeinsam hätten und lacht. Der Mann ist etwa in meinem Alter, ein warmherziger Seebär, und er verspricht auf mein Brett aufzupassen, während ich in Novi Sad einkaufen gehe.

In einem kleinen Café checke ich meine Mails: Matthias möchte mich um die Mittagszeit in Novi Sad treffen. Zu meiner Überraschung erhalte ich noch eine Mail von einem serbischen Fernsehteam, das heute Mittag ein Interview mit mir führen möchte. Ich rufe eine Nummer an und werde immer wieder verbunden, bis endlich jemand Englisch spricht. »Ja«, sagt eine Frau in gebrochenem Englisch, »wir können in einer Stunde bei Ihnen sein.«

Ich lege mich auf eine Bank in einen Park und schaue an einem Kirchenkreuz vorbei in den Gewitterhimmel. Es ist schon seltsam, dass es die Kirche immer wieder schafft, mir Göttlichkeit näherzubringen. Die Wolken rasen an dem goldenen Kreuz vorbei, dahinter zucken Blitze, der Donner nähert sich in grollendem Eifer. Natur und Göttlichkeit und Einssein und Geborgenheit – alles zusammen lässt mich plötzlich denken, dass sich der Tod so anfühlen muss. Wenn man kein Körper mehr, sondern mit allem verbunden ist: mit den Wolken, den Blitzen, dem goldenen Kreuz, der gespannten Atmosphäre. Und dann fängt es an zu regnen, und mein Gefühl der Einheit schwindet aus dem nass werdenden Leib, der sich ins nächste Restaurant flüchtet. Draußen bricht ein solches Unwetter los, dass die Scheiben wie mit Wassereimern begossen werden und draußen noch nicht einmal mehr Schemen zu erkennen sind. Wieder zieht ein heftiges Gewitter über mich hinweg, während ich im Trockenen sitze. Diese Tour ist tatsächlich gesegnet.

Pünktlich zum verabredeten Zeitpunkt hört es auf zu regnen. Ich treffe ein durchnässtes Kamerateam am Markplatz – niemand spricht Englisch. Ich hole den Wirt aus dem Café, in dem ich den Gewittersturm abgewartet habe, damit er für uns übersetzen kann. Irgendeine Lösung gibt es immer. Der Mann fragt einen befreundeten Gast, ob der kurz den Laden schmeißen kann und übersetzt. Es sind die üblichen Fragen, die ich schon hundertmal beantwortet habe – warum das Ganze, wie lange, was war das Beste, was das Schlimmste? Ich antworte wie immer, als würde ich die Fragen zum ersten Mal hören. Anschließend drehen wir noch ein paar Bilder an der Donau. Abends soll ein Beitrag auf irgendeinem serbischen Sender laufen, den ich nie im Leben sehen werde.

Kurz drauf treffe ich Matthias. Er ist auf der Suche nach einem deutschen Drogeriemarkt, da er Vegetarier ist und sich ausschließlich von Biolebensmitteln ernährt. Als wir endlich einen dm entdecken, kaufe ich einen Apfelsaft, Wasser und Studentenfutter. Alles Weitere findet sich am Wegesrand, denke ich und schaue, was Matthias macht. Zu meinem Entsetzen sehe ich, dass er Schokolade klaut. Er lässt sie einfach in seine Tasche fallen und tut so, als wäre das sein Einkaufswagen. Der billigste Trick der Welt.

Draußen spreche ich ihn darauf an. Er schämt sich überhaupt nicht fürs Stehlen – für ihn ist das normal und gerecht.

»Es tut doch niemandem weh, oder? dm macht mit Sicherheit genug Gewinn. Außerdem sind die Deutschen die Amerikaner Europas. Da schadet es bestimmt nicht, wenn man denen etwas wegnimmt.« Da wir Französisch miteinander sprechen, bin ich offenbar kein Deutscher mehr für ihn. Ich versuche, Matthias das Gesetz der Anziehung zu erklären:

»Alles ist Energie. Verstehst du?« Er nickt. »Und Energien ziehen sich an oder stoßen sich ab. Wie Magneten. Je nachdem, welche Seite du in welche Richtung hältst. Klauen ist in meinen Augen negative Energie. Du wirst also mehr negative Energie anziehen und positive Energie von dir abwenden.« Matthias findet die Theorie zumindest interessant.

»Wer klaut, wird beklaut, wer gibt, dem wird gegeben. Dies ist ein Naturgesetz, auch wenn es schrecklich biblisch klingt. Aber da wir diese Energien nicht messen können, glauben wir nicht daran. Dabei stellt sich das Gesetz immer wieder als wahr heraus. Du musst nur drauf achten.«

Als wir an eine Kreuzung kommen, sind wir nicht mehr sicher, ob der Weg zur Donau links oder geradeaus liegt. Matthias spricht eine Frau an der Ampel an, doch diese reagiert nicht. Er ruft laut »Hallo!«, doch hat die Frau offenbar keine Lust, mit ihm in Kontakt zu treten.

Er schaut mich irritiert an. »War das der Beweis?«, fragt er bange. »Kann sein«, sage ich. »Finde es selbst heraus. Das Gesetz gilt immer. Du musst die Erfahrung aber selbst machen. Erst dann änderst du dein Verhalten.«

Obwohl es schon nach 13 Uhr ist und wir heute erst fünf Kilometer gepaddelt sind, streben Matthias und ich Kilometer 1.200 an, 60 Kilometer Tagespensum.

Heute habe ich Phasen, in denen ich wie im Halbschlaf paddele. Ich entdecke Gebäude am Uferrand, die dort nicht stehen, sehe Strände mit Menschen, die nicht existieren, Boote, die mir nie entgegenkommen. Wahrscheinlich stehe ich kurz vor dem Hitzschlag. Es herrschen fast 40 Grad im Schatten – wobei Schatten auf dem Wasser nur unter meiner Hutkrempe herrscht. Matthias ist mit seiner Piroge längst verschwunden. Ich steuere das Ufer an, lege mich in den Schatten eines Baums und schlafe sofort ein.

Gegen 20 Uhr entdecke ich endlich Matthias' Piroge am linken Ufer. Er hat schon wieder einen Schlafplatz gewählt, an dem ich mit Sicherheit vorbei gepaddelt wäre. Vor allem, da am rechten Ufer ein hübsches Dorf auf gewaltigen Sandklippen steht. Die Landschaft hat sich seit Novi Sad verändert. Es wird hügeliger und noch ursprünglicher – genau wie die Menschen. Wir übernachten auf dem Grundstück eines Schäfers. Er dürfte etwa in meinem Alter sein. Sein Name ist so kompliziert, dass ich ihn mir nicht merken konnte. Er hat fast keine Zähne im Mund, sein Gesicht ist vom Alkoholkonsum aufgedunsen, und seine Stimme ähnelt der von E.T., das kommt vom Kettenrauchen.

Der Mann wohnt in einem winzigen Haus auf Stelzen, er hat keinen Strom und kein fließendes Wasser, lediglich einen Brunnen. Den ganzen Abend läuft scheppernde Volksmusik aus einem batteriebetriebenen Radio. Er sitzt auf seinem Schemel, rotzt vor sich ins Gebüsch und schmeißt allen Müll hinterher. Er ist jemand, den ich zu Hause vermutlich ignoriert hätte. Heute Abend ist der Mann nicht nur ein Schnappschuss aus einer fremden Welt, sondern mein Nachbar. Mehr noch: Er ist mein Vermieter, denn ich zelte auf seinem Grund und Boden; und das auch noch umsonst. Außerdem stellt er mir seinen einzigen Stuhl neben mein Zelt.

Auch ich muss dem Mann ärmlich und seltsam vorkommen. Immerhin schläft er in einem richtigen Haus. Er hat einen kleinen Kocher, einen Tisch und einen Stuhl. Ich habe ein Zelt für 50 Euro, eine dünne aufblasbare Matte zum Schlafen und ein Paddelboard, auf dem ich mich Tag für Tag durch die stechende Sonne über einen nicht enden wollenden Fluss bewege. Wer ist hier der Exot? Der Mann stellt keine Fragen – selbst, wenn wir eine Sprache teilten, würde er mich nicht über meine Vergangenheit ausquetschen. Auch meine Zukunft würde ihn nicht interessieren. Er würde mich hinnehmen. Als Teil dieses Abends.

Trotz seiner unverkennbaren Armut und seines fürchterlich eingeschränkten Lebens bietet uns der Mann Bier und warmes Wasser an, das er über seinem Gasbrenner erhitzt hat. Auch Schnaps, Tabak oder Kaffee hätten wir von ihm bekommen. Gäbe es diese ganzen suchtmachenden Betäubungsmittel nicht, würde der Mann sich entweder umbringen oder versuchen, etwas aus seinem Leben zu machen. Aber so hat er immer etwas, worauf er sich freuen kann, was seinen Geist entspannt und die Last seines Lebens vergessen lässt.

Aber vielleicht schätze ich auch alles falsch ein. Immerhin hat er ein Handy. Als es klingelt, huscht ein Lächeln über sein Gesicht. Ich wünsche mir, dass er irgendwo eine Freundin hat, eine Familie, die ihn liebt und einen Traum, den er sich irgendwann erfüllen wird.

Ich bin so weit in den Osten vorgedrungen, dass es jetzt schon um neun Uhr dunkel wird. Zu Hause, in Kiel, ist es jetzt noch zwei Stunden hell.

Wenn ich auf die Donau blicke, sieht es aus, als würde es regnen. Dabei sind es nur die Mücken, die um diese Uhrzeit zu Millionen den Fluss und sein Umland belagern. Ich wäre jetzt gern in Kiel. Nicht daran denken! Es geht mir zu gut, um mich wegzuwünschen. Und doch kommen diese Gedanken immer wieder. Und in Kiel wünsche ich mich dann zurück an die Donau. Irgendetwas stimmt nicht mit uns Menschen. Zumindest mit mir nicht.

TAG 30, SLANKAMENAČKI VINOGRADI-BELGRAD

Slankamenački Vinogradi, 45°10'16.3"N 20°13'22.8"E / Belgrad, 44°51'00.0"N 20°35'24.5"E

20 Knoten Wind direkt ins Gesicht. Über zwei Stunden kämpfe ich gegen Wellen und Böen an, bis ich nicht mehr kann. Ich stoße einen Schrei aus; ein langes »Aaaah«. (Foto 49) Danach bin ich heiser. Doch dann kehrt die Energie zurück und ich kämpfe weiter. Ich lasse alle Menschen in meinem Gehirn erscheinen, die ich nicht mag. Gegen sie kämpfe ich. Ihnen allen zeige ich, was für ein Fehler es ist, mich nicht zum Freund haben zu wollen. Ich münze Wut in Kraft um und komme Belgrad immer näher.

Als ich links eine Bar aus Zeltplanen und Plastikstühlen entdecke, steuere ich das Ufer an. Ich mache mein Board neben ein paar kleinen Motorbooten fest und betrete die Kneipe. Hier stehen fünf Tische. An jedem sitzt ein Mann allein vor seinem Bier und nickt mir zu. Es sind Fischer, die auch eine Pause brauchen. Sie verbringen genau wie ich den ganzen Tag auf dem Wasser in der prallen Sonne. Mein SUP sieht zwischen ihren Arbeitsgeräten lächerlich bunt, modern und sinnlos aus.

Am letzten Tisch frage ich auf Englisch, ob ich mich dazusetzen dürfte. Der Mann, der dort sitzt, nickt und bietet mir eine Zigarette an. Ich lehne lachend ab. Er versteht – ich bin von weit her gekommen mit eigener Muskelkraft. Da sind Zigaretten keine guten Begleiter.

Es gibt nur ein Gericht – Fischsuppe. Dazu bestelle ich eine große Flasche Wasser und einen Apfelsaft. Auf meine deutsche Apfelschorle kann ich nur schwer verzichten. Warum sollte ich auch?

Während ich auf meine Suppe warte und wie alle anderen auf die Boote und die Donau starre, spricht mich plötzlich jemand von der anderen Seite der Terrasse auf Englisch an. Ein großer, schwammiger Typ möchte gern wissen, woher ich komme. Ich erzähle ihm von meiner Tour – und er fängt an zu klatschen. Dann übersetzt er für die anderen und plötzlich ernte ich von allen Männern und dem bisher schweigsamen, unfreundlichen Wirt Applaus. Ich lache und beschwichtige. Ich sage, dass ich noch fast 1.200 Kilometer vor mir hätte und noch längst nicht am Ziel sei.

In der Fischsuppe schwimmen Gräten. Echte Fischstücke finde ich tatsächlich auch ein paar. Aber die Suppe ist vorzüglich. Der Kellner kommt mit einem Tablett Schnaps an meinen Tisch – ein Typ, dem man lieber nicht nachts begegnen möchte. Er hat pechschwarze Haare, einen Zehntagebart, Hände wie Donauschollen und auf seinen Armen Tätowierungen von Ankern, dazu seltsame Zeichen und Gesichter. Er sagt mir etwas auf Serbisch, ich verstehe natürlich kein Wort. Die Sprache klingt, als würde ein besoffener Holländer Russisch nachäffen. Mein Tischnachbar nimmt ein Glas. Ich ebenfalls. Irgendwie werde ich das Zeug schon los, denke ich. Als alle Männer einen Kurzen mit urinfarbener Flüssigkeit in der Hand halten, spricht der Wirt einen Trinkspruch aus – ich glaube, er geht auf mich – und schüttet das gelbe Zeug in sich rein. Da ich direkt am Rand der Terrasse sitze, schütte ich mein Glas einfach hinter mich ins Gebüsch. Keiner bemerkt den Trick.

Der Wirt legt seine Hand auf meine Schulter und lächelt mich an. Dann spricht er mit warmer Stimme und schaut mich dabei respektvoll an.

»Er lädt dich ein«, übersetzt der Mann von der anderen Seite der Terrasse. »Das ist serbische Gastfreundschaft. Wir wissen, dass wir einen komischen Ruf in der Welt haben. Und du bist jemand, der an diesem Ruf etwas ändern kann.« Ich ziehe die Brauen hoch – wer bin ich schon? Ich bedanke mich immer wieder, sage »hvala, hvala« – »danke, danke«.

Als der Übersetzer gehen will, frage ich ihn, ob ich ihm eine Frage stellen dürfe. Er nickt.

»Erzähl mir deine Version vom Krieg, bitte. Ich kenne die Version der Kroaten. Aber das ist nur die halbe Wahrheit. Erzähl mir deine Wahrheit.«

»Wahrheit?«, fragt er und setzt plötzlich ein bitteres Lächeln auf. »Gibt es im Krieg Wahrheit? Ich denke nicht.« Er legt eine Hand auf sein Herz. »Die Kroaten sprechen aus Stolz. Ihre Version interessiert mich nicht. Ich spreche aus dem Herzen. Da liegt die Wahrheit. Es ist meine Wahrheit. Und sie gilt nur für mich. Höre auf dein Herz, Reisender. Dann kennst du die Wahrheit.« Er geht zu seinem Auto, winkt mir noch einmal zu. In seinen Augen liegt Verbitterung und Trauer. Wer weiß, wen er im Krieg verloren hat. Vielleicht seinen Vater oder einen Bruder. Ich sollte nicht so unbedacht schwierige Fragen stellen. Vielleicht versuche ich einfach nur nachzuholen, was nach dem Krieg in Deutschland versäumt wurde.

Ich erinnere mich, dass wir als Kinder im Bett unserer Großmutter immer nur Geschichten vom Krieg hören wollten. Uns interessierten die Abenteuer, die unsere Vorfahren in den beiden Weltkriegen erlebt hatten. Nicht ihre Taten oder Versäumnisse. Nicht der historische Hintergrund, nicht ihr Schweigen, nicht ihr Mitlaufen. Der pure Überlebenskampf, die Ankunft der Alliierten, die Gefangenen.

Und jetzt? Was will ich von den Serben und Kroaten hören? Was geht mich ihr Krieg an? Ihre Narben. Ihr Groll. Ihr Leid. Ich halte mich ab jetzt zurück. Mit Krieg geht man nicht so leichtfertig um, wie ich es getan habe. Ich komme aus einer viel zu heilen Welt, als dass ich den Menschen hier als Gesprächspartner taugen würde.

Nach der Mittagspause hat der Wind gedreht. Ich habe jetzt halben Wind und erreiche um 15 Uhr Belgrad. Matthias wartet vor einer Kaimauer mit mehreren Restaurant-Schiffen auf mich. Auf einem der Boote öffnet sich eine Tür in der Reling und ein Kellner winkt uns zu sich. Er breitet die Arme aus und ruft immer wieder »welcome, welcome«. Wir machen unsere Boote fest, werden von Borgan in den Arm genommen und zum besten Tisch des Restaurants geführt. Wir sind die einzigen Gäste. Dann verschwindet er und kommt fünf Minuten später mit einer Schale Obstsalat zurück.

»Das ist genau, was ihr jetzt braucht. Geht natürlich aufs Haus.« Ich erzähle Matthias, dass ich heute Mittag schon einmal eingeladen wurde. Er sagt, dass ihm das Gleiche auf der anderen Uferseite passiert sei. Matthias bestellt noch einen Pancake, ich ein Omelett. Borgan sagt, dass wir dafür leider zahlen müssten, sonst bekäme er Stress mit dem Chef. Anschließend leiht er uns zwei Fahrräder, damit wir die Stadt erkunden können.

Nach einem guten Kilometer sind wir in der Fußgängerzone. Belgrad ist wunderschön; eine Mischung aus Paris und Berlin vor 20, 30 Jahren. Schicke, neue Gebäude neben Altbauten der Jahrhundertwende mit einem leichten Touch ins Schmuddelige. Überall blättert der Lack ab. Die Stadt muss früher knallbunt gewesen sein. Heute sind die Häuser pastellfarben, orange, gelb oder rot, der Ziegel schaut an vielen Wänden durch. Ich fühle mich sofort heimisch. Die Menschen haben fast alle ein Lächeln im Gesicht. Niemand rennt gehetzt umher, keine aufdringlich lauten Handy-Gespräche, keine Typen, die einem Hütchenspiele aufdrücken wollen. Keines der Vorurteile stimmt – auch diese Stadt wird mich wiedersehen.

Wie jede Stadt auf meiner Reise, mache ich Fast-Food-Sightseeing. In drei Stunden ist Belgrad abgeklappert. Es geht nicht anders. Ich bin zum Paddeln hier. Für die Donau. Für die Wildheit. Kultur mache ich ein anderes Mal.

Borgan spendiert uns zum Abschied noch einen Eiskaffee. Mittlerweile sind noch mehr Kellner anwesend. Wir machen Selfies, tauschen Facebook und Instagram-Kontakte aus, versprechen Borgan, ihn eines Tages in seiner Heimatstadt Sivac zu besuchen und paddeln weiter.

Uns bleibt noch eine gute Stunde bis Sonnenuntergang. Wir brauchen dringend einen Schlafplatz. Etwa fünf Kilometer hinter Belgrad entdecken wir eine ausrangierte Barke. Als wir näherkommen, erkennen wir, dass die Seitenwand viel zu hoch ist, um an ihr hochzuklettern. Vor allem würden wir nur schwer das Gepäck nach oben hieven können. Außerdem fiepen Ratten im Bootsinnern. Doch ich träume weiter davon, einmal auf einem alten Kahn zu schlafen.

Wenig später taucht eine Insel auf. Die Sonne ist schon untergegangen. Im letzten Licht dieses Tages erkennen wir, dass das Ufer schlammig ist, überall liegt Müll herum, und es riecht nach Urin. Als wir die Insel trotzdem betreten, setzt Wind ein, es nieselt sogar leicht. Zum ersten Mal seit Wochen schwirren abends keine Moskitos durch die Luft. Es kommt uns beiden wie ein Wunder vor.

Matthias hat eine Konservendose so präpariert, dass sie uns als Kocher dient: mit drei Löchern an der unteren Seite und Einkerbungen am oberen Rand. Meine Gasflasche ist längst leer, und das Patent gibt es hier nicht. Wir machen ein kleines Feuer in der Dose, der Wind heizt gut ein. Das Wasser kocht nach ein paar Minuten. Matthias isst eine Fertigsuppe, ich trinke meinen abendlichen Kakao. Besser kann es uns nicht gehen.

Mittlerweile will ich Matthias nicht mehr loswerden. Vielleicht auch, weil ich das Gefühl, allein zu sein, jetzt verloren habe.

TAG 31, BELGRAD–SMEDEREVO

Belgrad, 44°51'00.0"N 20°35'24.5"E /
Smederevo, 44°40'09.6"N 20°55'43.4"E

Dieser Strom hat nichts mehr mit der Donau aus Deutschland oder Österreich zu tun. Seit Belgrad ist die Donau so breit, dass ich die Kilometerangaben selbst von der Mitte des Flusses aus nicht mehr lesen kann. Und die Schilder sind so groß wie eine Schultafel. Ich schätze, dass die Donau hier einen Kilometer breit ist.

Sie ist träge geworden. Alt und weit. Die Strömung ist lächerlich im Vergleich zum Anfang. Sie plätschert. Vielleicht liegt das aber auch an dem Wehr, das in 140 Kilometern kommt. Es ist der Ausgang des Eisernen Tors und soll gewaltig sein.

Wenn nach einer Biegung der Horizont auftaucht, ist er mindestens zehn Kilometer entfernt. Am Anfang kamen teilweise alle 100 Meter neue Kurven. Jetzt paddele ich stundenlang auf das gleiche Ziel zu und habe das Gefühl, kein Stück voranzukommen.

In Österreich fragte mich ein Arbeiter auf einem Schiff, an dem ich festgemacht habe, ob so eine Tour nicht fad sei. Doch, hatte ich geantwortet. Fast immer. Aber die wenigen nicht faden Momente sind dafür umso schöner.

Manchmal ist mir das Fade, das Langsame, das Eintönig egal, denn ich weiß, dass ich irgendwann das Schwarze Meer erreichen werde. Und dann gibt es Momente, in denen es mir nicht egal ist, und ich weiter auf die linke Uferseite paddele, um die Kilometerangaben lesen zu können. Auf dem letzten Schild steht 1.117. In ein paar Kilometern kommt links schon das rumänische Ufer, dann kehre ich zurück in die Europäische Union. Das wäre mir grundsätzlich egal. Doch in Rumänien habe ich wieder Netz und kann auf Google Maps schauen, auf welcher Seite ich die Donauinseln umfahren sollte. Jetzt steuere ich nach Gefühl und liege trotzdem meist richtig.

Fische springen um mein Brett herum, riesige Muscheln treiben an der Oberfläche und Wasserschlangen flüchten vor mir. Die Donau wird exotisch. Nicht zu glauben, wie sich dieser Fluss entwickelt hat. Fast wie ein Mensch, der vom Kind zu einem großen, mächtigen, seltsamen Wesen wird. Nicht ich unternehme eine Reise, diese Reise unternimmt etwas mit mir.

Trotz allen Abenteuertriebs und dem Finden meines ursprünglichen wilden Selbst auf dem Fluss, freue ich mich weiterhin über jede Nachricht von zu Hause. Wenn Menschen, die ich gar nicht kenne oder von denen ich es nie erwartet hätte, auf Facebook aufbauende und anfeuernde Nachrichten schreiben, oder Mails, WhatsApp-Nachrichten und SMS von Familie, Freunden, Bekannten und Unbekannten auf meinem Handy erscheinen. Ich bin so weit weg, dass mich diese digitalen Fäden in die nicht-nomadisierende Welt unterstützen.

Gleichzeitig bin ich jetzt an Orten, die anderen Menschen ein Zuhause sind. Egal, wo ich bin, ist jemand zu Hause. Diese Erkenntnis machte mich heute unendlich glücklich. Überall ist jemand zu Hause.

Seit Belgrad ist nicht nur die Donau völlig verändert, sondern auch die Welt an ihren Ufern. In den Dörfern fahren mehr Traktoren als Autos, es stehen mehr Hütten als Häuser in den Hügeln, es gehen Menschen auf den Straßen, die so gekleidet sind, wie Deutsche auf Fotos der Jahrhundertwende. Frauen mit Hauben, Männer mit Hochwasserhosen und ausgelatschten Lederschuhen. Selbst die Gesichter der Menschen sehen nach Früher aus.

Ich halte häufig in Dörfern an, wo Wirtsstuben mit Balkonen am Ufer stehen. Erstens kann ich dort gut festmachen und an Land gehen, zweitens sitzen dort immer Männer mit ihren Bieren und passen auf mein Brett auf, wenn ich einen Supermarkt suche.

Jeder, der mich kommen sieht, winkt und jubelt mir von den Balkonen zu. Alle wollen mich auf Bier und Schnaps einladen. Ich sage immer »später, später, later later«, halte Zeige- und Mittelfinger an meine Augen, drehe dann die Hand und deute aufs Brett. Anschließend zeige ich mit meinen Fingern in die Augen meines Gegenübers. Jeder versteht die Geste und passt brav auf meine Sachen auf.

Neben dem Gasthaus legt gerade eine Fähre an. Sie kommt vom gegenüberliegenden Ufer, wo kilometerweise Mirabellenbaum-Plantagen stehen müssen. Auf der Fähre stehen sechs Trecker mit Hängern, die zum Überlaufen voll mit Obst sind. Auf den Wagen sitzen ganze Familien. Viele sind dunkel – ich sehe meine ersten Sinti und Roma. Zigeuner dürfen wir leider nicht mehr sagen, weil sie unter diesem Namen von den Nazis gejagt und ermordet wurden. Dabei finde ich das Wort so hübsch; es weckt in mir romantische Sehnsüchte. Ich stelle mir ein ziehendes Volk vor, ihre Musik und Tänze. Ein wilder Haufen Vagabunden, der so eng zusammengeschweißt ist, dass kein Fremder je darin Platz finden könnte. Außer mir natürlich. Ich male mir aus, wie sie meine Vagabunden-Seele erkennen und mich in ihr Leben lassen.

Doch in Wahrheit fahren sie mit eiserner Mine auf ihren Treckern an mir vorbei und würdigen mich keines Blicks. Sie erkennen, dass ich ein Vagabund auf Zeit bin. Mit meiner Segelhose, dem Sponsor-Shirt, dem typischen Travel-Rucksack und meinem Hut. Auch wenn ich mittlerweile wie ein Nomade aussehe: Meine Sachen bräuchten dringend eine Waschmaschine, mein Körper eine Tiefenreinigung, meine Finger- und Fußnägel eine Dreckentfernung und mein Gesicht eine Rasur.

Die Blaue Donau hat ihren Namen nicht verdient. Das Wasser ist braun und die Ufer so schlammig, dass ich manchmal halb bis zum Knie einsinke, wenn ich versuche an Land zu gehen. Allerdings herrscht zurzeit extremes Niedrigwasser. Das Brett und meine Taschen sind von einer Schicht Matsch überzogen. Strände gibt es fast keine mehr in Serbien, und Campingplätze müssen hier noch erfunden werden. Aber vielleicht ist meine Reise der Anstoß für eine große SUP-Pilgerbewegung auf der Donau, und hier wächst eine ähnliche Infrastruktur wie auf dem Jakobsweg.

Ich wasche mich, indem ich beim Paddeln immer wieder Badepausen einlege. Aber sauber wird man von der Plörre nicht. Mein Haar fühlt sich trotz Shampoo wie schmutziges Stroh an.

Als ich endlich den Supermarkt erreiche, läuft mir der Schweiß in Strömen herunter. Jetzt sehe ich wirklich verwegen aus. Ich versuche einer Verkäuferin zu erklären, dass ich gern eine Gasflasche, die ich in Belgrad gekauft habe, umtauschen möchte, da mein Brenner ein anderes Patent hat. Nach zehn Minuten, in denen sie absolut nicht versteht, was ich will, holt sie eine Kollegin, die ein bisschen Englisch spricht. Die Frau ist eine undressiert-ungeschminkte Schönheit.

Nein, die Flasche könne sie nicht entgegennehmen, sie wäre nicht im Sortiment. Ich schlage vor, dass sie sie unter der Hand verkaufen solle. Sie schaut mich gespielt empört an und sagt, dass sie dafür im Kittchen landen würde.

»Wir sind hier in Serbien, nicht in Europa«, sage ich. Sie lacht kurz auf.

»Wenn wir doch nur in Europa wären. Aber das wird nie was.«

»Was wäre denn so toll, wenn Serbien in der EU wäre?«, frage ich.

»Dann hätten wir zum Beispiel eine vernünftige Bezahlung, ein ordentliches Müllsystem, keine Verbrennungsanlagen ohne Filter.« Mir fällt ein, dass ich heute an einem Schornstein vorbeigekommen bin, aus dem giftgelber Rauch aufstieg. Es wäre also für Europas Umwelt gut, wenn man dieses Land aufnehmen könnte. Wer weiß, was die hier alles in die Donau leiten.

»Aber vor allem hätten wir keine Korruption mehr und würden endlich Gelder aus Brüssel bekommen für ein besseres Bildungssystem, vernünftige Infrastruktur oder ganz einfach für Krankenkasse, Rente, irgendwelche Sicherheiten.«

Plötzlich kommt ein Mann um die Ecke und spricht energisch auf die Frau ein. Sie beschwichtig ihn souverän lächelnd. Ob er eifersüchtig ist? Oder kann er Englisch und hat Angst, dass sie zu viel über den Staat schimpft?

Sie nimmt endlich meine Gasflasche an und drückt mir ein anderes Gasflaschen-System in die Hand. Ich frage, ob das Ganze teuer sei. »Für uns teuer. Für dich nicht.« Sie sagt die Wahrheit, ohne Neid. Die Gasflasche mit Brenner kostet sieben Euro.

Vom Tresen ruft uns eine Frau etwas entgegen. Ob ich ein Terrorist sei und was ich mit den ganzen Gasflaschen machen würde?

Ich lache und sage, dass ich mich vielleicht mal rasieren sollte. Als meine Antwort übersetzt ist, lacht der ganze Laden, als hätte ich gerade den besten spontanen Witz in der Geschichte Serbiens gerissen.

Meine Englisch sprechende Verkäuferin schenkt mir eine Flasche Orangensaft für die Gasflasche. Ein schlechter Deal. Aber die Geste ist wunderbar. Sie schenkt mir dazu noch ein glühendes Lächeln und entlässt mich in die staubige Hitze ihres Dorfs, dessen Namen ich niemals wissen werde.

Heute ist der dritte Tag hintereinander, an dem ich morgens gegen starke Winde ankämpfe und nach der Mittagspause vom Wind Richtung Schwarzes Meer getrieben werde. Vielleicht sollte ich einfach morgens im Zelt bleiben und abends länger SUPen. In ein paar Tagen stelle ich die Uhr um – das interessiert allerdings den Wind wenig. Ob er jetzt um 13 oder 14 Uhr Ortszeit seine Richtung wechselt, ist ihm egal.

Ein paar Kilometer später überholt mich Matthias. Er segelt. Mit einem blauen Poncho, den er unten am Boot und oben mit zwei Paddeln arretiert hat, gleitet er ohne Muskelkraft an mir vorbei und lächelt selbstsicher aus einem Mundwinkel.

Wir machen nach 45 Kilometern Pause und schlafen unerlaubterweise in einer mittelalterlichen Festung. Ich bin seit einer Woche in Serbien unterwegs, ohne der Polizei begegnet zu sein.

RUMÄNIEN, BULGARIEN, MOLDAWIEN UND DIE UKRAINE

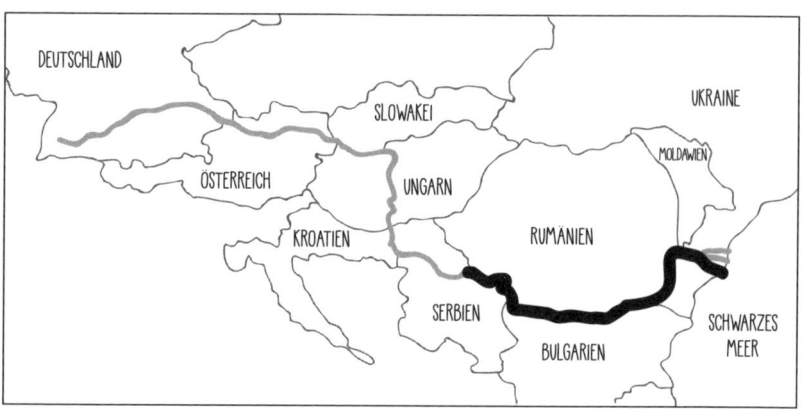

TAG 32, SMEDEREVO, SERBIEN–BAZIAŞ, RUMÄNIEN

Smederevo, 44°40'09.6"N 20°55'43.4"E /
Baziaş, 44°47'01.0"N 21°23'47.7"E

Manchmal denke ich, dass ich gar nicht gern reise. Häufig strengt mich das Vagabundieren an, die Ungewissheit des Unterwegsseins ermüdet mich, die täglichen Strapazen und der fehlende Komfort eines Zuhauses rauben mir Kraft. Doch dann werde ich mir wieder bewusst, dass nur in diesem ungeplanten Unterwegssein die Möglichkeit liegt, mich wirklich selbst zu finden. Reisen ist keine Flucht vor dem wirklichen Leben, sondern dessen Entdeckung.

Serbien will mich nicht loslassen. Der Wind bläst mir so heftig ins Gesicht, dass ich auf der Stelle stehe. Immer wieder ziehen Regenwolken durch, weichen meine Hände auf, lassen meine Hutkrempe schlapp auf mein Gesicht hängen und Gänsehaut auf meinem nackten Oberkörper erscheinen. Doch es ist schön, zu frieren. Die vergangenen Tage herrschten an die 40 Grad; selbst nachts lief mir der Schweiß herunter.

Stundenlang mache ich aus Stand-up-Paddeln Sit-down-Paddeln. Es macht keinen Sinn mehr, gegen den Wind anzustehen. Ich setze mich in den Schneidersitz, greife mein Paddel auf halber Höhe und kämpfe gegen die Wellen und den Wind. (Foto 50) Jede Welle bremst mein Brett. Jede Böe lässt mich auf der Stelle stehen. Da der Wind von vorne rechts kommt, muss ich die ganze Zeit auf links paddeln. Irgendwann kann ich nicht mehr. Ich haue mit voller Wucht mein Paddel aufs Wasser, falle auf die Knie, schlage mit den Fäusten auf mein Brett und brülle immer wieder »Fuck!« und »Scheiße!«. Plötzlich sehe ich, dass Menschen im Gebüsch am Ufer erscheinen, um zu schauen, wer da so rumbrüllt.

Als meine Wut draußen ist, könnte ich heulen. Doch dann beruhige ich mich und sage mir, dass alles gar nicht so schlimm ist. Ich bin auf der Donau in Serbien, wie ich es wollte. Und wenn es heute nur 30 Kilometer werden, ist das auch egal. Wer weiß, wofür das langsame Tempo gut ist?

Ich setze mich wieder in den Schneidersitz und erinnere mich an meine vielen Meditationsseminare. Wie viele Stunden habe ich in absoluter Regungslosigkeit mit geschlossenen Augen so dagesessen und vergeblich mein wahres Selbst hinter den Schmerzen und dem Bewegungsdrang gesucht? Doch jetzt kommen mir die Übungen zugute. Ich kann stundenlang im Schneidersitz verharren und Gleichmut üben. Vor mir sehe ich die Karpaten – mein Ziel für heute. So verrinnt Kilometer um Kilometer, und ich komme mir vor wie der Paddel-Buddha. Selbstbetrug war schon immer meine Stärke.

Hinter mir zieht ein Gewitter auf. Etwa fünf Kilometer vor mir liegt ein Dorf. Ich feuere mich selbst an, gehe in den Surfschritt und paddele wie ein Verrückter, um den Blitzen zu entkommen. Da ich mich mitten auf einem Donau-See befinde, gibt es kein näheres Ufer. Die Blitze hauen in die Wälder links neben mir. Der Wind weht so heftig, dass ich fast nicht mehr die Richtung halten kann. Ich treibe ans rechte Ufer und kämpfe jetzt genau gegen die Wellen und den Wind nach oben. Der Abstand zwischen Blitz und Donner verringert sich.

Plötzlich sehe ich Matthias am Ufer winken. Er hat seine Piroge unter einem Lastenboot geparkt. Ich habe mich noch nie so gefreut, ihn zu sehen. Ein paar Minuten später umarmen wir uns. Endlich wird mir klar, was ich an ihm habe. Er ist meine Vorhut. Er ist mir in diesen Tagen eine moralische Stütze; wenn er es schafft, muss ich es auch schaffen können. Zu zweit ist man weniger allein. Es tut gut, jemanden wie ihn an meiner Seite zu haben. Er nervt nie, ist fast immer ruhig und ausgeglichen, andauernd freundlich und nimmt jede Herausforderung gelassen an.

Wir essen eine Kleinigkeit, warten das Gewitter ab und wollen gerade den Hafen verlassen, als ein deutscher Segler um die Ecke biegt, ein altes Holzschiff, dessen Mast auf zwei Böcken an Bug und Heck aufliegt. Wir hatten das Boot schon vor ein paar Tagen vor Novi Sad gesehen, doch waren wir damals bereits am Ufer und konnten uns nicht bemerkbar machen.

An Bord sind zwei deutsche Männer um die 60. Sie haben einen Motorschaden und versuchen, einen neuen Impeller einzubauen. Ihre Theorie ist, dass der Motor zu viel schmutziges Kühlwasser angesogen hat und deshalb überhitzt. Ich würde ihnen gern helfen, doch sind Bootsmotoren leider nicht mein Metier.

Matthias fragt, wann sie durchs Eiserne Tor fahren würden.

»Sobald der Motor wieder funktioniert«, ist ihre simple Antwort. Ob sie uns durch die beiden Schleusen mitnehmen würden, frage ich.

»Natürlich, Jungs. Aber lasst uns erst einmal schauen, ob wir das Ding hier wieder zum Laufen bringen.« Wir lassen die beiden zurück und hoffen, dass sie uns auf dem Weg aufgabeln. Es wäre ein Riesen-Luxus, die beiden Schleusen und die langen Kilometer ohne Strömung auf einem Schiff zurückzulegen. Doch wage ich nicht zu träumen.

Hinter der nächsten Biegung liegt Rumänien. Mit dem ersten südlichen Hügel der Karpaten beginnt das einzige Land neben Österreich, das ich vor dieser Reise schon einmal besucht habe. Ende der 90er-Jahre produzierte ich als junger Fernsehjournalist einen Beitrag für das *SAT.1*-Wissenschaftsmagazin »Planetopia« über eine deutsche Erdbeben-Forschungsstation in den Karpaten. Ich erinnere mich noch, wie arm die Menschen waren und daran, dass die Stimmung in den Wäldern tatsächlich gruselig war. Noch besser in Erinnerung habe ich jedoch Bukarest: Wir machten ein paar Filmaufnahmen und wollten zurück zu unserem Wagen gehen, als plötzlich drei Typen auf uns zukamen, sich als Polizisten ausgaben und vortäuschten, unser Geld auf Falschgeld untersuchen zu wollen. Mein Kameramann holte tatsächlich sein Portemonnaie heraus und händigte seine Scheine aus. Plötzlich kam ein vierter Mann hinzu und gab sich als bulgarischer Tourist aus. Auch er gab sofort sein Geld ab und entschuldigte sich, so viele Blüten dabei zu haben. Als unser Kameraassistent auch sein Geld abgeben wollte, sagte ich, dass das hier eine ganz beschissene Falle wäre, und dass wir abhauen sollten.

Plötzlich brüllte mich einer der vermeintlichen Polizisten an, ich solle sofort meine Papiere vorzeigen, sonst würde er mich zur Wache bringen. Ich machte mich so lang ich konnte, plusterte meinen Oberkörper auf und brüllte zurück, dass wir sofort zur Polizei gehen könnten. Dann riss ich ihm das Geld meines Kameramanns aus der Hand, brüllte meine Jungs an, dass wir uns verpissen sollten und lief los. Die Typen blieben verdutzt zurück. Wir rasten um die nächste

Ecke, sahen, dass uns die Typen nicht verfolgten und lachten uns keuchend an.

Zufällig standen wir vor einer Kneipe. Der Kameramann schmiss eine Runde Bier. Erst jetzt stellten wir fest, dass ich den Typen nicht nur das Geld unseres Kameramanns, sondern auch das des angeblichen bulgarischen Touristen entrissen hatte. Wir lachten und bestellten noch eine Runde.

Als wir zurück zu unserem Auto kamen, sah es aus, als wären alle vier Reifen zerstochen worden. Konnte es sein, dass diese Typen wussten, wo wir unseren Wagen geparkt hatten? Unmöglich. Doch dann erkannten wir, dass die Räder nicht platt, sondern in den heißen Asphalt eingesunken waren. Unter Vollgas und einer Art Kavalierstart schaffte ich es, das festgesaugte Auto aus dem flüssigen Teer zu schlotzen.

Es fängt an zu regnen. Das nächste Dorf ist kilometerweit entfernt. Nach dem Gewitter hat der Wind gedreht. Obwohl wir jetzt genau nach Süden fahren und den ganzen Tag Nordostwind hatten, weht er uns wieder ins Gesicht.

Matthias zeigt auf eine Villa am linken Ufer. Vielleicht haben wir Glück und können dort Unterschlupf finden. Als wir uns dem Anwesen nähern, erkennen wir, dass es verlassen ist. Wir können unser Glück nicht fassen. Eine ganze Villa, nur für uns. Wie kreativ diese Reise ist, was sie mir alles zuspült. Doch fühle ich mich nicht ganz wohl. Der Ruf der Rumänen ist zu schlecht, als dass man einfach eine fremde Villa belagern könnte. Außerdem sind wir in Dracula-Gebiet, und das einzige offene Zimmer im Erdgeschoss der Villa sieht aus, als seien dort über Jahre Menschen misshandelt worden. Aber das bilde ich mir nur ein, ich teile Matthias nichts von meinen Sorgen mit und blase meine Isomatte auf.

Als heftiger, Stunden andauernder Regen einsetzt, sitzen wir überdacht auf der Terrasse, ich vergesse alle Dracula-Sorgen, wir schauen verliebt auf unsere Donau und wissen beide, dass diese Reise das größte Geschenk unseres Lebens ist.

178

TAG 33, BAZIAȘ, RUMÄNIEN– BOLJETIN, SERBIEN

Baziaș, 44°47'01.0"N 21°23'47.7"E /
Boljetin, Serbien, 44°33'24.5"N 22°01'35.4"E

Häufig höre ich, dass mir diese Tour niemand nehmen könne und frage mich, aus welcher Warte diese Floskel geäußert wird. Kann mir diese Reise niemand nehmen, weil sie nicht materiell ist? Weil die Menschen immer Angst haben, dass ihnen etwas weggenommen wird? Ich mag die Floskel nicht, weil sie aus der Sicht desjenigen kommt, der glaubt, zu kurz zu kommen. Ich kann für mein Leben nur sagen, dass ich selten zu kurz gekommen bin. Ich wurde seit Jahren von Überfluss überschüttet. Und es dürfte in unserer Gesellschaft den meisten so gehen. Wir sehen es nur nicht.

Matthias sagte heute Morgen, dass Glück eine Lebenseinstellung sei. Diese Floskel gefällt mir schon viel besser. Erst recht, wenn ich von unserem verlassenen Dracula-Palast auf die Donau schaue, und die Sonne langsam die Karpaten erstrahlen lässt.

Seit zwei Tagen haben wir praktisch keine Strömung mehr; dafür heute perfekten Rückenwind. Wir nehmen uns Kilometer 1.000 vor – 68 liegen vor uns. Kurz danach kommt die erste große Schleuse nach dem berühmten Eisernen Tor. 80 Kilometer später eine weitere Schleuse, und von da an fließt die Donau frei. Es gibt auch keine Brücken mehr – der Strom ist unüberbrückbar gewaltig.

Nach ein paar Kilometern hupt hinter uns ein Schiff. Es ist die »Marion«, die wir in Novi Sad gesehen haben. Der Skipper mit den langen Haaren hängt sich aus dem Fenster, ruft uns »man sieht sich immer zweimal im Leben« zu und winkt, als würden wir alte Freunde sein, die sich nach Jahren auf hoher See wiedertreffen. Und ein bisschen so fühlt es sich an.

Die Donau ist in ein gewaltiges Naturschauspiel eingebettet. Zu beiden Seiten erheben sich steile Felswände und hunderte Meter hohe bewaldete Hänge. Von weitem sieht die Distanz zwischen den Ufern gering aus, doch als ich mich nähere, erkenne ich erst die Dimensionen: Der Fluss liegt in einem Himmelbett. Auf den Zinnen stehen die Reste mittelalterlicher Burgen, die Sandsteinfelsen sehen aus wie verwaschen-unscharfe Schlösser, verwunschene Dörfer quetschen sich zwischen riesige Abgründe, die braun-roten Massen der Laubwälder lassen das Grün der Tannen noch heller erscheinen, Nebel wabern wie Geister durch die Hänge, und irgendwo als winziger Punkt paddele ich als Nichts auf diesem ewigen Fluss.

Ich fahre minutenlang parallel zu einem Schleppverband, bis mehrere Typen am Bug wild gestikulieren und mir andeuten, dass ich mich endlich verziehen solle. Ich hebe die Arme als Geste: »Wohin denn?« Sie winken mich einfach weg. Das Schiff drängt mich immer näher ans Ufer, sodass ich beschließe, abzubiegen, an Land zu gehen und einzukaufen.

Ich mache hinter einem serbischen Duty-Free-Boot fest und sehe zu meiner Überraschung ein Kanu am gegenüberliegenden Steg liegen. Zwei Männer, ein paar Jahre jünger als ich, kommen auf mich zugesprungen und fragen auf Englisch, ob ich mit der Maschine ernsthaft eine längere Reise machen würde. Ich nicke und erzähle meine Geschichte. (Foto 51)

Die beiden sind Bulgaren, Hristo arbeitet als Herzchirurg in Deutschland, Ivan ist Gynäkologe in Sofia. Sie machen eine einwöchige Paddeltour und sind total enttäuscht von der serbischen Donau. Das hätten sie sich alles viel schöner vorgestellt. Weniger Schlamm am Ufer, mehr Berge, hübschere Dörfer. Denn in ihrem Heimatland seien die Donauinseln mit ihren Stränden schöner als die Malediven. Sie holen sofort ihr Handy heraus und zeigen mir Fotos. Noch etwa

300 Kilometer und ich trete ins Donau-Paradies ein. Wobei ich nicht ganz verstehe, was ihnen hier nicht gefällt.

Wir verabreden uns bei Kilometer 1.000, die Jungs ziehen ihre Spritzdecken und Rettungswesten über, und paddeln los. Ich kaufe Wasser, Saft, Haferflocken – das Übliche, um zu überleben. Anschließend esse ich noch ein Omelett in einem kleinen Restaurant am Hafen. Als ich bezahlen möchte, sagt der Wirt, dass dies bereits übernommen worden sei. Ich habe keine Ahnung von wem. In dem Restaurant gingen mehrere Menschen ein und aus. Ich schaue mich um, ob vielleicht jemand heimlich lächelt. Aber ich entdecke niemanden, der aussieht, als hätte er mich zu meinem Omelett eingeladen. Ich schüttele den Kopf und könnte vor Demut und Dankbarkeit heulen.

Diese Reise ist ein Geschenk, das ich mir selbst mache, ein Trip zurück in die Natur und damit zurück zu meinem Wesenskern. Ich bin in den vergangenen 33 Tagen kein anderer Mensch, sondern ein natürlicherer Mensch geworden.

Endlich habe ich rumänisches Netz und kann wieder kostenfrei telefonieren. Doch alle Gespräche mit Zuhause sind problembelastet, irritierend oder führen zu Missverständnissen. Ich fühle mich entfremdet und fehlverstanden.

Zu Hause beschäftigen sie sich nicht mit dem Wesentlichen. Es geht nicht mehr darum, ein Glas zu kaufen. Es geht um die Form, die Farbe, die Marke, die Menge und das Material des Glases. Wenn dies alles perfekt ist, löscht der Inhalt dieses Glases auch nicht besser den Durst als das erstbeste. Und da uns das einfache Glas nicht mehr reicht, bewegen wir uns permanent im Modus des Brauchens. Das ganze Beiwerk macht uns noch ärmer. Und wer sich arm glaubt, kann nicht geben. Genau das ist der Unterschied zu den viel ärmeren Menschen hier in Serbien oder Rumänien. Sie besitzen nur das Notwendige und fühlen sich damit bestens ausgestattet. Sie sind reich, weil es ihnen an nichts mangelt. Daher haben sie den inneren Raum, um Fremde wie mich einzuladen und sich noch nicht einmal zu erkennen zu geben.

Wer in unserer Gesellschaft etwas Gutes tut, möchte meist als Wohltäter gefeiert werden – am besten in der Zeitung oder im Fernsehen. Andere tun Gutes, um ihr Gewissen zu beruhigen, sich besser zu fühlen, oder der Kirche zu gefallen. Nur ganz Wenige geben, um zu geben. Sie sind für mich Helden. Unbekannte, ungefeierte Helden. Echte Helden.

Ich nehme mir vor, jedem Bettler ab jetzt immer etwas zu geben oder für sie einzukaufen. Sie haben sich nicht freiwillig ausgesucht, auf der Straße zu leben. Das Leben hat sie dahin gespült.

Ich werde mein Leben radikal vereinfachen müssen, wenn ich zurück bin. Alle Pflichten und Regeln, die im Laufe von Generationen wie Bleifesseln an uns ketten, werde ich ablegen. Die Welt der Massenkultur war noch nie mein Zuhause; sie hat mich aber umgeben und beeinflusst. Ich werde mich ihrer entledigen. Auch wenn ich mich dabei von meinem sozialen Umfeld isoliere. Ich will nicht mehr von Leuten umgeben sein, die Zeug konsumieren, das kurze Zeit später schon wieder out ist und auf dem Müll landet. Menschen, die sich Konsumtrends hingeben, Tätowierungen auf ihrer Haut anhäufen, weil das gerade Mode ist, Elektroautos kaufen und für den ganzen Mist ihre Seele und Freiheit verkaufen, für das Privileg des Konsums arbeiten, für ein unpersönliches System aus Produktion und Verbrauchen ihr Leben vergeuden. Ich möchte nicht mehr von Typen umgeben sein, die ihren Selbstwert nach Reichtum und Besitz festmachen.

In unserer Gesellschaft scheint alles auf dem Kopf zu stehen: Ärzte machen Menschen krank, Anwälte verdrehen Paragrafen, Unis verquasen Wissen, demokratische Regierungen bekämpfen die Freiheit, Medien verbreiten falsche Informationen, und Religionen töten. Alles daheim scheint zuwider zu laufen.

Nach fünf Stunden hole ich Matthias ein – eigentlich hätte er den beiden Bulgaren begegnen müssen, doch er hat sie nicht gesehen. Da ich sie nicht überholt habe, ist es ein Rätsel, wo die beiden geblieben sind. Aber man trifft sich immer zweimal auf diesem Fluss.

Wir entdecken bei Kilometer 1.005 einen verlassenen Camping-platz. Hier stehen Wohnwagen herum, es ist aber kein Mensch zu finden. Wir schlagen unsere Zelte auf und blicken über die Donau und die Karpaten in die untergehende Sonne. Ich merke, dass ich kör-perlich an meine Grenze stoße. Während ich diese Zeilen schreibe, schwankt der Boden. Zum ersten Mal spüre ich dieses Phänomen nach dem SUPen.

Als wir in unseren Zelten liegen, kommt ein Mann zu seinem Wohnwagen. Wir haben den Platz vor seinem alten Caravan belegt. Doch anstatt sich zu beschweren, fragt er, ob uns nicht zu kalt wäre und ob wir in seinem Mobil schlafen wollen würden. Er hätte noch ein Doppelbett frei.

Man male sich aus, wir hätten uns vor dem Wohnwagen eines deutschen Zeltplatzpächters breitgemacht – was schier unmöglich wäre, der Platz wäre vermutlich eingezäunt und von Gartenzwergen bewacht. Der Deutsche hätte mit Sicherheit ein Riesentheater gemacht und uns weggeschickt – Eindringlinge, Bettelpack! Er hätte den Zelt-platzbesitzer oder gleich die Polizei gerufen. Niemals hätte er uns einen Platz in seinem Heim angeboten. Es gibt in unserer Gesellschaft keine Erinnerung mehr an natürliche Gastfreundschaft. Es geht aus-schließlich um das Mehren und Verteidigen des eigenen Besitzstands. Wir haben Raum für Gartenzwerge, aber nicht für Fremde. Wir haben vergessen, dass wir vergessen haben.

TAG 34, BOLJETIN-
TEKIJA, SERBIEN

Boljetin, Serbien, 44°33'24.5"N 22°01'35.4"E /
Tekija, Serbien 44°41'12.6"N 22°24'42.0"E

Das Gas meines Kochers ist alle. Ich frage die Fischer nebenan, ob sie mir ihren Kocher leihen würden. Sie bieten uns sofort etwas zu essen und zu trinken an. Doch brauche ich erst einmal meinen Kakao, um warm zu werden und lehne dankend ab. Ihre Behausung ist so ärmlich, dass man sie bei uns als Obdachlosenstätte bezeichnen würde. Die Männer sind dünn und muskulös. Sie sehen gesund, natürlich und stark aus. Sie verkörpern das Gegenteil des Sesselfurzers und würden niemals mit einem tauschen. Ich muss an einige meiner festangestellten öffentlich-rechtlichen Kollegen denken. Was sind das teilweise für jämmerliche Gestalten, die die Jahre bis zur Rente zählen? Wie kann man sein Leben so vergeuden?

Mit mir würden die Fischer hier natürlich auch nicht tauschen wollen. Ihnen geht es rein um die tägliche Nahrungsbeschaffung. Alles jenseits der menschlichen Bedürfnisse ist ihnen fremd. Dass jemand täglich stundenlang ohne Grund auf einem Brett steht, um einen Fluss zu überwinden, muss ihnen völlig absurd vorkommen. Was für ein dekadenter Mensch muss das sein, der wochenlang nichts für seinen Lebensunterhalt tut und noch dazu seine Familie und Freunde im Stich lässt? (Foto 52)

Der Wind weht perfekt von hinten. Doch weiß ich, dass heute alle Himmelsrichtungen auf mich warten, denn ich werde das Eiserne Tor passieren. Dabei macht die Donau erst eine Drehung über Nord, zurück in Richtung Westen, in den Süden und dann weiter nach Osten.

Anfangs fliege ich bei 30 Kilometern Rückenwind über den Fluss und hole die beiden Bulgaren auf ihrem Zweierkajak ein. Sie haben nur ein paar hundert Meter neben uns übernachtet. Seltsamerweise haben wir uns verpasst. Wir verabreden uns für Kilometer 950 – noch knapp 60 Kilometer, kurz vor der ersten Schleuse.

Ich wollte unbedingt ein Selfie bei Kilometer 1.000 oder 999 machen, doch sind die Schilder irgendwo in den Büschen versteckt, oder sie konnten wegen der steilen Abhänge nicht angebracht werden. Erst bei 997 sehe ich, dass ich dreistellig bin. Nun ist ein Ende tatsächlich in Sicht – auch wenn ich weiterhin zerrissen bin zwischen Ankommen-Wollen und Abenteuerlust.

In Deutschland und Österreich gab es alle hundert Meter Kilometerangaben. In Österreich sogar auf Grasflächen, die regelmäßig gemäht werden müssen, damit die Schilder nicht zuwuchern. Hier stehen die Schilder wahllos alle paar Kilometer herum, abhängig davon, ob das Terrain eine Markierung zulässt oder nicht. Und das reicht völlig aus.

Als die Donau nach Norden Richtung Eisernes Tor abbiegt, weht mir der Wind genau ins Gesicht. Ich spüre eine starke innere Veränderung im Vergleich zum Anfang der Tour. Ich hadere nicht mehr. Ich nehme die Herausforderung an, halte in den Böen die Richtung, paddele stur dem Ziel entgegen und lasse mich nicht entmutigen. Ich erinnere mich an meine Verzweiflung in der Wachau und daran, wie ich in Kroatien vor Wut schrie und heulte. Jetzt wirft mich der Wind nicht mehr um. Ich halte ihm einfach stand – »Stand up!« Dies liegt auch daran, dass ich mir Matthias' Ersatzpaddel geliehen habe, und damit sitzend schneller vorankomme als stehend ohne Wind. Ich habe auch festgestellt, dass Fluchen nicht nützt – ganz im Gegenteil. Es zieht mich eher noch tiefer herunter. Flüche fühlen sich an wie ein schwer beladener Mantel, der sich auf meine Seele legt.

Das Eiserne Tor ist ein gewaltiger Taldurchbruch aus steilen Wänden, dichtbewaldeten Abgründen und Lawinenhängen. Die Donau ist hier höchstens 200 Meter breit. Wie gern hätte ich mich einfach nur auf mein Brett gelegt und wäre an dieser Kulisse vorbeigetrieben. Doch ich darf nicht eine Sekunde pausieren, sonst schlägt mein Brett schräg und ich könnte erneut kentern, wie damals in der Wachau. Der Wind bläst in Sturmstärke die Hügel hinab.

Dass keine Strömung herrscht, liegt am größten Wehr meiner gesamten Tour – dem Eisernen Tor 1. Vor seinem Bau donnerte die Donau hier mit acht Metern pro Sekunde durch die riesige Schlucht. Es war eine der gefährlichsten Flussstrecken Europas. Und heute steht das Gewässer. Es ist ein 120 Kilometer langer See entstanden. Schön, aber unnatürlich. Die ökologischen Schäden sind nicht zu messen. Es kommen keine Fische mehr am Eisernen Tor vorbei; Störe oder Lachse sind hier ausgestorben. Auch Sedimente und Geröll gelangen nicht mehr in den südlichen Teil der Donau und müssen künstlich mit Lastschiffen angeliefert werden. Der Wasserspiegel ist 20 Meter höher als vor dem Bau des Damms, was die gesamte Umwelt durcheinandergebracht hat. Auch hierbei geht es wieder nur um Profit – die Verluste werden mit den Gewinnen begründet. Ganze Dörfer, historische Inseln, Landschaften und Brutstätten liegen seit Jahren tot am Grund der gestauten Donau.

Hinter einem steilen Felsvorsprung wartet Matthias. Er möchte mir unbedingt eine Höhle zeigen. Wir paddeln ins Dunkel und sind von Fledermausschreien und einem unheimlichen Gluckern umgeben. Ich drehe mich um, schaue hinaus ins gleißende Licht der Donau und sehe zu meinem Entsetzen den deutschen Motorsegler vorbeituckern. Also müssen wir morgen doch die Schleusen umgehen und viele Kilometer ohne Strömung zurücklegen. Matthias schimpft. Ich übe mich in der Einstellung, dass alles für etwas gut ist.

Ich komme an einem wunderschönen Kloster direkt am Wasser vorbei. Zwei Nonnen beschneiden Tomatenstauden auf dem Balkon. Ich paddele mit nacktem Oberkörper und bin höchstens zehn Meter von ihnen entfernt. Bilde ich es mir ein, oder blicken sie absichtlich stur auf ihre arbeitenden Hände, um den halbnackten Mann nicht sehen zu müssen? Ich grüße trotzdem auf Serbisch – »Sdrao« – bis mir einfällt, dass ich mich auf rumänischer Seite befinde und keine Ahnung habe, was »Hallo« auf dieser Sprache heißt.

Ausflugsschiffe und -dampfer kommen mir entgegen. Für sie bin ich eine ebensolche Attraktion wie das Eiserne Tor. Die Menschen jubeln und winken mir zu, machen Fotos von mir vor den gewaltigen Felsen und strecken mir erhobene Daumen entgegen. Wer noch nie geSUPt ist, muss glauben, dass diese Art, auf dem Wasser zu stehen, eine hohe Kunst darstellt.

Als ich eine ewig lange Gerade vor mir habe, sehe ich weder Matthias noch die beiden Bulgaren. Der Wind steht wieder gut, die Ausflügler sind verschwunden, die Sonne geht langsam hinter den Bergen unter, und ich fühle mich frei und verbunden, wie seit Tagen nicht mehr. Ich steuere das nächste Dorf auf serbischer Seite an – was bei den Dimensionen hier eine Stunde Paddeln bedeutet. In der Abenddämmerung erkenne ich vage das Kanu der Bulgaren. Als ich mich dem Ufer nähere, winken sie mir entgegen. Wir fallen uns in die Arme wie alte Kameraden, die zufällig im gleichen Schützengraben gelandet sind.

Plötzlich klingelt mein Handy. 040 – Hamburg? Nein: Rumänien. Es ist die Polizei. Sie haben Matthias mitgenommen, weil er sich nicht in Schengen aufhält und keinen Einreiseantrag gestellt hat. Ich müsse sofort nach Orşova kommen – etwa zehn Kilometer nach Norden, um dort ebenfalls alle Anträge auszufüllen. Ich lüge und behaupte einfach, dass ich bereits alles ausgefüllt hätte und bedanke mich. Dann geben sie mir Matthias. Wir sprechen Französisch, damit die Polizei uns nicht versteht. Sie haben ihn mitten auf dem Wasser aufgegriffen und dann aufs Revier geschleppt. Dort musste er Dutzende von sinnlosen Zetteln ausfüllen, weigerte sich, eine Strafe zu zahlen und hat jetzt einen Überweisungsträger bekommen, den er binnen 48 Stunden begleichen muss. Aber die Beamten seien sehr freundlich zu ihm. Er dürfe sogar in einer Zelle auf einem richtigen Bett schlafen und morgen eine warme Dusche benutzen.

Wir verabreden uns für morgen an der ersten Schleuse. Irgendwie finden wir uns schon wieder. Er ist mir ans Herz gewachsen.

TAG 35, TEKIJA, SERBIEN–
IZVORU FRUMOS, RUMÄNIEN

Tekija, Serbien 44°41'12.6"N 22°24'42.0"E /
Izvoru Frumos, Rumänien, 44°27'06.0"N 22°28'23.7"E

Die beiden Bulgaren stehen permanent unter Druck. Auch heute früh stehen sie vor sechs Uhr auf, kochen schnell Kaffee, packen ihre Sachen und paddeln los. Sie wollen Kilometer 890 erreichen; dort sei eine Insel, auf der wir uns treffen könnten. Da sie mit ihrem Doppelkajak viel schneller sind als ich, könnten sie sich auch Zeit lassen. Aber sie sind erst seit ein paar Tagen unterwegs und noch im Planungsrhythmus. Mir ist Kilometer 890 völlig egal. Ich paddele so lange ich mag und mache dort halt, wo es mir gefällt.

Ich mache Wasser warm, schaue verträumt auf meine Donau, als plötzlich der deutsche Motorsegler vorbeituckert. Ich kann es nicht glauben. Schon wieder verpasse ich die beiden Deutschen. Sie müssen in einem Hafen ein paar Kilometer westlich übernachtet haben.

Kurz springe ich auf, um hektisch zu packen. Doch dann setze ich mich wieder. Jetzt ist es auch zu spät. Einholen werde ich sie nicht. Und wenn sie an der Schleuse lange Wartezeiten haben, werden sie mich mitnehmen. Und wenn nicht, soll es so sein.

Seit genau fünf Wochen bin ich nun unterwegs. Der Traum ist längst Realität geworden – genau wie die Wiederholungen, die Eintönigkeit, der Verdruss. Ich frage mich täglich mehrfach, warum ich dieses Abenteuer mache. Warum ich nicht einfach abbreche. Warum ich mich diesen Strapazen aussetze. Ich zweifele an mir selbst, an meinem permanenten Anders-sein-Wollen. Die schweren Momente wiegen so viel mehr als die leichten. Das Reibungslose zieht durch mich hindurch

189

wie eine Brise über die Donau. Stunden ohne Mühe bleiben nie in Erinnerung. Doch ein einstündiger Sturm wühlt mich und die Donau für Tage auf. Ich sehe die Welt mittlerweile nüchtern, so, wie sie wirklich ist. Ohne Verschönerungsschleier unserer zivilisierten Welt. Die Gefahr einer solchen Reise besteht darin, Klarheit über sich selbst zu erlangen. In mir breitet sich eine innere Stille aus – je stiller es wird, desto mehr verstehe ich mich selbst.

Ich entwickele mich langsam zum Beobachter meines eigenen Ichs. Als hätte ich eine schwebende imaginäre Kamera über meinem Kopf installiert und schaute mir selbst bei meinem Abenteuer zu.

Jede geschriebene Zeile hilft, die Strapazen einzuordnen und die Momente des Glücks zu preisen. Irgendwann werde ich für meine Mühen belohnt. Ich male mir den Moment der Ankunft aus. Den letzten Paddelschlag. Das Salzwasser des Schwarzen Meers auf meiner Haut. Luft ablassen und auf den Meeresboden sinken.

Immer wieder unterschätze ich Entfernungen auf der weiten Donau. Bis zur Schleuse sind es noch fast drei Stunden. Selbst als das gewaltige Bauwerk in Sicht ist, brauche ich noch mehr als anderthalb Stunden. Leider wartet kein Boot auf mich. Auch von meinen Freunden ist nichts zu sehen. Ob sie mit den Deutschen unterwegs sind? Fahren sie durch bis Vidin in Bulgarien? Ich würde mich für sie freuen – aber ohne Matthias würde mir etwas fehlen.

Ich steuere das rechte Ufer der Staumauer an, um mein Boot umzusetzen. In einem völlig verdreckten und müllgefüllten Bassin gibt es direkt neben dem Gelände des Elektrizitätswerks eine einzige, kleine Treppe. Ich will gerade meine Tasche herauftragen, als ein Uniformierter sagt, ich dürfe hier nicht aussteigen, sondern müsse 100 Meter weiter nach rechts paddeln.

»Aber da gibt es keine Treppe, sondern nur das steile Betonufer.« Er zuckt die Achseln und zeigt noch einmal auf die Stelle, an der ich aussteigen soll. Ich überlege kurz, seine Anordnung zu ignorieren, entscheide mich dann aber, fügsam zu sein – nach Matthias' Erfahrungen von gestern. Irgendwie kriege ich Equipment und Brett die Böschung hochgeschleppt, zerstöre dabei aber einen meiner Flip-Flops; der vordere Haltepunkt ist ausgerissen. Ich stehe mit einem Schuh mitten in der Botanik und habe keine Ahnung, wo ich diese verfluchte Schleuse umqueren kann.

Nach ein paar hundert Metern, in denen ich schließlich eine Straße finde, winkt mir ein Mann in Uniform zu und zeigt mir den Weg. Per Funk verständigt er einen Kollegen, der in einem Kilometer auf mich wartet. So geht es noch dreimal. Der letzte Beamte ist Donauschwabe und kann Deutsch. Am Ende einer langen Kaimauer sei ein Strand. Dort – nach zwei Kilometern Fußweg – könne ich mein Brett wieder zu Wasser lassen.

»Aber Vorsicht! Schnelles Wasser!«, warnt er mich. Strömung? Das wäre eine wunderbare Abwechslung nach 250 Kilometern Donau-Stillstand.

Die Strömung beträgt etwa 3 km/h und verplätschert zwei Stunden später auch schon wieder. Erst nach dem Eisernen Tor 2 fließt die Donau wieder in ihrem ursprünglichen Tempo.

Ich fühle mich heute ausgelaugt und kraftlos; paddele in ein kleines Dorf, um Nahrung zu kaufen, setze mich auf eine Bank, esse eine Kleinigkeit, denke an meine neuen Freunde, die nun schon den halben Weg zum zweiten Eisernen Tor geschafft haben müssten, lege mich hin und schlafe für mindestens eine halbe Stunde. Ich muss wieder in meinen Rhythmus kommen, zurückfinden in das Alleinsein, instinktiver handeln.

Langsam verwandele ich mich hier zurück in den Status eines Kindes. Ich kann nichts lesen, die Menschen verstehen mich nicht, ich beobachte ohne Wertung, habe keine Ahnung, wie dieses Land funktioniert. Die Fäden in die Vergangenheit scheinen gekappt oder zumindest dünner, gekürzt zu sein. Alles ist neu und spannend. Ich öffne mich den Menschen und dem Land automatisch – allein schon, weil irgendwann Situationen kommen, in denen ich Hilfe benötige. Hier bin ich niemand. Ich habe in jedem Land, durch das ich komme, keine Vergangenheit und keine Geschichte. Ich bin der auf dem Brett – mehr nicht. Aber das genügt, um die Neugierde der Menschen zu wecken, um mich meinen Ängsten zu stellen, neugierig und positiv zu bleiben.

Ich zwinge mich zurück aufs Wasser. Beim Paddeln drehe ich mich etwa alle 15 Minuten um, damit ich gegebenenfalls Passagierschiffen und Frachtern ausweichen kann. Gegen den Wind höre ich sie zu spät. Seit Tagen begegne ich höchstens ein, zwei Schiffen. Der Warentransport auf der Donau scheint sich kaum zu lohnen. Wofür haben sie dann den Fluss begradigt, gestaut und neu gebettet? Wir haben ihn beschnitten und verkrüppelt, damit unsere Wirtschaftsgüter besser fließen können – und 99 Prozent laufen weiterhin über die Autobahnen. Was ist mit uns los?

Mitten in meinen Gedanken entdecke ich hinter mir Matthias und die beiden Bulgaren. Wie ist das möglich? Was ist schiefgelaufen?

»Alleine das Schleusen hat über eine Stunde gedauert«, erklärt Hristo, der Vordermann der Bulgaren. »Und dann mussten die Deutschen ein- und ausklarieren. Wir haben uns wieder in unsere Boote gesetzt, eine Pizza gegessen und haben dich dann irgendwann am Horizont entdeckt.«

Ich bin unglaublich froh, vor allem Matthias wiederzusehen. Ich hatte befürchtet, ihn für immer verloren zu haben. Diese Reise ist so klar eingeteilt in die Zeit alleine und in die Zeit mit Matthias. Es kommt mir vor wie zwei unterschiedliche Reisen. Der erste Teil – ziemlich genau die Hälfte – war härter, dafür intensiver und prägender. Ich musste achtsamer sein, offener. Ich lernte mehr Menschen kennen und genoss die Natur nachhaltiger. Der zweite Teil ist entspannter, fröhlicher. Zu zweit traut man sich mehr – die Nacht in der verlassenen Villa in Rumänien, zum Beispiel, hätte ich allein mit viel mehr Angst verbracht. Ein Nebenmann gibt Sicherheit. Das geteilte Abenteuer schweißt zusammen. Wir passen aufeinander auf, hören

29 Der Donau-Bus nimmt mich zwei Kilometer durch die Schlögener Schlinge mit.

30 Ich habe die Ausläufer der Alpen erreicht. Wenn ich früher an die Tour gedacht habe, hatte ich immer Luftbilder dieser Region vor Augen. Was für ein Traum, dachte ich, dort SUPen zu können.

31 Ich stelle mir vor, wie ich wohl von oben aussehen mag. Ein orangefarbenes Brötchen mit einer Zimtstange darauf!

32

33

34

35

32 Das KZ Mauthausen – es klingt wie Mordhausen. Waren die Taten erst an Stätten möglich, die solch hässliche Namen tragen?

33 In Österreich stehen alle paar hundert Meter solche Sommerhütten mit Setz-Netzen direkt am Ufer.

34 Der Eiserne Vorhang ist verschwunden. Nichts ist von ihm übriggeblieben – diese Burg ist älter als Kommunismus und Kapitalismus.

35 Meine erste Nacht an einem der perfekten Donaustränden in der Slowakei.

36

37

38

39

40

36 Der Sonne entgegen – 1.000 Kilometer liegen hinter mir. 1.800 Kilometer vor mir.

37 Mein letzter Campingplatz für die nächsten 1.600 Kilometer. Von nun an bevorzuge ich die Natur. Und meine letzte Nacht im aufblasbaren Zelt. Hier platzt gleich das Ventil.

38 Frachtschiffe und Schubverbände tuckern an mir vorbei. Meist reicht die Zeit, um ihr WLAN zu nutzen und Texte und Fotos zu bloggen.

39+40 Eine ungarische Großfamilie mit Freunden lädt mich für zwei Tage auf eine Donauinsel ein. Es gibt Fischsuppe, wir machen Bootsausflüge und unterhalten uns sogar auf Deutsch.

41 Ein heftiger Gewittersturm fegt über die Donau. Wie immer suche ich Schutz unter Bäumen – und werde erneut nicht vom Blitz erwischt. Man braucht kein Glück. Man darf nur kein Pech haben.

42 Matthias aus Belgien fährt mit einer Piroge die gesamte Donau herunter. Wir freunden uns sofort an und wollen ein paar Tage gemeinsam paddeln.

43 Heute habe ich Bergfest. Kilometer 1.400 fließt an mir vorbei. Die Hälfte ist geschafft.

44 Matthias weiß auch nach zehn Stunden paddeln nicht, wohin mit seiner Energie. Er hat kein Smartphone dabei, keinen Computer, kein einziges Buch. Er erinnert mich an Alexander Supertramp aus »Into the Wild« von Jon Krakauer.

45 In Serbien bereiten Donau-schwaben den Grill vor. Es gibt Ziege – und zwar ganze Ziege.

46 An einem besonders hübschen Strand winken mich drei Jungs zu sich. Der Geruch ihrer Joints wabert übers Wasser. Es sind drei Serben, die den Sommer auf kroatischer Seite verbringen. Ihnen ist Politik egal. Jetzt herrsche Frieden, und das solle auch so bleiben.

47 Fische springen um mein Brett herum, riesige Muscheln treiben an der Oberfläche und Wasserschlangen flüchten vor mir. Die Donau wird exotisch. Nicht ich unternehme eine Reise, diese Reise unternimmt etwas mit mir.

48 Abends am Lagerfeuer fühle ich mich als Urmensch. Vor allem vertreibt das Feuer die Moskitos.

49 Gegenwind und keine Strömung. Einer von tausend Momenten, an denen ich diese Tour abbrechen möchte.

50 Stundenlang paddele ich im Sitzen und kämpfe gegen den Wind an. Im Stehen hätte ich keine Chance, auch nur einen Meter voranzukommen.

51 Zwei bulgarische Kanuten und ein belgischer Pirogen-Fahrer paddeln einen Teil der Strecke mit mir. Allerdings sind sie doppelt so schnell wie ich.

52 Überall am Ufer stehen Angler. Sie winken mich zu sich und zeigen mir stolz ihren frischen gefangenen Fisch.

53 Als ich völlig erschöpft bin, taucht ein Boot auf: Kapitän Ringard stammt aus Unterfranken und spricht ein Deutsch, dass betrunkene Götter diesem Landstrich vor vielen Jahren als Bürde auferlegt haben müssen. Er nimmt mich mit durch die Schleuse des Eisernen Tors.

54

54 Feiernde Bulgaren laden mich
   ein, mit ihnen einen zu heben.
   Die meisten werden sich am
   nächsten Morgen nicht an
   meinen Besuch erinnern.

55 Matthias und ich sehen aus
   wie Robinson und Freitag. Wobei die Frage ist. Wer ist wer?

56 Die Welt ist orangefarben, die
   Sandstrände der Insel haben
   kleine Buckel und spiegeln das
   Sonnenlicht, die Donau ist eine
   Kürbissuppe.

57 Der perfekte Strand. Besser als
   jedes Hotel, jeder Campingplatz und jede Hütte. Eine
   vollkommen einsame Insel in
   Südrumänien.

55

56

57

58 »Doro« aus Bukarest nimmt mich ein paar Kilometer auf seinem Schleppverband mit.

59 Am Horizont ist das Schwarze Meer zu sehen.

60 Ankunft am Schwarzen Meer und Sprung ins Salzwasser.

61 Pünktlich zum letzten Sonnenuntergang liegt mein SUP am Strand des Schwarzen Meers.

58

59

60

61

uns die Erkenntnisse des anderen an, teilen Nöte und Sorgen, lernen voneinander und schätzen die Gegenwart des anderen mehr als im alltäglichen Leben.

Die beiden Bulgaren geben schon wieder Vollgas. Nach einer Stunde sind sie hinter dem Horizont verschwunden. Da Matthias heute auch nicht gut in Form ist, steuern wir auf einen kleinen Strand zu, um uns einen Energieriegel zu teilen und auszuruhen. Im Wasser spielen ein paar Jungs, einige von ihnen sprechen sogar Deutsch. Der Kleinste fragt, ob Matthias und ich beste Freunde wären. Und wir antworten beide spontan »Ja« – und lachen. Im Moment sind wir beste Freunde. Dass ich 26 Jahre älter bin als er, ist auf dieser Tour völlig egal. Wir paddeln zusammen, leben in der Natur, essen, schlafen, erleichtern uns im Fluss. Das Alter spielt bei diesen Aktivitäten keine Rolle.

Einer der Jungs ist Österreicher und erzählt, dass einer seiner Freunde im vergangenen Jahr ans andere Ufer geschwommen sei. Dabei habe ihn die Polizei erwischt und für drei Tage ins Gefängnis gesteckt, weil er keinen Pass dabeihatte – wie auch in Badehose?

Ich kann die Geschichte kaum glauben. Das ist Europa? Zwei EU-Länder, getrennt durch einen Fluss, sperren Bürger der anderen Seite ein, wenn diese ohne Ausweis unterwegs sind?

Nach der Pause fühlen wir uns fitter und gehen die letzten 35 Kilometer an – weiterhin ohne Strömung, teilweise bei leichtem Gegenwind. Matthias ist schnell so weit vor mir, dass ich ihn nicht mehr sehen kann. Als die Sonne untergeht, paddele ich noch eine halbe Stunde und beschließe, am rumänischen Ufer zu campen. Hier liegt eine perfekte, ebene Wiese direkt an der Donau. Ich habe mir geschworen, niemals im Dunkeln einen Zeltplatz suchen zu müssen und meine Sachen ohne Licht aufzubauen.

Mich erreicht eine SMS: Auch die beiden Bulgaren haben die Insel nicht erreicht. Sie campen auf der serbischen Seite. Wir wollen uns morgen früh treffen – aber sie werden erneut nach irgendwelchen Plänen Kilometerzahlen hinterherpaddeln.

Nur um Matthias sorge ich mich. Sein Handy ist gestern ins Wasser gefallen. Aber irgendwie finden wir uns immer wieder, denn die
Donau ist ein riesiger Hafen, in dem man immer anlegen und sich
heimisch fühlen kann.

TAG 36, IZVORU FRUMOS–
BASARABI, RUMÄNIEN

Izvoru Frumos, Rumänien, 44°27'06.0"N 22°28'23.7"E /
Basarabi, Rumänien, 44°01'08.5"N 23°01'13.9"E

Während ich über den gestrigen Tag schreibe, muht es hinter mir. Plötzlich galoppiert eine Kuh an mir vorbei. Ich habe gestern im Halbdunkel völlig übersehen, dass ich auf einer Weide übernachte. Hätte ich mir eigentlich denken können – wer sollte hier mitten in der Einöde schon Gras mähen? Auch die Kuhfladen, auf denen mein Zelt steht, sind meinen Blicken entgangen. Ich bin nur froh, dass die Rindviecher nicht auf mein Brett geschissen, meinen Rollwagen zertreten oder meine Tasche angenagt haben.

Meine Tage sind erfüllt mit Paddeln. Es gibt immer etwas zu tun, nämlich das Paddeln. Gleichzeitig gibt es nichts zu tun, weil ich einfach nur paddele – bis ich das nächste Dorf erreicht, die nächste Biegung umrundet oder einen schönen Zeltplatz entdeckt habe. Aber auch dann ist nichts erreicht – denn es geht immer weiter. Es steht außer Frage, dass ich gleich wieder paddeln werde. Und morgen. Und übermorgen. Wie wird es sein, wenn ich ankomme und nicht mehr weiterpaddele? In welches Loch werde ich fallen?

Vor einem Jahr hat ein Amerikaner eine ähnliche SUP-Tour ab Passau ins Schwarze Meer gemacht. Als er endlich am Schwarzen Meer angekommen war, fiel alles vom von ihm ab – und er paddelte einfach weiter. Über Istanbul, Griechenland, Italien nach Frankreich. Irgendwann verliert sich seine Spur im Internet. Vielleicht hat er die Paddelerleuchtung erlangt.

Die monotone Bewegung des Paddelns versetzt mich in Trance-Zustände. Beim Paddeln muss ich nicht denken. Es entsteht mehr

195

Raum in meinem Kopf für Ideen und Erkenntnisse. Meist sind sie so flüchtig, dass ich mich ihrer beim Schreiben nur vage oder gar nicht erinnere.

Doch schon nach der nächsten Biegung verwandelt sich die Trance in einen körperlichen Kampf. Mir blasen vier bis fünf Windstärken ins Gesicht. Dazu die Wellen, die sich über eine zehn Kilometer lange Gerade aufgebaut haben. Ich komme mal wieder mit weniger als 3 km/h voran. Da ich wegen der Schlingpflanzen am Ufer in der Flussmitte bleiben muss, spüre ich zum ersten Mal seit langer Zeit wieder tiefe Verzweiflung. Meine Kräfte lassen nach, doch ich kämpfe weiter. Am Horizont befindet sich ein Dorf. Dort warten die beiden Bulgaren auf mich. Ich muss es schaffen.

Als ich mich dem Dorf endlich auf Sichtweite nähere, kann ich ihr Kanu nirgends entdecken. Mittlerweile ist mein Handy alle, sodass ich sie auch nicht anrufen kann. Bei dem Wind ist es unmöglich, meine Powerbank aus dem Gepäck zu wühlen. Ich paddele im Knien mit Matthias' Stechpaddel durch Wassergräser und Sumpfpflanzen, die sich an meine Finne hängen wie ein Treibanker. Die letzten Meter zum Ufer muss ich mich über einen Teppich aus enggeknüpftem Bisamkraut kämpfen. Ich brauche für die letzten zehn Meter fünf Minuten.

In dem Dorf ist keine Spur von meinen Freunden zu finden. Ich gehe in das einzige Restaurant, ein schicker Bau mit einer überdachten Terrasse für mehr als hundert Gäste. Die Tische sind wie Tafeln über zehn Meter lang, die Stühle mit weißem Stoff bezogen. Ich bin der einzige Gast, der an diesem Mittag hier essen wird. Niemand spricht Englisch, doch versteht der Kellner irgendwann, dass ich gegrillten Fisch essen möchte.

Ich lade mein Handy auf und bekomme eine Nachricht von den beiden Bulgaren. Sie warten sechs Kilometer flussabwärts auf mich. Ich sage ihnen, dass ich heute nicht mehr viel Strecke machen kann. Wir verabreden uns für morgen Abend in Vidin, ihrer Heimatstadt. Irgendwie werde ich die letzten 60 Kilometer bis dahin schaffen.

Ich erkläre meinem Wirt, dass ich ein Hotelzimmer bräuchte, doch in diesem Ort gibt es nur dieses eine Restaurant. Sonst nichts.

Eine halbe Stunde später liegt ein Zander auf meinem Teller. Er ist halb roh. Ich zeige es dem Kellner. Er versteht nicht, was mein Problem ist. Ich bezahle, gehe zurück zu meinem Brett und kämpfe mich zurück durchs Bisamkraut. Als ich wieder freies Wasser erreiche, ruft jemand vom Ufer und hält meine Flip-Flops in die Höhe. Ich kämpfe mich zurück – als hätte ich nicht schon genug Energie verbraucht. Es gibt solche Tage.

Zwei Stunden später sehe ich ein seitliches Wehr. Ich frage mich, ob ich es überwinden könnte und danach endlich wieder Strömung hätte. Doch wartet Matthias am unteren Kraftwerk auf mich. Ich kann ihn auf keinen Fall sitzenlassen, also kämpfe ich weiter gegen Wind und Welle. Ich habe noch 30 Kilometer vor mir. Meine einzige Rettung wäre, dass sich der Wind dreht. Manchmal tut er das nachmittags wegen der Thermik. Oder vielleicht nimmt mich ein Boot mit? Eigentlich müssten die Deutschen mit ihrem Motorsegler noch in der Gegend sein.

Als ich mich umdrehe, taucht ein Schiff am Horizont auf. Ich kann mein Glück nicht fassen. Sind sie es wirklich? War ihr Boot nicht grün? Das hier ist weiß. Aber es ist eindeutig eine Privatyacht mit gelegtem Mast. Hält sie auf die Nebenschleuse zu? Ich paddele so schnell ich kann in Richtung rumänisches Ufer. Dann dreht die Yacht doch wieder in Richtung Hauptarm. Ich paddele zurück. Endlich liege ich genau in ihrer Fahrtrichtung und winke mit den Armen. Es sind nicht die Deutschen. Doch vielleicht nimmt mich dieses Boot trotzdem mit. Schließlich reagiert der Steuermann und nimmt Fahrt heraus. Ich paddele heran, ein Mann an Bord spricht Deutsch. Ein wenig mürrisch willigt er ein, mich mitzunehmen. Ich bin überglücklich, hieve SUP und Pack aufs Boot und bin gerettet. (Foto 53)

Kapitän Ringard stammt aus Unterfranken und spricht ein Deutsch, dass betrunkene Götter diesem Landstrich vor vielen Jahren als Bürde auferlegt haben müssen. Er ist mit seinem rumänischen Schwager und dessen Cousin unterwegs ins Schwarze Meer. Seine 18-Tonnen-Stahlyacht hat er selbst gebaut – 15 Jahre lang. Jetzt macht er mit Mitte 60 endlich seine erste Tour. Der gewaltige Mast liegt auf Trägern quer über dem Boot. Er will ihn im Schwarzen Meer aufstellen und dann über Istanbul nach Griechenland segeln.

Da Ringard lange mit keinem Landsmann gesprochen hat, erzählt er mir seine gesamte Lebensgeschichte. Fünf Kinder, Scheidung, Rücken-OP, sein Boots-Kompagnon gestorben. Eine Ansammlung von Unglück, und doch hat er sich seinen Traum erfüllt und sitzt jetzt bis zu 15 Stunden täglich am Steuer seiner Rijo, hat mit zwei Metern Tiefgang ständig Angst aufzusitzen, versucht, seinen beiden rumänischen Mitseglern Bootsmannschaft beizubringen und hat blaue Lippen vom Rotwein. Das Steuer gibt er nicht aus der Hand – meine Erfahrung auf See überzeugt ihn auch nicht, mich mal ranzulassen, eine Pause einzulegen und einfach die Tour zu genießen.

Als wir uns dem Eisernen Tor 2 nähern, sehe ich vor uns einen weißen Strich am Horizont. Kann das Matthias sein? Hat er wirklich auf mich gewartet? Er ist es tatsächlich. Ich überrede Ringard, den lieben Belgier mit an Bord zu nehmen. Er würde es nicht bereuen. Der Junge sei einmalig. Nach ein wenig Murren – ich kann hier doch keinen Kanuverleih aufmachen – hält Ringard auf die Piroge zu.

Als Matthias an Bord klettert, umarmen wir uns lang. Es ist verrückt, wie eng wir auf dieser Tour verbandelt sind, und dass wir uns immer wiederfinden.

Das Schleusen dauert mit Wartezeit mehr als zwei Stunden. Doch das ist uns völlig egal. Wir müssen unsere Boote nicht um das Wehr tragen, sitzen auf einem stabilen Schiff, bekommen kaltes Wasser zu trinken und können unser Glück mal wieder nicht glauben.

Ringard erzählt vom Ein- und Ausklarieren seines Schiffs beim Zoll. Für das Anlegen am Steg wollten die bulgarischen Behörden 30 Euro kassieren – als Parkgebühr. Die Dreistigkeit, mit der Betrug und Korruption in diesem Land gelebt würden, sei erschreckend. Eigentlich hätte so ein Land nichts in der Europäischen Union verloren. Da sich Ringard geweigert hat, die Anlegegebühr zu zahlen, hätte er auch keinen Stempel erhalten, somit dürfe er auch nicht auf bulgarischer Seite segeln. Europa ist noch meilenweit davon entfernt, als geeinter Staat zu fungieren. Da Rumänien und Bulgarien noch immer nicht Teil des Schengener Abkommens seien, herrsche hier weiterhin das totale Chaos.

»Aber was soll's«, sagt Ringard. »Bleiben wir halt auf der linken Donauseite.«

Als die Sonne langsam untergeht, werfen wir den Anker vor einer kleinen Insel. Die beiden Rumänen kochen Suppe mit Nudeln. Sie beten vor dem Essen; ich falte ebenfalls die Hände und mache mit.

Ich lege mich mit Isomatte und Schlafsack in die Schiffsmitte, lasse einen winzigen Schlitz zum Atmen frei und versuche, trotz des Sirrens hunderter Moskitos um mich herum, einzuschlafen. Als es kälter wird, verschwinden die Tiere langsam, ich schäle mich aus meinem Schlafsack, lasse die frische Donaubrise meinen Körper kühlen, schaue in die Sterne und bin glücklich. Es ist ein Glück, das so flüchtig ist wie der Wind. Es ist nicht zu greifen und nicht festzuhalten. Es ist ein kurzes Mysterium und sehr brüchig. Ein Moskito reicht aus. Er holt mich aus meiner Seligkeit und zeigt mir, dass alles stets vergeht und sich permanent verändert.

TAG 37, BASARABI, RUMÄNIEN– VIDIN, BULGARIEN

Basarabi, Rumänien, 44°01'08.5"N 23°01'13.9"E / Vidin, 43°58'50.0"N 22°52'30.2"E

M ein erstes Bett seit Budapest – seit zwölf Tagen. Noch nicht einmal zwei Wochen. Und es kommt mir vor wie Monate, fast Jahre. Ich liege in einem Hotelzimmer in Vidin und heule vor Glück. Auf meinem Computer läuft AnnenMayKantereit, die ich seit Beginn der Tour täglich laut auf der Donau singe. Jetzt höre ich sie endlich wieder und frage mich, warum mich diese Band so zerreißt. »Zuhause bist immer nur du, ich hab' keine Heimat, ich hab' nur dich« – vielleicht wegen solcher Texte.

Heute früh haben wir uns von Ringard und seiner Crew verabschiedet. Wir haben Telefonnummern und E-Mail-Adressen ausgetauscht. Ringard sagte, dass er immer wieder Crew-Mitglieder bräuchte für seine Segeltörns. Vielleicht meldet er sich eines Tages. Wobei ich nicht sicher bin, ob seine selbstgebaute Yacht vernünftig segelt. Ein 18-Tonnen-Motorsegler lässt sich mit Sicherheit schwer vom Wind tragen.

Matthias und ich schauen uns Vidin an. Die ersten Schritte in einem neuen Land sind immer besonders. Wie sind die Menschen? Was macht die Atmosphäre mit uns? Was macht das Land aus? Matthias stellt fest, dass die Menschen nicht lächeln. Er fühlt sich nicht wohl. In Vidin gibt es dutzende kleiner Klamottenläden und unzählig viele Menschen mittleren Alters, die offenbar zum Shoppen hier sind. Die Fußgängerzone ist fast zwei Kilometer lang, die Gebäude aus der vorkommunistischen Zeit sind meist stark verfallen. Zwischendrin steht 20 Stockwerke hohe Ostblockarchitektur.

Als ich versuche, Geld abzuheben, bleibt meine Karte in dem Automaten stecken. Ich finde eine Bank, die das Logo des Automaten trägt.

In der Bank stehen mehr als 50 Menschen Schlange und warten vor einem Nummernautomaten. Genau so viel sitzen auf Stühlen und starren auf ihr Nummernkärtchen. Ich gehe zu einem Schalter, hinter dem eine einzelne Frau sitzt und keine Kunden betreut. Da sie kein Englisch spricht, gehe ich zu einem der Nummernschalter. Ich erkläre mein Problem – man könne es in zwei, drei Tagen lösen. Ich verlange den Chef zu sprechen. Die Frau, die kein Englisch spricht, sei die Chefin. Ich sage, dass ich Tourist bin und es für mich ausgeschlossen sei, in dieser Stadt länger als einen Tag zu verbringen.

Ich solle eine Nummer ziehen, damit man sich um das Problem kümmern könne. Ich weigere mich, sage, dass es zum Service einer Bank gehöre, für die Abhebegebühr ein System einzurichten, dass bei Versagen der Bankomaten sofort für Hilfe sorge. Das sei europäischer Standard. Ich plustere mich ziemlich auf, versuche autoritär und bestimmend zu wirken. Es funktioniert offenbar. Ich solle mich in einer Stunde am Automaten einfinden.

Tatsächlich erscheint eine Stunde später ein Mensch in einer schmuddeligen Uniform und öffnet den EC-Kasten.

»No card«, sagt er. Ich kreuze die Arme vor der Brust und sage ihm, dass ich hier so lange mit ihm warten würde, bis er mir die Karte aushändigt. Er schaut mich grimmig an. Tut so, als würde er weiter nach der Karte suchen und findet sie dann plötzlich. Was hatte er vor? Wollte er meine Karte behalten und damit Geld abheben? Welche Sicherheitsfirma beschäftigt solche Gauner?

Zurück im Hotel falle ich in einen komatösen Schlaf. Erst jetzt merke ich, wie sehr mein Körper eine Pause braucht. Um fünf Uhr wache ich erschrocken auf. Wir wollten uns um diese Uhrzeit mit den beiden bulgarischen Paddlern treffen. Ich rufe sie an. Sie sind gerade erst angekommen, wir sollen uns nicht hetzen.

Wir helfen dabei, ihr Boot quer in einen Kleinlaster zu legen und fahren zu einem der beiden nach Hause. Das Elternhaus steht ein bisschen außerhalb Vidins. Auf der Terrasse hat die Mutter vier Plätze eingedeckt. Fünf Stunden lang, von 18 bis 23 Uhr, fährt sie ununterbrochen Essen auf. Überbackene Auberginen, Salate, gefüllte Paprika, alle möglichen Sorten an gegrilltem Fleisch, Kartoffeln, Brot – es ist wie im Paradies. Wir werden total verwöhnt. Ich platze gleich. Dazu unterhalten wir uns hervorragend. Wir träumen von der Zukunft, machen Pläne, uns wiederzusehen und gemeinsam zu paddeln.

Wie kommt es an der Donau zu dieser überwältigenden Gastfreundschaft? Ist es der Fluss? Sind es die Länder? Ist es meine Art zu reisen?

Wieder wird mir klar, wie unendlich reich mein Leben auf dieser Reise ist. Warum soll ich überhaupt in die Armut zu Hause zurückkehren? Gäbe es meine Partnerin nicht, gäbe es keinen Grund, diese Reise am Schwarzen Meer zu beenden.

TAG 38, VIDIN-LOM, BULGARIEN

Vidin, 43°58'50.0"N 22°52'30.2"E /
Lom, 43°48'37.4"N 23°08'43.9"E

Um zehn Uhr holen uns unsere bulgarischen Freunde Hristo und Ivan ab, um mit uns Shoppen zu gehen. Ich brauche Gas für meinen Brenner und Matthias ein neues Messer. Sie erklären uns, dass Vidin die Hauptstadt der ärmsten Region des Landes sei. 70 Prozent der Jugendlichen verließen die Gegend, um woanders zu arbeiten oder zu studieren.

»Wer hier bleibt, wird Alkoholiker oder verrückt«, sagt Hristo.

Oder beides, denke ich.

Ich frage, ob mein Eindruck täuscht. Ist Vidin wirklich so sehr russlandbezogen?

»Nicht mehr«, antwortet Hristo. »Zu Zeiten des Kalten Kriegs war der Norden Bulgariens reich. Hier gab es Arbeit und eine gute Infrastruktur. Seitdem wir in der EU sind, ist der Süden bevorteilt. Dort ist die neue Industrie angesiedelt worden. Alles ehemals Russische hier oben geht den Bach runter – deshalb sieht es vielleicht aus wie in Russland. Wäre schön, wenn es hier aussehen würde wie in Berlin.« Er lacht – schließlich lebt er in Jena und weiß, wie eine Stadt des ehemaligen Ostblocks erblühen kann.

Mittags gehen wir auf dem Schiff essen, an dem wir gestern angelegt haben. Hristo und Ivan werden hier wie Helden behandelt. Sie haben es geschafft – raus aus Vidin, Medizin studiert, und jetzt verdienen sie mehr Geld als die Menschen in den scheußlichen Wohnblöcken am Rande der Stadt zusammen. Natürlich ist es völlig ausgeschlossen, dass ich die Restaurantrechnung übernehme, die beiden sind natürlich schneller gewesen.

Zum Schluss lädt der Restaurantchef ins Separee, um mit uns den besten Tropfen zu teilen. Dass ich schon wieder ablehnen muss, tut mir fürchterlich leid. Es ist für die Menschen hier wie eine Beleidigung, wenn man nicht mit ihnen trinkt. Hier ist der Alkoholmythos noch in voller Blüte. Bei uns kommen Teile der Gesellschaft langsam dahinter, dass es im Leben auch schöne Momente ohne Alkohol geben kann. Hier sind Feierlichkeiten ohne Alkohol wie Knutschen ohne Zunge.

Um 14 Uhr paddeln Matthias und ich wieder los. Ich freue mich auf mein Brett, die Stille der Donau, den Wind, das Wasser, die Eintönigkeit meiner Paddelschläge. Nach zwei entspannten Tagen auf Ringards Boot und im Hotel ist es höchste Zeit, wieder in den alten Rhythmus zu finden. Mein Natur-Ich will sich wieder ausleben. Der Druck, anzukommen ist zu einem Teil meines Wesens geworden. Es gibt beim SUP-Wandern kein Zurück, kein Entrinnen. Es gibt nur das Ankommen, das Vorwärts-Paddeln. Ein Ziel zu haben tut mir gut. Es gibt keine Fragen nach dem Warum, nur nach dem Wann.

Der Fluss führt mich automatisch zum Ziel. Er ist seit dem Eisernen Tor 2 ungebändigt. Bis zur Mündung gibt es kein Wehr mehr, noch nicht einmal eine Brücke überspannt den Strom. Die Donau fließt ungezügelt wie seit tausenden von Jahren. Es genügt, Stunde für Stunde zu paddeln. Ich teile die verbleibenden 700 Kilometer in Zehnerschritte ein. Fast schaffe ich zehn Kilometer pro Stunde. Mein Wille, weiterpaddeln zu wollen, wird zu meinem Schicksal.

Der Fluss und ich sind zusammen gewachsen. Zusammengewachsen. Er führt im Moment extremes Niedrigwasser. Sandbänke ragen heraus, die Uferböschungen sind meterhoch, Bäume und ihre Wurzelberge liegen frei. Ein Einheimischer erzählt mir während einer kurzen Pause am Ufer, dass sie hier seit Jahren nicht so wenig Wasser hatten. Das letzte Mal war 2005 – und dann kam das schlimmste Hochwasser seit Jahrzehnten.

Die Landschaft hat sich wieder verändert. Die Karpaten sind nach Norden abgebogen, und vor mir liegt eine braun-graue Ebene. Am

Ufer laufen Treidelpfade und Alleen entlang. Die wenigen Dörfer sehen aus wie aus »Herr der Ringe«, moosbedeckte Dächer, winzige Schornsteine auf Einraumhütten, Einzylindertraktoren mit schaukelnden Männchen am Lenkrad.

Es ist Samstag. Am Ufer stehen die Menschen und angeln, feiern, hören laute, scheppernde Musik aus Autoboxen und winken mich zu sich. Die hundertste Einladung nehme ich an. Ich lenke mein Boot auf eine Gruppe Männer, die mit Wohnwagen, Ladas und fahrbaren Holzhütten im Wald campieren. Ich müsse keine Angst haben, sagte einer von ihnen. Zwei seien Polizisten. Als ich sage, dass ich keine Angst hätte, lacht er.

Von der Böschung kommt ein Mann mit einer riesigen Flasche Bier heruntergelaufen und streckt sie mir entgegen. Als ich ablehne, ist er unendlich enttäuscht. Das hat er vermutlich noch nie erlebt. Ich frage nach Wasser, und ein junger, muskulöser Kerl kommt mit einer Flasche Wasser zu mir, in der ein Eiswürfel schwimmt. Noch nie war Wasser so lecker. Sie zeigen mir einen Fisch, den sie gefangen haben – ein riesiger Karpfen. Das Tier ist sicherlich zehn Kilo schwer. Wir machen Fotos. Sie versprechen mir, diese an meinen Facebook-Account zu schicken.

Sie fragen, ob ich hier schlafen wollen würde. Sie hätten noch ein Bett frei. Ich lehne schon wieder ab, sage, dass ich ein Zelt dabeihätte und noch ein paar Kilometer paddeln wollte. Auf dem Grill liegen kiloweise Hähnchen. Einige der Männer sind so betrunken, dass sie kaum noch sprechen können. (Foto 54) Sie reden wild auf mich ein und vergessen, dass ich kein Wort verstehe. Endlich ist das Hühnchen fertig. Dazu gibt es Zaziki auf Tomatenbasis mit ganzen Knoblauchzehen, Brot, kalten Fisch und ein bisschen Tomatensalat. Ich darf nicht zimperlich sein und mir die Finger der Männer anschauen. Sie sind schwarz vor Dreck. Alle dippen in den Zaziki-Topf mit ihren angelutschten Broten und abgenagten Knochen. Sie schmeißen die Essensreste ins Gebüsch, spucken Splitter auf den Boden und sind ganz und gar glücklich und ursprünglich in ihrer Nahrungsaufnahme und Männlichkeit. Ich passe mich an – nach fünf Wochen in der Natur ist es völlig egal, ob ich meine Finger an meinen Beinen abwische, den Bart mit Brot reinige und Essensreste aus meinen Zähnen pule. Die Männer sehen, dass ich gern und viel esse und verzeihen mir nun wohl auch, dass ich ihren Alkohol abgelehnt habe.

Doch dann schenkt mir einer von ihnen doch wieder einen Pappbecher mit Rotwein ein – ich kann nach diesem Mahl nicht ablehnen, nehme einen Schluck und finde den Geschmack entsetzlich. Nach all den Jahren ohne Alkohol brennt das Zeug sogar in meiner Speiseröhre. Ich drücke den Becher unauffällig dem muskulösen Jungen in die Hand, der mir das Wasser gebracht hatte. Er lächelt und stellt den Becher auf den Tisch. Vermutlich trinkt er auch nicht.

Als ich mich verabschiede, kommen alle mit zu meinem Brett, schlagen in meine Hand ein, tätscheln meine Schultern, wünschen mir Glück und stoßen mich so kräftig ab, dass ich fast ins Wasser falle. Sie lachen wie Kinder, schütteln ihre Köpfe und winken, bis ich hinter der nächsten Biegung verschwunden bin.

Noch etwa fünf Kilometer bis zum bulgarischen Lom. Ich beschließe, vor der Stadt am rumänischen Ufer zu zelten, um morgen in Lom zu frühstücken und einzukaufen. Als ich mich umdrehe, entdecke ich Matthias am Horizont. Er ändert seine Richtung, als er sieht, dass ich das Ufer ansteuere. Es ist fast ein bisschen unheimlich, dass wir uns immer wiederfinden.

Als wir unsere Zelte aufgebaut haben, sagt er: »Sartre hat gesagt: ›Die Hölle sind die anderen.‹ Ich sage: Die Hölle sind die Moskitos.« Matthias ist kein Philosoph. Er ist ein rein praktischer, intelligenter junger Kerl, der in dieser verrückten Welt überhaupt nicht weiß, was er aus seinem Leben machen soll.

Draußen rauscht der Wind durch die Pappeln. Es hört sich an, als würde es regnen. Der Vollmond bescheint unsere Zelte so intensiv, dass ich fast mein Solargerät raushole, um mein Handy zu laden.

Auch nach acht Stunden auf dem Brett möchte ich nicht aufhören zu schreiben. Die Reise lässt meine Kreativität wieder ausbrechen, meine Schaffenskraft scheint mit jedem Paddelschlag zu wachsen. Die Tour entwickelt sich immer mehr zu einer Pilgerreise. Unterwegssein ist die beste Metapher für ein spirituelles Leben. Jetzt endlich schaffe ich es, beide Leben miteinander zu verknüpfen. Wie viele spirituelle Seminare habe ich besucht, um eine bestimmte Stufe spirituellen Bewusstseins zu erreichen, um alles ein paar Wochen später wieder zu verlieren. Aber ich konnte nicht ewig in Klöstern, Ashrams oder Seminaren leben. Die Meditationsdisziplin ließ außerhalb der Zentren schnell nach, und ich fiel zurück in alte Gewohnheiten. Auf Reisen erreiche ich einen noch höheren Grad des Bewusstseins, mehr Offenheit, mehr Herzlichkeit, mehr Wahrhaftigkeit und mehr Authentizität.

Dafür bin ich unterwegs. Und dafür werde ich auch in Zukunft unterwegs sein. Diese Reise darf nicht enden.

TAG 39, LOM–NEDEIA, RUMÄNIEN

Lom, 43°48'37.4"N 23°08'43.9"E /
Nedeia, Rumänien, 43°47'38.1"N 23°45'53.8"E

Wie wenig Raum mein Brett einnimmt, wenn ich über diesen gewaltigen Strom SUPe. Und doch stehen mir Millionen von Donau-Quadratkilometern zur Verfügung. Ich stelle mir vor, wie ich von oben aussehen mag. Ein orangefarbenes Brötchen mit einer Zimtstange darauf.

Manchmal bin ich der Donau unendlich dankbar, dass sie mich passieren lässt, dass sie mich trägt, erträgt. Ich hinterlasse keine Spur, muss mich nicht einordnen, habe nur den Rhythmus meiner Paddelschläge. Alle drei Meter steche ich in die Donau, hinterlasse kurze Wirbel, wechsele alle fünf Schläge die Seite und gleite permanent meinem Ziel entgegen. Eine Million Mal – dann bin ich da.

Anfangs empfand ich meine Langsamkeit als resignierend. Ich tröstete mich damit, dass ich immerhin schneller bin als ein Spaziergänger. Aber langsamer als ein Jogger. Mittlerweile spüre ich, dass mein Schneckentempo hilft, präsent an Orten anzukommen. Ich brauche keine Eingewöhnungszeit wie nach langen Flügen oder Autofahrten. Ich steige an Land und bin da. Als gehörte ich schon immer dorthin.

Die Bulgaren auf dem Land sprechen praktisch nie Englisch. Selbst die Karten in den Restaurants sind auf Bulgarisch. Dazu schreiben sie kyrillische Buchstaben wie die Russen.

Die Menschen verstehen auch meine Zeichensprache nicht. Ich zeige mit den Fingern auf meinen Mund, dann auf meinen Bauch, um verstehen zu geben, dass ich etwas essen möchte. Den Fisch, den ich gern essen würde, erkläre ich mit Schwimmbewegungen, zeige auf die Donau, mache einen Angler nach, der an seiner Rute zieht und die

Rolle einholt. Die Kellnerin nickt und sagt »No«. Ich lasse mir die Karte geben, zeige auf etwas, das aussieht wie der Hauptgang und lasse mich überraschen.

Zu meiner großen Freude bringt sie mir einen gegrillten Stör mit Gemüse. Der Fisch schmeckt hervorragend. Ich zahle fünf Euro inklusive einem Liter Mineralwasser und Apfelsaft. Man mag nicht glauben, dass das hier Europa ist.

Matthias und ich machen ein Selfie an einem der Strände. Wir sehen aus wie Robinson und Freitag. (Foto 55) Mit unseren Bärten, braungebrannt und wild. Hier fällt es nicht schwer, in die Kamera zu lächeln, weil mir sowieso ein Lächeln im Gesicht steht. Zu Hause hasse ich es, fotografiert zu werden, weil mir meist nicht zum Lächeln zumute ist. Vor allem nicht künstlich. Ich schaue dann häufig in die Linse wie Menschen zur Zeit der Jahrhundertwende, die diese neue Technik skeptisch beäugen.

Die Flüchtigkeit der Momente aus Glück, Unglück, Gnade, Verzweiflung, Erschöpfung oder Freude wechseln auf dieser Reise weiter im Stundentakt: Ich bin vollkommen entkräftet, meine Schultern sind schwer wie Beton. Matthias ist längst am Horizont verschwunden. Wir wollten uns bei Kilometer 680 oder weniger treffen. Doch ich kann heute nicht mehr. Der schlechte Schlaf in der Vollmondnacht hat mir alle Kraft geraubt.

Ich bin so zerrissen zwischen Ankommen-Wollen und ewigem Weiterpaddeln. Das Leben wird mir nach der Reise vermutlich erst einmal nicht mehr so frei zur Verfügung stehen. Die Nähe zur Natur, jeden Sonnenauf- und -untergang miterleben, dem Wachsen und Schwinden des Monds folgen, die vielen Vögel um mich herum, das Wasser, die Pflanzen. Das Schlafen im Zelt, das Kochen auf meinem kleinen Gaskocher, Müsli morgens am Strand. Und gleichzeitig sehne ich mich zurück nach Hause. In ein richtiges Bett, das ich nicht jeden Tag auf- und abbauen muss. Ich freue mich auf eine warme Dusche, saubere

Kleidung, einen Kühlschrank, mein Fahrrad, meine Freunde, Kollegen, Tennisspielen. Filme gucken, Zeit vertrödeln. Auch aufs Arbeiten freue ich mich.

Das Gesellige fehlt mir. Die Ablenkung von mir selbst. Eine Welt jenseits der Paddelei. Abwechslung in all ihren Nuancen unserer verrückt gewordenen Gesellschaft. Und gleichzeitig weiß ich, wie schnell mir das alles entsetzlich auf die Nerven gehen wird. Wo wäre der Ort, an dem ich das Glück der Natur und die Freude der Gesellschaft miteinander kombinieren könnte? Vielleicht auf einem Boot? Ich könnte ständig zwischen dem Segeln und dem Hafenleben hin und her wechseln. An den schönsten Orten der Welt liegen, frei sein von gesellschaftlichen Bürden und gleichzeitig die Vorteile der Gesellschaft nutzen.

Doch geht einem das Bootsleben auch irgendwann auf die Nerven. Immer unterwegs, immer neue Leute kennenlernen, keine Kontinuität. Und vor allem kein Ziel.

Wenn ich doch bloß eine Freundin für ein derartiges Leben hätte.

Auf dieser Tour werde ich täglich an meine Endlichkeit erinnert. Zu Hause tue ich, als würde das Leben nie zu Ende gehen. Hier spüre ich meinen Körper, seine Qualen, seine unbefriedigten Bedürfnisse. Zu Hause rasen wir über Autobahnen, fliegen in zwei Stunden von einem Meer zum nächsten, tauchen durch Filme in fremde Welten ein. Geschwindigkeit, Illusion und Abwechslung lassen mich vergessen, dass ich altere. Hier komme ich mit meiner Sterblichkeit ins Reine, indem ich meinen Körper stärker beanspruche und dadurch seine Verletzlichkeit intensiver wahrnehme. Die Lebensfreude bespringt mich an Land, wenn mein Körper Ruhe findet. Wenn ich in der Natur sitze und endlich Waffenstillstand herrscht zwischen dem schlagenden Paddel und dem maladen Körper. Es ist eigentlich ein ganz einfaches Prinzip, um glücklich zu werden. Man verausgabt sich körperlich, ruht sich danach aus und wird glücklich; vermutlich treiben wir deshalb Sport.

Das Leben in der Natur ist unmittelbar, direkt. Es gibt keinen Puffer zwischen mir und dem Regen, der Sonne, dem Wind, dem Fluss, den Insekten, der Hitze. Ich bin allem ohne Schutz ausgeliefert. Keine Wohnung, kein Auto, keine Freunde, keine Ablenkung, kein Komfort. Keine Pufferzone zwischen mir und dem Wüten der Welt. Doch diese Pufferzone ist auch eine Dunstglocke, unter der die Zivilisation lebt. Wer geht schon ein echtes Risiko ein auf Reisen? Der Klettergarten ist TÜV-abgenommen, der Wildwasser-Parcours doppelt gesichert, Pisten begradigt – Urlaub im voll ausgeschilderten Als-ob-Gefahrengebiet. Gezähmte Urlauber in gezähmter Wildnis. Gebändigtes Abenteuer. Sie wollen das vielbesungene »Hier und Jetzt« erleben. Mehr aber bitte nicht.

Ja – es ist nicht vernünftig, was ich mache. Nennt es unverantwortlich oder unmoralisch. Doch erst in diesem Grenzbereich erfahre ich das Leben jenseits des domestizierten Daseins. Das unmittelbare Erleben macht mich zu dem, der ich eigentlich bin. Auch wenn ich nicht sagen kann, wer genau das ist. Es ist der, der in diesem Moment voll anwesend ist. Auch wenn dieses Erleben nicht immer vergnüglich ist, so fühlt es sich doch lebendiger an als alles, was ich jenseits dieses Abenteuers erlebt habe.

Langsam reißt bei mir der Schleier auf, und ich erkenne die Langeweile der gedämpften Welt. Gegen diese Dunstglocke helfen nur Bungee-Springen, Extremsport, Drogen und Arbeitswut. Oder die radikale Rückkehr aus der Komfortwelt in die Natur.

Im Moment kann ich mir kaum vorstellen, wieder unter die Dunstglocke zu kriechen. In eine Welt zurückzukehren, die sich permanent mit der Steigerung ihrer Kaufkraft beschäftigt, die Kohlenstoffemission verringern will und technische Probleme von Geräten zu lösen versucht, die wir nicht brauchen. Doch das wahre Problem ist, dass wir so satt sind, dass wir uns keine bessere Welt als die jetzige vorstellen können. Ist das nicht der Zeitpunkt kurz bevor Epochen enden?

Auch ich wüsste nicht, was noch besser werden könnte. Deshalb gehe ich zurück in die Zeit der Urmenschen und befreie mich zumindest vom Zivilisationsverdruss. Doch vorwärtsgerichtet ist meine Reise nicht. Vielleicht sollte ich meinen nächsten Trip antreten und nach einer besseren Welt suchen.

Der Wind treibt mich voran wie ein totes Blatt, und ich sehne die Insel am Horizont mehr als alles auf der Welt herbei. Irgendwann spüre ich meinen Körper nicht mehr, er funktioniert nach hunderttausenden Paddelschlägen von allein. Ich bin kaum noch wach, eine Automatik hat übernommen. Selbst quälende Gedanken tauchen keine auf. Das Wasser trägt mein Brett, und doch fühlt es sich an, als schwebte ich übers Wasser. Die Oberfläche sieht aus wie flüssiges Öl. Ich weiß gar nicht mehr, ob ich überhaupt noch vorankomme oder einfach feststecke und mich über eine andere Dimension als Raum und Zeit der Insel nähere.

Kaum erreiche ich die Insel, fällt alle Erschöpfung und Last des Paddelns von mir ab. Ich schlage mein Zelt auf, die Sonne geht unter, ich bin im Paradies gelandet. Freude, Glück, Gnade, all diese Gefühle überkommen mich gleichzeitig. Wie kann das Leben so schön sein? Was mache ich, damit ich solche Momente erleben darf? Ich kann mich gar nicht sattsehen am Licht; die Welt ist orangefarben, die Sandstrände der Insel haben kleine Buckel und spiegeln das Sonnenlicht, die Donau ist eine Kürbissuppe (Foto 56) – und dann kommen die Moskitos. Wieder schlägt der Moment um. Ein Sirren erklingt in der Luft. Aus den Bäumen hinter mir springt mich eine Wolke an und will mich bei lebendigem Leib aussaugen. Ich steige in mein Zelt, schließe hektisch den Reißverschluss, der sich dabei verhakt und den Mücken damit unendlich viel Zeit lässt, mein Zelt zu besetzen.

Der Sand, auf dem mein Zelt steht, war heute 14 Stunden lang der Sonne ausgesetzt. Es sind sicherlich 35 Grad im Innern. Während ich versuche, die Moskitos zu töten, läuft mir der Schweiß in Strömen herunter. Ich würde so gern 'rausgehen und ein Feuer machen, doch ich muss noch mindestens eine Stunde warten.

TAG 40, NEDEIA–
GÂRCOV, RUMÄNIEN

Nedeia, Rumänien, 43°47'38.1"N 23°45'53.8"E /
Gârcov, Rumänien, 43°44'10.8"N 24°38'35.5"E

40 Tage schon.
Vor ein paar Jahren habe ich für 40 Tage gefastet. Was Jesus kann, kann ich auch, habe ich mir damals gesagt. Die 40 Tage kamen mir wie eine Ewigkeit vor. Es ging täglich darum, die Zeit herumzubringen. Das ist auf dieser Reise anders. Natürlich geht es auch darum anzukommen. Aber vor allem geht es um die Zeit mit mir, auf dem Fluss, in der Natur. Die Zeit ohne Gesellschaft, ohne Medien, ohne den Druck, den wir uns machen und dem wir uns aussetzen müssen. Es geht ganz egoistisch um mich, um das Erleben dieses großen Abenteuers.

Damals, nach den 40 Tagen fasten, hat sich mein Leben komplett verändert – ich habe beim *NDR* gekündigt, bin einem Guru um die Welt gefolgt, habe anschließend eine Medienproduktionsfirma gegründet und mich selten irgendwelchen Zwängen oder Riten unterworfen.

Meine Donau-Tour ist nach 40 Tagen kein großes Abenteuer mehr. Es ist so normal geworden, unterwegs zu sein, zu paddeln, die Donau zu Füßen zu haben, nicht zu wissen, was der Tag bringt, wo und wann ich esse, schlafe oder Menschen begegne. Ich bin das Abenteuer geworden, und damit ist seine Exotik längst geschrumpft.

Außerhalb meiner Selbstexperimente und der ausgedehnten Reisen lebe ich wie in einer Nussschale. In meinem Alltagsleben multiplizieren sich sämtliche Emotionen und entladen ihre Kraft wie eine Bombe, die in einem Bunker gezündet wird. Es gibt in meinem zivilisierten Leben kein Entweichen der Energie. Nur auf Reisen oder bei spirituellen Übungen sprenge ich die Nussschale und kann Emotionen frei lassen. Die Freiheit ist also nicht äußerlich, sie ist ein innerer Prozess, der immer dann einsetzt, wenn ich die Komfortzone verlasse und wild und ursprünglich lebe. Es fühlt sich an, als würde ich eine neue Welt betreten; ein neues, offeneres, weiteres Bezugssystem.

Ich komme mir fast betrunken vor, so überwältigend ist die Einfachheit meines Lebens auf der Donau. Gleichzeitig ist der Alltag komplexer – die Grundbedürfnisse sind nicht automatisch erfüllt. Und genau das macht diese Reise zu einem Abenteuer. Sonst wäre ich lediglich Tourist, der das Klima gewechselt hätte, nicht aber seinen Lebensalltag.

Während ich diese Zeilen schreibe, sitze ich zum ersten Mal seit Wochen abends draußen. Normalerweise fressen mich die Moskitos kurz nach Sonnenuntergang auf. Aber heute schwirren nur ein paar träge Tiere um mich herum und lassen sich bereitwillig totschlagen. Vielleicht liegt das an dem riesigen Feuer, das vor mir brennt. Ich wollte damit Matthias anlocken. Doch er ist weitergepaddelt, weil er unbedingt einmal bei Nacht auf dem Wasser sein wollte. Er meinte, es wäre wie fliegen oder schweben. Außerdem hätte man das Gefühl, schneller voranzukommen. Doch mir gefällt der Gedanke nicht, im Dunkeln einen Zeltplatz suchen zu müssen und nicht zu wissen, wo ich alles aufbaue. Ich genieße also einen Abend allein auf einer der karibischen Donauinseln – das letzte Schild zeigte 620.

Seit Kilometer 999 habe ich das Gefühl, schon angekommen zu sein. Dabei ist es jetzt immer noch so weit wie von Kiel nach Frankfurt. Auf einem SUP! Und ich tue so, als wäre ich längst am Ziel.

Heute hatte ich das Gefühl, dass sich der Tag unendlich in die Länge gezogen hat und ich nicht recht vorangekommen bin. Immerhin habe ich am Ende über 60 Kilometer geschafft und müsste von den Tagen her einstellig sein – es bleiben mir also noch neun Tage.

Obwohl ich jetzt schon so lang unter der prallen Sonne SUPe, bin ich heute fürchterlich verbrannt. Es gibt Tage, an denen die Sonne stärker strahlt als sonst. Dabei würde man denken, dass die Sonne ohne Wolken immer die gleiche Kraft hat. Doch das stimmt offensichtlich nicht. Die Haare auf meinen Armen und Beinen werden langsam blond. Morgen muss ich mich zum ersten Mal seit Österreich eincremen.

Vor der Tour habe ich mir immer ausgemalt, wie es wohl werden würde, wenn ich unterwegs bin. Meist hatte ich Angst bei dem Gedanken – ich stellte mir vage vor, wie mich Schiffe übermangeln, Menschen ausrauben oder mein Körper schlappmacht. Ich hatte nur ein bestimmtes positives Bild vor Augen – aus Rumänien: ich paddele am Ufer entlang, sehe eine Familie vor ihrem Bauernhaus stehen, ein Junge winkt, Wäsche hängt an Leinen. Ich mache vor einer gedeckten Tafel Fotos mit allen. Ob sich dieses Bild je manifestieren wird?

Als ich im Winter einen SUP-Ausflug mit einem Freund auf der Schwentine bei Kiel machte, fragte er: »Und das willst du über 3.000 Kilometer machen?« Ich wusste damals nicht, was ich antworten sollte. Ich wusste selbst, wie absurd so eine Tour ist. Und jetzt habe ich 2.200 Kilometer hinter mir und bereue keinen Paddelschlag.

Jetzt muss ich doch ins Zelt. Das Feuer verglimmt langsam, und die Moskitos sind im Blutrausch. Hinter mir im Wald sirrt es hell – es müssen Millionen sein. Wovon leben die nur, wenn sich kein Paddler hierher verirrt?

Ich ahnte vor der Tour nicht, dass ich von neun bis Mittag und von zwei bis spätabends paddeln müsste, um mein Pensum zu erreichen. Ich wusste auch nicht, dass ich dazu in der Lage sein würde – zehn Stunden jeden Tag. Und doch kommt es mir nicht übertrieben anstrengend vor. Auch wenn ich um 20 Jahre gealtert aussehe.

Ich müsste eigentlich morgens um sechs Uhr lospaddeln, um zumindest die ersten Stunden in angenehmen Temperaturen zu verbringen. Dann die schlimmen Stunden von Mittag bis 16 Uhr unter einem Baum Rast machen und bis zum Sonnenuntergang weiter SUPen.

TAG 41, GÂRCOV, RUMÄNIEN- SWISCHTOW, BULGARIEN

Gârcov, Rumänien, 43°44'10.8"N 24°38'35.5"E /
Swischtow, Bulgarien, 43°38'56.0"N 25°16'16.7"E

Für mich ist das SUPen ein natürlicher, evolutionärer Schritt der Fortbewegung auf dem Wasser. Endlich stehen wir aufrecht auf einem schwimmenden Gegenstand und können in der normalen Position des Homo sapiens vorwärtskommen. Es ist tatsächlich wie Gehen auf dem Wasser; nicht mit der Kraft der Beine, sondern der der Arme.

Ich kann mich im Stehen besser orientieren, weiter schauen und fühle mich in meiner Haltung natürlicher und fast ein bisschen erhaben. Kajakfahren und Rudern sind für mich somit überholte Sportarten – auch wenn sie schneller auf dem Wasser unterwegs sind als jeder Stehpaddler. Aber in einer postmodernen Welt kann es nicht mehr um Geschwindigkeit gehen. Es geht darum, aufrecht zu sein – in allen Lebenslagen. (Foto 57)

Seit drei Tagen weht der Wind unerbittlich aus Ost. Vielleicht ist es hier wie bei uns: Der Wind kommt vom Meer. Bei uns also vom Atlantik – aus Westen. Hier vom Schwarzen Meer – aus Osten. Ich sitze mehr als die Hälfte der Zeit im Schneidersitz und kämpfe mich mit dem Stechpaddel voran. Während die Winde zuvor immer auch Windschattenseiten boten, breitet sich dieser Wind überall aus. Es gibt kein Entrinnen. In diesem Moment beneide ich wiederum jeden Kajakfahrer oder Ruderer, dessen geduckte, aerodynamische Haltung höchste Vorteile bietet. Ihre Fortbewegung ist die der Pirsch – ursprünglich, intelligent und effektiv. Und nicht wie meine: modern, aufgeblasen und de facto nutzlos.

Ich bin in einen Altarm eingebogen. Vor mir liegt eine Ponton-Brücke, über die Autos aus den Achtzigern rumpeln. Es sieht hier aus wie im Krieg. Verlassen und einsam. Als hätten hier Kämpfe stattgefunden, die das Weiterleben in diesem Teil der Donau unmöglich machen. Die Siedlungen werden immer rarer, die Städte ärmer und die Landschaft eintöniger als alles Bisherige. Ich paddele stur Richtung Horizont. Pro Tag wechselt das Ziel höchstens dreimal, so lang sind die Geraden, die ich überwinden muss.

Selbst an Land bespringt mich nur noch kurz das totale Glück der Natur. Ich möchte ankommen. Morgen will ich versuchen, von einem der Frachtschiffe wenigstens ein paar Kilometer mitgenommen zu werden. Bis zum Delta verpasse ich hier nichts mehr. Bisher lag meine Tramperquote auf dem Wasser bei 100 Prozent. Dreimal Daumen rausgestreckt, drei Boote gekriegt.

Die Eintönigkeit des Paddelns ist die größte Herausforderung. Ich überbrücke die Zeit mit Gedankenspielen. Auf dieser Tour gibt es nichts zu planen, ich habe nichts weiter vor und auch keine andere Perspektive für heute. Ich drehe mich während meiner SUP-Wanderung um mich selbst. Vor mir liegt die unendlich ausgedehnte Dimension von Zeit und Raum; der Strecke bis zum Schwarzen Meer. Manchmal setze ich mich auf mein Brett und starre ins Nichts. Es mangelt mir an Abwechslung, an Sex, an Gesprächen, an Essengehen, Sofa, Faulenzen, Alltag. Wehe, wenn ich nach Hause komme und mir der Alltag nach drei Tagen mehr auf die Nerven geht als die Eintönigkeit des Paddelns.

Heute ist auch meine innere Ausgeglichenheit der vergangenen Wochen verlorengegangen. Ich schimpfe im Kopf über andere, erkläre ihnen, was für Idioten sie sind, male mir Szenen aus, in denen ich als der Gute und sie als Dumme dastehen. Wenn ich mich bei diesen zerstörerischen Gedankenspiralen erwische, konzentriere ich mich wieder aufs Paddeln, auf die Natur, verliere mich erneut in Gedanken und hole mich zurück aufs Wasser. So komme ich Kilometer für Kilometer voran und habe doch das Gefühl, mich im Kreis zu drehen.

Ich muss mir immer wieder sagen, dass es völlig egal ist, bei welchem Kilometerstand ich gerade bin. Paddelschlag um Paddelschlag komme ich voran. In einer Woche müsste ich am Schwarzen Meer sein – wenn es so sein soll. Und wenn nicht, dann nicht. Ich erkenne, was sich für mich als Motto dieser Reise herauskristallisiert: wenn nicht, dann nicht. Vielleicht wäre das allgemein ein gutes Lebensmotto.

Unter meinem Brett herrscht immer ein bisschen Meeresrauschen. Mit jedem Paddelschlag weicht das Wasser der Donau meinem SUP aus und macht wellenartige Geräusche. In meinem Körper entsteht ein Rhythmus, der in meinem Unterbewusstsein mitklingt. Einstechen, Ziehen, Herausholen: »Pschsch, chchuuu, tschaahh«. »Pschsch, chchuuu, tschaahh«. Es ist ein Viervierteltakt, denn nach dem »Tschaahh« herrscht eine Sekunde Pause, in der mein Paddel lautlos durch die Luft gleitet, um dann wieder mit »pschsch« in die Donau zu tauchen. Stundenlang geht das so. So klingt der Rhythmus meiner Flusswanderung und gibt mir trotz aller Eintönigkeit ein Gefühl, am richtigen Ort zu sein. »Pschsch, chchuuu, tschaahh« fühlt sich an wie Zuhause und verleiht mir eine glückliche, innere Ruhe. Mein ganzer Körper atmet diesen Rhythmus ein und murmelt »pschsch, chchuuu, tschaahh«. Dieses Wasserecho ist die Gegenwärtigkeit meiner kleinen Welt auf dem Fluss. Es macht meine Reise hörbar und gibt den Takt vor. Dieser Rhythmus ist meine Rettung. Wenn ich mich ihm ganz hingebe, hören die Gedanken auf, das Jammern und Wünschen. Dann bin ich nur Paddler. Doch wehe, ich pausiere. Dann dauert es manchmal Stunden, um wieder in den Rhythmus zu finden.

Ich habe heute keinen Menschen gesehen und mit keinem Menschen gesprochen. Niemand hat mich zu sich gewinkt. Einsamkeit und Eintönigkeit sind wieder da. Dabei gehöre ich zu den Menschen, die Energie gewinnen, wenn sie sich mit anderen austauschen.

Als ich heute Abend mein Zelt an einem Strand vor der Stadt Swischtow aufschlage, fährt ein kleiner Katamaran mit gelegtem Mast an mir vorbei. Er hätte mich bestimmt mitgenommen. Aber vielleicht hole ich ihn morgen früh ein, wenn ich rechtzeitig aufstehe. Ich vermute, dass es das englische Pärchen ist, von dem die beiden Deutschen mit dem Motorschaden berichteten. Wenn es sein soll, nehmen sie mich mit. Wenn nicht, dann nicht.

Heute sind es sicherlich 40 Grad im Schatten – keine Ahnung, wie viel Grad in der Sonne herrschen. Mit dem Wind ist die Hitze zwar erträglich, ich bin aber trotzdem an Armen und im Nacken vollkommen verbrannt. Meine Haut fühlt sich an, als hätte jemand heißes Wasser über ihr ausgeschüttet. Vielleicht habe ich auch einen leichten Sonnenstich. Ich sehe schlecht, mir ist ein bisschen übel und meine Gedanken sind wirr bis depressiv.

Jetzt ist es nach 22 Uhr, draußen ist es schon stockdunkel – ich müsste längst schlafen. Aber im Zelt herrschen über 30 Grad. Die einzig erträglichen Stunden finden am Morgen statt. Doch habe ich aus Erschöpfung und fehlenden Stränden am rumänischen Ufer mein Zelt so aufgebaut, dass mich die Sonne wecken wird.

TAG 42, SWISCHTOW–
SLIVO POLE, BULGARIEN

Swischtow, 43°38'56.0"N 25°16'16.7"E /
Slivo Pole, Bulgarien, 43°58'50.2"N 26°09'12.7"E

A
n Tagen wie diesen scheint mein Blut im Rhythmus des Flusses zu fließen, und mein Herz gibt den Takt für meine Paddelschläge vor. Es ist, als wäre ich verliebt in genau diesen Moment, mit mir in einem Jetzt, dessen Gewaltigkeit fast unerträglich großartig ist. Wie eine uralte Liebe, an die ich mich nicht mehr erinnern kann. Es klingt alles so kitschig – aber ich kann es nicht anders ausdrücken. Vielleicht hat mich der Sonnenstich härter erwischt als gedacht.

Schon nach den ersten Kilometern und ein paar Flussbiegungen entdecke ich den englischen Katamaran hinter einer Schute vor Anker liegen. Ich möchte das Pärchen nicht stören, setze meine Fahrt fort und weiß, dass sie mich später einholen werden. Wenn nicht, verbringen sie einen weiteren Tag in Swischtow und nehmen mich irgendwann auf – wenn es sein soll.

Ich paddele zum ersten Mal seit Ewigkeiten mit dem Wind. Die Strömung ist weiterhin super. Ich mache zehn Kilometer pro Stunde.

Nach zwei Stunden brummt es seltsam auf meinem Brett. Es dauert mehrere Sekunden, bis ich begreife, dass es mein Handy ist. Wie lange wurde ich nicht mehr angerufen? Die Welt zu Hause hatte mich total vergessen, und das war größtenteils in Ordnung. Mit meiner Familie genügt mir WhatsApp-Kommunikation. Freunde und Kollegen haben sich längst aus meinem Abenteuer verabschiedet und legen Extraschichten im Hamsterrad ein. Das Gleiche mache ich auf dem SUP – besser ist das auch nicht.

»Hier ist Matthias. Wo bist du?«

»Kilometer 540 ungefähr.«

»Ah, ich hatte Angst, ich hätte dich verpasst.«

Ich weiß, dass er mich überrauschen möchte, der liebe Kerl. Aber er hat mich noch nie angerufen. Der einzige Grund seines Anrufs ist, dass er bestimmt auf dem Boot der Engländer sitzt und nun befürchtet, mich verpasst zu haben.

Eine Stunde später holt mich der Katamaran ein. Matthias winkt mir schon von weitem zu. Neben ihm erkenne ich ein Pärchen.

Als ich ein paar Minuten später an Bord steige, umarmen mich Sarah und Simon zur Begrüßung. Er ist Engländer, sie Waliserin, beide auf den ersten Blick Menschen, die man gern in seinem Freundeskreis wüsste. Ihr Katamaran heißt »Silurus«, »Wels« auf Lateinisch. Das Boot ist neun Meter lang, vier Meter breit und 30 Jahre alt. Sie sind über den Ärmelkanal, Frankreichs Kanäle, den Rhein und über den Main in die Donau geschippert. Seit April sind sie unterwegs und machen den glücklichsten Eindruck der Welt.

»Ist es nicht verrückt, auf wie vielen verschiedenen Wegen Menschen auf diesem Fluss unterwegs sind?«, fragt Sarah. »Wir mit unserem Zuhause und allem Komfort und ihr auf diesen winzigen Dingern mit dem Notwendigsten, was man zum Überleben braucht.«

»Wir haben so viele Menschen getroffen, die auf der Donau unterwegs sind. Und jeder war etwas ganz Besonderes«, sagt Simon.

»Das macht der Fluss«, sagt Sarah. »Er verwandelt jeden. Wer auf diesem Fluss unterwegs ist, wird gut.«

Matthias und ich schauen uns an. Sind wir gut? Manchmal vielleicht.

Sarah und Simon fahren bis Russe, etwa 30 Kilometer entfernt auf der bulgarischen Seite. Dort wollen sie ihren Mast aufstellen und nach Möglichkeit, ein paar Meter segeln, bevor sie ins Schwarze Meer kommen und Richtung Ägäis weiterfahren. Im Winter müssen sie zurück ins Vereinigte Königreich und Geld verdienen. Nächsten Sommer wollen sie über Gibraltar zurück nach Wales segeln und wieder ein »ordentliches« Leben führen. »Wenn das noch geht«, sagt Simon, der als Handwerker sein Geld verdient. »Schon jetzt nach vier Monaten ist es für mich undenkbar, wieder einen richtigen Job zu haben. Nine to five – wer erfindet so einen Irrsinn? Ich wäre eher für die Vier-Stunden-Woche zu haben.«

Sarah ist Apothekerin. »Mir fehlt der Job manchmal. Die Kollegen, die Kunden, eine Aufgabe. Das ist wichtig im Leben. Das heißt nicht, dass ich zurück will. Aber es macht mir auch nichts aus, wieder für ein paar Monate zu arbeiten. Vor allem mit der Aussicht, danach wieder in See zu stechen und ein Jahr unterwegs zu sein.«

Während ich im Bugkorb der Silurus sitze und meine Beine knapp über dem lauwarmen Donauwasser baumeln, denke ich an all die Reisenden, die ich auf dem Fluss getroffen habe. Die vielen Weltenbummler, die vorher Studenten waren oder Sekretärinnen oder Musiker. Sie alle haben es geschafft, Geld zu sparen, ein paar Monate oder gar Jahre auszusteigen, ihren Traum von Freiheit zu leben und jenseits der gesellschaftlichen Konventionen zu existieren. Dieses »Jenseits« ist das verbindende Element zwischen allen Langzeitreisenden. Das ist der Unterschied zwischen uns und Touristen. Wir leben im Zeitalter des Tourismus. Echte Reisende werden bewundert und gleichzeitig schief angesehen.

Doch will ich auch kein Anti-Tourist werden, der meint, über den Pauschaltouristen zu stehen, der sich in Einheimischenklamotten hüllt, Sehenswürdigkeiten meidet und tut, als wäre er etwas Besseres. Ich will einfach nur mitnehmen, was mir über den Weg läuft. Und was mir nicht über den Weg läuft, soll nicht Teil dieser Reise werden.

Jeder Reisende hat es auf seine Art geschafft, seinen Traum zu erfüllen. Und die Begegnungen in diesem Traum machen den Traum erst wahr. Im Leben der anderen erkenne ich erst, wo ich im Leben stehe. Im Austausch mit ihnen sehe ich, wie weit ich von Zuhause entfernt bin. Hier erlebe ich jeden Tag neue Herausforderungen. Erst sie machen mich zu einem freien Menschen. Durch sie fange ich an, spontan zu leben. Die täglichen Klippen zeigen mir, wie lebendig ich auf dieser Reise bin.

Als wir Russe erreichen, fragen wir Sarah und Simon, ob wir sie zum Essen einladen dürfen – als kleines Dankeschön fürs Mitnehmen.

Russe ist wie alle bulgarischen Städte an der Donau zuvor eine Mischung aus maroden Altbauten, Ostblockarchitektur und seltsam unpassender moderner Balkan-Baukunst. Als erstes sehen wir einen dm – die deutschen Drogeriemärkte breiten sich in ganz Osteuropa aus.

»Deshalb bin ich für den Brexit«, sagt Simon. »Die Deutschen sind für ein einheitliches Europa, um ihre Waren und Handelsketten zu exportieren. Sie werden immer reicher und mächtiger und tun dann so, als würden sie andere Länder retten. Dabei holen sie das Geld aus den Ländern heraus und geben einen Bruchteil zur Unterstützung zurück. Das funktioniert nicht.«

Matthias lacht: »Ich sag's ja: Ihr seid die Amerikaner Europas, hab' ich dir schon mal gesagt.«

Ich zucke die Schultern. Bin ich überhaupt noch Deutscher? Im Moment bin ich Paddler. In Europa. Meine Herkunft ist schön weit weg.

Wir finden ein Lokal in einer kleinen Nebengasse. Die Speisekarte besteht aus Bildern – somit muss sie nicht in die vielen europäischen Sprachen der Touristen übersetzt werden.

»Das ist Europa«, sagt Simon. »Hier spricht kein Mensch Englisch. Der kulturelle Austausch findet höchstens beim Reisen statt, er passiert aber nicht in der Schule. Wir wissen nichts voneinander und leben doch in einer Union zusammen. Was soll das alles?«

»Dass wir zum Beispiel frei vom Atlantik zum Schwarzen Meer reisen können und die gleichen Rechte haben«, sage ich.

»Frei?«, schimpft Simon. »Ich kann mit meinem Boot im Moment nur auf bulgarischer Seite bleiben. Ich muss erst noch in Rumänien einklarieren. Wozu?« Ich zucke die Achseln.

»Als wir unsere Papiere geholt haben«, erzählt Sarah, »mussten wir zig Zettel ausfüllen, die ein Beamter dann getackert auf einem Stapel abgelegt hat. Irgendwann wandern diese Papiere in einen Ordner und werden Jahre später weggeschmissen. Das macht alles keinen Sinn.« Ich gebe ihnen Recht. Beamte sind auch meine liebsten Feinde.

»Es ist, als würde das System immer noch auf den Erfahrungen des Kalten Kriegs aufbauen«, sagt Simon, »alles regulieren und kontrollieren wollen. Aber die Sinnlosigkeit dahinter wird nicht in Frage gestellt. Wir leben in einem System, das nicht die Freiheit proklamiert, sondern sich gegen die Unfreiheit der Vergangenheit schützen möchte. Und deshalb baut sich Europa nicht für die Zukunft auf, sondern speist sich aus dem Wahnsinn der Vergangenheit. Und deshalb hinken wir den verdammten Amis bis zum Ende unserer Tage hinterher.«

Ich kann nicht widersprechen, denn ich wurde heute erneut von einer Grenzkontrolle angehalten, die mich aufforderte, in der nächsten rumänischen Stadt meine Einreise zu vervollständigen. Sie nahmen meine Papiere auf, wünschten mir viel Glück und fuhren weiter. Sinn macht das alles nicht. Denn wenn ich erst einmal in Rumänien bin und die bulgarische Grenze hinter mir liegt, fragt kein Mensch mehr nach Einreisepapieren. Man bekommt ja auch keinen Stempel auf seinen Personalausweis, wenn man nach Bukarest fliegt. Das System macht nur für sich selbst Sinn – und deshalb bleibt es bestehen. Eigentlich zum Verrücktwerden, gleichzeitig lustig, dass sie hier so stur am Wahnsinn festhalten.

Am frühen Nachmittag verabschieden wir uns von Sarah und Simon wie von alten Freunden. Es ist wieder dieses Phänomen, dass der Fluss die Menschen zusammenschweißt. Vielleicht ist es auch das Wasser. Wer nicht an Land ist, hält automatisch zusammen.

Matthias und ich paddeln bis zum Sonnenuntergang. Wir müssen unser schlechtes Gewissen wegpaddeln – fast 30 Kilometer haben wir durch Sarah und Simon gespart und müssen jetzt noch einmal zeigen, dass wir die Donau auch in ihrer ganzen Länge durch Muskelkraft bezwingen können.

Dabei fühle ich mich heute schwach. Meine Muskeln scheinen leer zu sein. Ich wusste, dass die Zielgerade hart werden würde. Wie bei jedem Abenteuer. Ich quäle mich. Matthias geht es nicht anders. Er hat das Gefühl, schon längst im Schwarzen Meer zu schwimmen und ist davon noch weiter entfernt, als Belgien lang ist.

In einem Altarm auf bulgarischer Seite schlagen wir unsere Zelte auf einer kleinen Insel auf. Das Wasser ist weiterhin so niedrig, dass überall frische Muschelstrände in der Donau herumliegen. Der Boden ist matschig und feucht. Und doch ist dieses neue und gleichzeitig verschwindende Land ein traumhafter Zeltplatz.

TAG 43, SLIVO POLE–
TUTRAKAN, BULGARIEN

Slivo Pole, Bulgarien, 43°58'50.2"N 26°09'12.7"E /
Tutrakan, Bulgarien, 44°03'44.2"N 26°40'12.9"E

Wie jeden Morgen sitze ich vor meinem Zelt und schreibe Tagebuch. Matthias liegt in seinem Zelt direkt neben mir und schläft. Ich habe das Gefühl, dass dies ein seltsamer Tag werden wird. Irgendetwas stimmt nicht. Ich schreibe weiter, fasse den gestrigen Tag zusammen und plötzlich schießt mir ein Schreck durch die Glieder: Jetzt weiß ich, was nicht stimmt – Matthias' Piroge ist verschwunden. Ich springe auf, schaue mich überall um und laufe den Strand, so weit es geht, herunter.

Kann es sein, dass jemand das Ding hier nachts geklaut hat? Wir liegen an einem Altarm, ein paar Fischer leben stromaufwärts.

Ich wecke Matthias. Er reagiert erstaunlich gelassen und ist sich sicher, dass wir sein Boot wiederfinden werden. Wahrscheinlich ist es über Nacht von den Wellen abgetrieben worden und schwimmt jetzt flussabwärts. Wir packen in aller Eile unsere Sachen zusammen, Matthias läuft stromaufwärts durch Dickicht, Matsch und Wasser zum Fischerdorf, um einen der Männer zu bitten, mit ihm den Fluss hinabzufahren. Ich paddele so schnell wie möglich in die andere Richtung.

Nach einer halben Stunde entdecke ich die Piroge am Ufer. Es sieht aus, als würde sie parken, als hätte sie jemand im Wasser abgestellt. Ganz brav liegt sie da und wartet, dass sie abgeholt wird. Ich rufe Matthias an, binde die Piroge an mein Brett und kämpfe mich gegen die Strömung zurück zu unserem Zeltplatz.

»Weißt du, warum das passiert ist?«, frage ich Matthias.

»Ich weiß. Du denkst, weil ich gestern wieder bei dm geklaut habe. Ich nehme etwas weg, also wird mir etwas weggenommen.«

226

»Ganz so platt ist es nicht«, sage ich. »Wer anderen Sachen wegnimmt, erkennt ihren Wert nicht an. Du siehst nicht, was das Studentenfutter, das du gestern kiloweise in deinen Rucksack gestopft hast, für Schritte hinter sich hat, bevor es bei dm im Regal landete. Du beklaust die Samenhersteller, die Landwirte, die die Früchte gezogen haben, die Hände, die sie gepflückt haben, die Menschen, die alles verpackt haben, den Lkw-Transport, und diejenigen, die die Regale im Laden eingeräumt haben.«

»Aber ich beklaue auch Herrn dm, der am Ende das Geld einsteckt. Die anderen werden ja trotzdem bezahlt. Und Herr dm kann es sich leisten, wenn ich ihm ein paar Packungen Studentenfutter klaue.«

»Und kannst du dir nicht leisten, diese zu bezahlen?«

»Nein, ich habe keinen Job. Ich lebe noch bei meinen Eltern. Es ist ihr Geld. Also spare ich sogar für sie.«

Ich halte lieber den Mund, denn ich merke, dass ich bei dem Thema nicht weiterkomme. Dabei wandert erneut der Gedanke durch meinen Kopf, mich von Matthias zu trennen. Ich möchte diese Diebesenergie nicht um mich haben.

Als ich in seinem Alter war, habe ich auch geklaut. Ich hatte immer das Gefühl, andere hätten mehr Geld als ich, deshalb hätte ich ein Recht darauf, ihnen etwas wegzunehmen. Erst im Laufe der Jahre habe ich gelernt, dass ich für jeden Diebstahl doppelt und dreifach bezahle. Ich glaubte, alles stünde mir frei zur Verfügung, vor allem das Geld der Oberen. Also kann ich mich immer und überall frei bedienen. Dass mir dieses System – mit all seinen Fehlern – ein kostenloses Studium ermöglichte, Freiheit, Frieden und Sicherheit, hielt ich für selbstverständlich. Erst als ich die Werte unseres Systems und das Eigentum anderer anerkannte, hörte ich mit dem Klauen auf. Und da Matthias die Werte unserer Gesellschaft nicht erkennt, sieht er auch den Wert seiner Piroge nicht. Sie wurde nämlich von seinem Vater bezahlt – 5.000 Euro, und deshalb hat er sie gestern Abend nicht weit genug an Land gezogen. Wenn Studentenfutter keinen Wert hat, besitzen alle anderen Gegenstände auch nicht ihren vollen Wert.

Selbst wenn er den Wert seiner Piroge zu 99 Prozent anerkennt, wird sie bei jedem hundertsten Anlegen abtreiben. Das eine Prozent fehlender Wertschätzung reicht, um sein Leben ein riesiges Stück ärmer zu machen.

Das Wasser der Donau ist so lau, dass es meine Füße wärmt, wenn ich einen unsauberen Paddelschlag mache. Überall springen Fische, seltsame Vögel fallen im Sturzflug vom Himmel, und dann sehe ich meine ersten Pelikane. Was von weitem aussah wie Bojen, ist eine ganze Kolonie dieser gewaltigen, weißen Vögel mit ihren seltsamen Sackschnäbeln. Sie lassen mich bis auf 30 Meter an sich heran, dann erheben sie sich gemächlich und schwingen so elegant davon, dass ich neidisch werde.

Manchmal träume ich, dass ich fliegen kann und meine daher zu wissen, wie es sich für die Pelikane anfühlt, über die Donau zu gleiten. Ein paar hundert Meter weiter landen sie neben einem Sandstrand und lassen sich von der Strömung treiben. Diese Verbundenheit mit dem Sein ist es, die wir Menschen suchen. Einssein mit dem, was ist. Mit der Natur, dem Universum, der eigenen Gesamtheit. Deshalb mache ich diese Tour, deshalb meditiere ich, deshalb faste ich. Nur dann schaffe ich es, dieses Einssein zu spüren. Leider ist meine Ausbeute mager – noch nicht einmal ein Promille meiner Zeit während dieser Unternehmungen gelange ich in den Zustand des Einsseins – und trotzdem lohnt sich jede Minute auf der Suche nach der Erfahrung jenseits der menschlichen Zerrissenheit. Vielleicht bin ich auch einfach zerrissener als der Durchschnittsmensch.

Nachmittags halten wir in einem kleinen bulgarischen Ort, um einen Supermarkt und ein Restaurant zu finden. Die Kommunikation mit den Bulgaren ist praktisch unmöglich, da sie nicht nur eine andere Schrift, sondern auch eine andere Zeichensprache, Gestik und Mimik besitzen. Ich frage eine Frau am Kiosk, ob sie Englisch kann, und sie nickt. Sie spricht aber kein Wort Englisch. Nicken heißt hier also »nein«. Ob Kopfschütteln »ja« bedeutet, finde ich nicht heraus.

In einem kleinen Restaurant bestelle ich einen Salat und Huhn. Das Huhn wird auf einem Extra-Teller serviert – und zwar nur das Huhn. Es kommt ohne Gemüse oder Pommes oder Reis. Das blanke, gebratene Stück Fleisch liegt nackt auf meinem Teller und schmeckt tausendmal besser als das Industrie-Huhn in Mitteleuropa. Auch besser als das Bio-Huhn vom Markt. Hier werden Tiere offenbar noch natürlich großgezogen und respektvoll geschlachtet. Hoffe ich zumindest. Essen sollte ich es trotzdem nicht.

Matthias ist Vegetarier. Er möchte nicht, dass für ihn Tiere getötet werden. Es ist so seltsam, dass er dabei diese hohen moralischen Ansprüche ansetzt und beim Besitz anderer so weit unten anfangen muss. Doch er ist ein kleiner Revoluzzer und glaubt, dass das schmutzige Geld der Kapitalisten wertlos ist und ohne Reue weggenommen werden darf. Ich war auch mal so. Vielleicht habe ich im Laufe meines Lebens den alten Idealismus verloren und akzeptiere mittlerweile diese Welt in ihrer ganzen perversen und krankmachenden Ausbeutung.

Die Kilometer rasen an mir vorbei wie nie zuvor. 444, 414, am Ende des Tages liege ich bei Kilometer 400. Fast 80 Kilometer! Die Strömung ist enorm, und der Rückenwind fällt immer wieder in Böen über die Donau und treibt mich voran.

Ich muss mich zwingen, die letzten Tage zu genießen und mich nicht schon in gemütliche Betten, Wohnzimmer oder Cafés zu träumen. Doch ist die Sehnsucht kaum mehr aufzuhalten. Beim nächsten Frachtschiff wollen wir unbedingt trampen – vielleicht nimmt uns jemand mit. Doch in diesem Teil der Donau gibt es fast keine Schiffe mehr. Wenn wir auf Boote treffen, kommen sie uns aus dem Schwarzen Meer entgegen. Seit Tagen hat uns kein Frachter mehr überholt. Vielleicht ist das auch gut so. Die Reise will vollständig und total beendet werden.

Von weitem sehen wir ein großes, pinkfarbenes Haus. Da hinter uns ein Gewitter aufzieht, wäre dort vielleicht die Möglichkeit, die Nacht im Trockenen zu verbringen. Doch von Nahem erkennen wir, dass es sich um ein Luxushotel handelt – das Danube Pearl. Wir fragen die Besitzerin, ob wir im abgelegenen hinteren Teil, der von kaputten Booten und Gerümpel vollgestellt ist, unsere Zelte aufschlagen dürfen. Sie möchte zehn Euro pro Person – horrend für bulgarische Verhältnisse. Unser Hotel in Vidin hat 25 Euro gekostet. Wir sagen, dass wir diesen Preis nicht bezahlen werden, dafür aber ordentlich in ihrem Restaurant essen und trinken würden. Sie lehnt unser Angebot ab. Vermutlich sind wir ihr sowieso zu schmuddelig. Plötzlich hören wir hektische Rufe vom Ufer. Matthias' Piroge treibt schon wieder ab. Er rennt ins Wasser, springt und schwimmt seinem Boot hinterher und zieht es zurück an Land. Ich verstehe den Kerl manchmal einfach nicht und versuche, ihn sein zu lassen, wie er ist.

Eine halbe Stunde später sitzen wir ein paar Kilometer stromabwärts auf einer Insel am Strand, machen ein Lagerfeuer, essen Brot mit Käse und könnten besser nicht bewirtet werden. Das Gewitter zieht vorbei, die Nacht wird stürmisch und das Leben in der Natur bringt mir wieder in Erinnerung, warum ich diese Reise mache: Verbundenheit.

TAG 44, TUTRAKAN, BULGARIEN–CEGANI, RUMÄNIEN

Tutrakan, Bulgarien, 44°03'44.2"N 26°40'12.9"E /
Cegani, Rumänien, 44°26'40.3"N 27°56'12.8"E

D as Wetter hat vollkommen gedreht – es ist kalt. Ich wache morgens auf und finde mich zum ersten Mal seit den kalten Tagen in Österreich vor vier Wochen komplett in meinen Schlafsack verkrochen mit geschlossenem Reißverschluss. Wir liegen in Lee der Insel, doch ich sehe an den Bäumen, was in Luv los ist. Dieser Tag wird ungemütlich.

Mein erster Blick geht den Strand hinunter, ob Matthias' Piroge noch an Land liegt. Ich bin beruhigt – dieses Mal hat er aufgepasst. Selbst der Sturm hat das Boot nicht weggezerrt.

Obwohl ich ahne, was mich heute in etwa erwarten wird, freue ich mich auf den Tag. Ich bin süchtig nach Aufregung, nach Kämpfen mit der Natur. Solche Tage entfachen in mir die Lebensfreude, die mich zu dieser Reise veranlasst hat. In jedem steckt dieser Wunsch nach Aufbruch. Jeder trägt einen Freigeist in sich und kann unkonventionell sein. Ich bin nicht generell unabhängiger als andere. Ich habe nur dem Drang nachgegeben, extremer leben zu wollen. Das ist alles.

Unser erstes Ziel heute ist Silistra. Dort teilt sich die Donau in verschiedene Arme, der eingleisige Fluss verzweigt sich. Es wird uns erneut eine andere Donau begegnen.

Um neun Uhr beginne ich den Kampf gegen Wind und Wellen. Ich habe längst alle Stand-up-Paddler-Ehre verloren und setze mich von Anfang an aufs Brett und haue mit Matthias' Stechpaddel in die aufgewühlte Donau. Am Horizont sehe ich eine weitere Insel und einen

Strand. Bis dahin muss ich es erst einmal schaffen, dann müsste der Fluss im Windschatten liegen.

Weiße Vögel, ihre Körper sind höchstens so groß wie Überraschungs-Eier, segeln trotz des Sturms über die Donau, fallen wie Steine vom Himmel, holen in perfekter Präzision kleine Fische aus dem Fluss und fliegen vom Wind gepeitscht wieder davon. Wie vollkommen die Natur diese Kreaturen ausgestattet hat. Bei allen Wettern können sie für ihr Überleben sorgen. Bei uns Menschen ist im Laufe der Zeit etwas verlorengegangen. Seitdem wir nicht mehr mit der Natur, sondern von der Natur leben, haben wir alle Natürlichkeit verloren. Wir sind jetzt zivilisiert – der Preis dafür: Wir sind denaturiert.

Als ich endlich die Insel erreiche, sinke ich völlig erschöpft in den Sand. Ich musste wegen des Seitenwinds die ganze Zeit auf der linken Seite paddeln. Plötzlich klingelt mein Handy. Insgesamt erreichen mich kurz hintereinander drei Anrufe aus der Heimat, die alle anstrengend und destabilisierend auf mich wirken. Ich erkläre, dass ich weit weg sei und vielleicht im Moment noch zu wild drauf, um mich auf die Probleme vernünftig einzulassen. Doch das vergeben sie mir nicht. Keiner kennt meine Lage. Sie haben keine Ahnung, was es bedeutet, jeden Tag zehn Stunden auf dem Brett zu stehen und den Elementen ausgesetzt zu sein. Sie wissen nicht, was es bedeutet, fast immer mit sich allein zu sein. Ich bin verwildert: Ich esse nur noch mit den Händen, erleichtere mich in die Donau und gehe nie aufs Klo, wasche mich nicht mehr, da ich sowieso täglich im Fluss bade und mich abkühle, trage keine Unterhose, weil meine Segelhose mit mir baden geht und so schneller trocknet, ich rasiere mich nicht, schamponiere mich nicht, wasche keine Kleidung. Meine Hände sind so rau wie Reibeisen, mein Körper drahtig und sehnig wie nie zuvor. Meine Haut pellt sich; wenn ich mit den Fingernägeln über meine Beine streiche, sieht es aus, als würde ich mit Kreide auf Schiefer schreiben. Meine Füße sind voller Hornhaut und immer ein bisschen geschwollen. Auch meine Arme sehen mittlerweile so aus, als würden sie nicht zu mir gehören. Ich habe mich in diesen sechs Wochen total verändert und kann jetzt nicht mit Zuhause telefonieren und so tun, als hätte ich ein Ohr für ihre Geldsorgen, für fehlenden Profit, für Standards, die nicht erfüllt werden – Standards, die so hoch sind, dass sie seit Wochen gar kein Thema für mich sind.

Ich erwarte nicht mehr, dass sie mich verstehen. Das ist auch nicht ihre Aufgabe. Ich warte nicht mehr auf Frieden in dieser Welt, ich versuche lieber friedlich zu bleiben. Ich will mich nicht mehr streiten, auch nichts Großartiges mehr sein oder leisten. Muss nicht anerkannt sein. Ich weiß, dass es all das in der Natur nicht gibt. Also brauche ich es auch nicht mehr.

Ich paddele weiter und merke, dass mein Kopf trotzdem anfängt, sinnlose Gespräche und Wortgefechte zu führen. Dabei hatte ich diese Unart hinter mir gelassen und mich mehr mit der Natur und meinen Beobachtungen auseinandergesetzt als mit dem Irrsinn der Welt. Manchmal frage ich mich, wie ich je wieder ein rasiertes Leben führen kann. Aber ich habe mich vor dieser Reise auch gefragt, wie ich es je 50 Tage auf einem SUP aushalten können würde.

In ein paar Wochen muss ich als Reporter auf der Travemünder Woche arbeiten – nicht vorstellbar hier draußen. Doch ich werde mein SUP und das wichtigste Equipment wie Zelt, Schlafsack und Kocher mitnehmen, abends in die Lübecker Bucht hinauspaddeln und im Wald schlafen. Und bevor die Crew wieder am Set erscheint, werde ich schon stundenlang wach sein, zurückgepaddelt und meinen natürlichen Rhythmus beibehalten haben. Es ist nur die Frage, wie lange ich dieses Leben in und mit der Natur aufrecht halten kann.

In Silistra mache ich kurz halt. Die Städte interessieren mich nicht mehr. Sie sind zu trist. Wie mit Matthias verabredet, nehme ich den ersten, linken Arm der Donau. Der Wind pfeift mir weiter ins Gesicht. Noch dazu habe ich fast keine Strömung. Ab jetzt liegt zu beiden Seiten der Donau Rumänien. Die Region ist extrem ärmlich. Die Böschungen bestehen teilweise aus Müllbergen, in denen Männer nach Verwertbarem buddeln. Schakale streifen umher und schauen mich ängstlich an, mit ihren geduckten Körpern. Kühe, Pferde und Hirten baden in der Donau. Pferdefuhrwerke ziehen vorbei. Die meisten Menschen winken mir zu. Es sieht aus, als würden sie ihren Augen nicht trauen und froh sein, wenn diese Paddelkreatur weiterzieht.

TAG 45, CEGANI, RUMÄNIEN– GIURGENI

Cegani, Rumänien, 44°26'40.3"N 27°56'12.8"E /
Giurgeni, 44°44'41.3"N 27°52'21.0"E

Aus der Donau steigt Frühnebel auf, die Sonne schickt gelbe Fäden durch den Wald. Die letzten Sterne zeigen mir, dass alles in Ordnung ist und bleibt. Wie schön ist diese Welt. Ich kann es manchmal nicht glauben. Wie können wir nur so naturfremd leben? Ohne Vogelgezwitscher, Baumrauschen, Donauplätschern?

Da mein Gaskocher schon wieder leer ist, mache ich Feuer, das zwischen drei Steinen brennt, auf die ich meinen Topf stellen kann. Somit muss ich nicht Matthias' Hobo-Methode mit der Konservendose anwenden. Ich sitze auf einer Klippe über der Donau und schaue der schwachen Strömung zu. Im Dorf gegenüber werden die Menschen wach. Sie sind so fürchterlich arm hier. Doch sind sie mit Sicherheit glücklicher als weite Teile der schimpfenden, jammernden Mittelschicht in unserem Land. Was geht bei denen zu Hause alles schief? Ich könnte eine lange Liste schreiben. Es geht all das schief, was hier nicht schieflaufen kann, weil es nicht Teil des bescheidenen Lebens der Menschen ist. Und doch wünschen sie sich mehr Luxus und mehr Konsummöglichkeiten. Die falschen Versprechen der Konsumgesellschaft sind bis in die letzten Winkel unseres Planeten gedrungen.

Heute rasen die Kilometer wieder an mir vorbei. Nachdem ein kleiner Nebenarm in einen der Hauptarme geflossen ist, strömt die Donau stärker als in Bulgarien. Schon zur Mittagszeit habe ich 30 Kilometer geschafft und nicht das Gefühl, sonderlich viel geleistet zu haben.

Die Menschen hier bauen ihre Häuser und Hütten möglichst weit vom Wasser entfernt. Daher gibt es für mich keine Anlandemöglichkeit, um essen zu gehen oder einzukaufen. Doch ich habe noch genügend Nahrung und Wasser an Bord, sodass ich beschließe, heute einfach durchzupaddeln. Einmal halte ich kurz an, um mir einen Topf Müsli zuzubereiten. Um die Strömung zu nutzen, esse ich im Schneidersitz auf dem Brett und lasse das Land an mir vorbeiziehen.

Ab und zu ziehen ein paar Wolken vor die Sonne und erinnern mich daran, wie unerträglich heiß es wieder ist.

Am frühen Nachmittag kommen drei Militärschiffe auf mich zu. Wenig später muss ich einem Ponton ausweichen. An Land stehen Dutzende von Militärlastwagen, Soldaten stehen oder sitzen wartend herum, Schlauchboote dümpeln in der Strömung. Am linken Ufer haben sie eine Tribüne aufgebaut, davor flattern Flaggen der EU-Mitgliedsstaaten im Wind. Ich sehe sogar die deutsche Flagge. Eigentlich müsste ich anhalten und Storys sammeln. Doch finde ich das Militär so rundweg sinnlos, dass ich weiterpaddele.

Man male sich aus, es gäbe kein Militär und nach dem Zweiten Weltkrieg hätten die Menschen erkannt, dass Waffengewalt keine Lösung ist. Dann wären wir heute – nach mehr als 70 Jahren – daran gewöhnt, in einem waffenbefreiten Europa zu leben. Würde da dann jemand um die Ecke biegen und plötzlich Kriegsgeräte aufbauen und Übungen veranstalten, würde man ihn vermutlich in die Klapse stecken. Da aber das Kollektiv an die Sinnhaftigkeit des Sinnlosen glaubt, spielen die, die eigentlich in die Klapse gehören, hier heute Krieg.

Sie winken mir zu. Ich würde gern mein Paddel wie eine Bazooka in die Hand nehmen und imaginäre Salven in ihre Richtung abfeuern, traue mich aber nicht. Passt auch nicht ganz zu meinen pazifistischen Gedanken. Stattdessen halte ich kurz hinter den Spielkameraden an, bereite einen weiteren Topf Müsli zu, fahre zurück in die Strömung und lasse mich Richtung Ziel treiben.

Abends holt mich Matthias ein. Er hat eine längere Mittagspause gemacht und schlägt vor, dass wir heute die 80 knacken – es wäre ein neuer Rekord. Plötzlich sehe ich hinter uns das erste Frachtschiff des Tages. Es ist ein Schleppverband aus mehreren Schuten und Schiffen, kaum schneller als wir. Wir warten, bis der Verband nah genug an uns herangefahren ist und strecken die Daumen heraus. Niemand reagiert. Wir fahren noch näher ins Fahrwasser und plötzlich winkt uns ein Mann an Backbord zu sich. Zum ersten Mal in meinem Leben steige ich auf ein fahrendes Frachtschiff. Die Kräfte sind gewaltig, doch machen diese Schlepper kaum Welle. Ich stoße leicht mit meiner Schnauze gegen den Stahlkoloss, komme parallel, halte mich an einer Eisenstange fest, lasse wieder los, packe wieder zu, bis ich das Tempo des Schiffs aufgenommen habe. Es fährt doch sehr viel schneller, als es von weitem aussah. Ich nehme meine Leine in den Mund, hieve mich auf das Schiff, binde mein Brett fest. Es treibt ruhig nebenher. Einer der Männer an Bord hilft mir. Er spricht ein paar Brocken Englisch. Dann laufe ich vor zu Matthias und mache seine Piroge fest. Wir laden das Gepäck und unsere Bretter auf und umarmen uns. Ich zittere leicht, obwohl die Aktion nicht wirklich gefährlich war.

Ein zweiter Mann kommt hinzu. Sein Bauch nimmt es mit dem Volumen meines Bretts auf.

»Deutsch?«, fragt er.

»Ja«, sage ich. Der Mann mit dem Bauch hat 13 Jahre in Deutschland gearbeitet. Allerdings schwarz ohne Lizenz für fünf Euro die Stunde. Ich frage mich, warum ein Rumäne nicht legal in Deutschland arbeiten darf. Was hat die EU für seltsame Richtlinien? Gibt es gute und schlechte Europäer?

Er lobt Deutschland über alles. Alles sei so sauber und zuverlässig. Rumänien wäre anders. Er fragt uns, ob wir Wasser oder Nahrung bräuchten. Doch wir lehnen dankend ab. Wir sind noch aus Silistra versorgt. Aber Strom brauchen wir.

Doro schläft auf einer total verdreckten Matratze, er benutzt kein Bettzeug, überall steht verschimmeltes Geschirr herum, Klamotten stapeln sich in einer Ecke. Motorenteile, Bootszubehör, Ruder liegen herum. Die Bude riecht nach Urin, Verwesung und Tod. Ich stecke mein Laptop in die Steckdose neben dem Bett, versuche nicht zu atmen, nicke lächelnd, danke und gehe, so schnell ich kann, zurück an die frische Luft.

Doro sagt mir, dass wir gut auf unsere Sachen aufpassen müssten. »Zapzarapp«, sagt er immer wieder und machte mit der Hand eine einholende Bewegung, als würde er Gegenstände aus der Luft klauben und in die Tasche stecken. Es kommen angeblich nachts Diebe an Bord und stehlen. Sein Deutsch ist zu schlecht, als dass ich verstehen könnte, von wo die Diebe denn kommen sollten. Aus einem der anderen Schiffe des Verbands vielleicht? Immerhin sind wir mit drei Schiffen und zwei Schuten verbunden. Oder kommen nachts Boote angefahren und klauen? »Zapzarapp«, sagt er noch einmal und deutet mit seiner Mimik an, dass ich vorsichtig sein müsse. Doro sieht aus, als würde er sich mit »zapzarapp« gut auskennen. (Foto 58)

Ich hole Salami und Brot aus meiner Tasche und setze mich zusammen mit Matthias unter ein kleines Vordach, wo die beiden Männer bei Bier und Zigarette sitzen. Sie nehmen nur ein winziges Stückchen Wurst entgegen. Wie bescheiden und lieb sie sind. Sie würden uns armen Teufeln niemals etwas wegessen. Dafür lockt meine Wurst die Ratten an. Da wir auf einem Getreideschoner sitzen, wimmelt es nur so von den Tieren. Doro lacht und holt eine Karte der Donau heraus. Mit seinen riesigen, schwarzen Fingern zeigt er uns, wohin wir fahren. Zu unserer Enttäuschung, ist in zehn Kilometern für uns schon wieder Schluss. Bei Kilometer 240 wollen sie den Anker werfen und morgen früh ihre Fahrt in den zweiten Kanal nach Süden fortsetzen – genau die falsche Richtung. Ihr Ziel ist Constanza. Der Umweg über den Norden spart ihnen die hohen Gebühren für die Schleusungen. Wir werden keine 20 Kilometer mit ihnen unterwegs sein.

Ich frage, wo der Mülleimer ist und Doro nickt Richtung Wasser. Sie schmeißen hier einfach alles in die Donau. Der Fluss schluckt den Müll und spuckt ihn im Schwarzen Meer wieder aus. Ich kenne diese Methode aus Indien, wo sich monatelang Müllberge aufbauen, bis der Monsun kommt und alles wegschwemmt. Dass diese Methode allerdings in Europa angewandt wird, erschreckt mich. Und gleichzeitig muss ich sagen, dass es die natürlichste Art der Müllentsorgung ist – auch wenn diese Aussage vollkommen unserem Verständnis eines sauberen Planeten widerspricht. Und gleichzeitig sind diese paar Plastikflaschen, die die Männer über Bord werfen, ein Witz gegen die Umweltbelastungen, die wir in der reichen, westeuropäischen Welt mit Autos, Flugreisen, Lebensmitteln, Kleidung oder Kosmetika verursachen. Hier ist die Umweltverschmutzung so offensichtlich. Bei uns verpufft sie unsichtbar in der Luft, oder sie wird durch schillernde Produkte und Lebensmittel nicht direkt erkannt.

Da es anfängt zu regnen, zeigt uns Doro ein freies Zimmer. Im Vergleich zu seinem Zimmer ist es aufgeräumt wie ein Fünfsternehotel. Doch stinkt es auch hier. Ich breite meine Decke und meinen Schlafsack aus und bete, dass es hier drin wenigstens keine Ratten gibt.

Als wir beiden Männern gute Nacht wünschen, sind sie überrascht. Es sei ja noch nicht einmal zehn Uhr, und in Giurgeni gäbe es gute Nutten. Ich bin zunächst nicht sicher, ob ich richtig verstanden habe. »Prostitution?«, frage ich, weil das Wort international verständlich ist. »Ja, ja«, sagt Doro. »Putinas in Giurgeni«, und hält beide Daumen in die Luft. »They come on board.« Wenn wir welche wollten, dürften wir auf keinen Fall reden. Wenn die merken, dass wir Westeuropäer sind, kostet der Fick 200 Euro und nicht 20.

TAG 46, GIURGENI-BRĂILA

Giurgeni, 44°44'41.3"N 27°52'21.0"E /
Brăila, 45°16'44.9"N 27°58'41.9"E

U m halb fünf wache ich durch seltsame Schiffsbewegungen auf. Eisen reibt aneinander. Doch schlafe ich wieder ein. Eine Stunde später wache ich erneut auf. Wir fahren. Ich springe auf, schaue aus dem Fenster und sehe, dass wir gegen die Strömung Richtung Süden unterwegs sind. Doro und sein Kumpel haben offenbar verpennt. Sie haben uns nicht geweckt, bevor der Schleppverband Richtung Süden abgebogen ist. Ich rüttele Matthias wach, wir packen hektisch unsere Sachen, vertäuen alles auf den Brettern und stoßen uns ab. Von den 20 Kilometern, die wir gestern gutgemacht haben, sind zehn schon wieder verloren. Noch dazu weht ein Starkwind aus Nord. Die Donau dampft, weil der Regen die Luft abkühlt. Nach fünf Kilometern gebe ich auf. Ich habe mit meinem Brett selbst im Sitzen keine Chance gegen Wind und Wellen.

Ich lande an einer Kuhweide an. Meine Füße versinken im Matsch, als ich aussteigen will. Neben Kuhfladen und Fußabdrücken liegt überall Plastikmüll herum. Ich schleppe meine Sachen etwa hundert Meter den Hang hoch in einen kleinen Wald. Auch hier sieht es aus wie auf einer Müllhalde. Doch habe ich keine Wahl. Der Sturm zwingt mich dazu, genau hier meinen Zeltplatz aufzubauen.

Auf der einen Seite ist mir zum Heulen zumute. Die Nacht war schlecht, obwohl ich weder Nutten noch »zapzarapp« mitbekommen habe, ich habe viel zu wenig gegessen, dazu der Regen, die Kälte. Heimweh. Dennoch muss ich fast lachen: Ich stehe an Land, bin klitschnass vom Donauwasser und dem Regen und sehe, wie nah Glück und Unglück beieinanderliegen und im Grunde doch rein persönlich und von wenig Bedeutung sind.

Gestern haben Matthias und ich uns noch voller Glück auf dem Schiff umarmt, heute ist er irgendwo im Donaunebel verschwunden. Ich stehe allein an Land und weiß nicht, wann meine Tour weitergehen kann. Ich baue mein Zelt auf, lege mich bibbernd und nass in meinen Schlafsack und schlafe sofort ein. Schlaf war bei mir schon immer das beste Mittel, um der Realität zu entfliehen.

14 Uhr war meine Deadline – ich hatte mir vorgenommen, um diese Zeit in Aktion zu treten und eine Lösung zu finden. Jetzt ist es 14 Uhr, und ich liege immer noch bei Sturm im Zelt und esse meine letzten Lebensmittel auf: zwei Dosen Sardinen und trockenes Brot. Ich schmeiße die leeren Dosen zwischen den anderen Müll vor meinem Zelt. Ich verrohe zusehends. Ich bin wie entgleist, weiß im Moment überhaupt nicht mehr, wer ich bin. Dieser Sturm ist fast nicht zu ertragen. Gestern wähnte ich mich schon in Galati, 150 Kilometer vor dem Ziel. Doch dann bog das Schiff ab, und ich hänge fest. Zu früh gefreut!

Ich erliege fast der Versuchung aufzuschreiben, was jetzt passieren wird. Ich möchte der Realität entfliehen, mich in Wunschträume versetzen, eine Mitfahrgelegenheit finden und in einem Hotel in Galati einchecken. Ich mache das Fernsehen im Kopf an und verliere die Realität aus den Augen. Soll ich einfach aufschreiben, was passieren könnte, sollte?

Werde ich jetzt verrückt? Ich muss in Aktion treten. Es gibt eine Reißleine in meinem Unterbewusstsein, die ich ziehen kann, um nicht durchzudrehen. Wie auf Autopilot öffne ich den Reißverschluss meines Zelts, hole im Regen meine Jeans aus der Tasche, ziehe Turnschuhe an, stecke alles Wichtige in den kleinen Rucksack und gehe stromaufwärts. Nach ein paar hundert Metern sehe ich ein Haus, vor dem drei Männer stehen. Es nieselt nur noch. Der Kofferraum eines der Autos ist geöffnet. Ob sie sich gerade verabschieden? Vielleicht kann mich jemand mitnehmen zum nächsten Bahnhof. Ich laufe den Männern entgegen, mir kommt alles vor wie ein Traum. Mein Körper fühlt sich federleicht an, nichts schmerzt, wie sonst beim Laufen.

Ich frage, ob einer der Männer Englisch spricht.

»Español«, sagt ein nett aussehender Typ in meinem Alter.

»Tengo un problem«, sage ich. Das war's auch fast schon mit meinen Spanischkenntnissen. Ich versuche es mit Französisch und hänge spanische Endungen dran. Der Mann versteht mich seltsamerweise: »Zu viel Wind. Paddeln unmöglich. Auto in nächste Stadt. Possibile?«

Sie beratschlagen sich. Der dickste der drei erklärt sich bereit, mich zur Bushaltestelle zu fahren – 20 Minuten. Nein, Geld wolle er keines. Er verspricht, mich in 15 Minuten an meinem Zeltplatz abzuholen. Ich laufe zurück, bin wieder voll in der Realität und packe meine Sachen im strömenden Regen. Der Mann kommt mit seinem Opel vorgefahren. »Basil«, stellt er sich vor und haut seine gewaltige Hand in meine. Er liebt deutsche Autos. Ich lasse die Luft aus meinem SUP, falte es zusammen, verstaue alles in Basils Wagen und freue mich, dass ich aus meiner Starre erwacht bin und das Abenteuer weitergeht.

Irgendwie schaffen es Basil und ich, uns zu unterhalten. Er ist 50 Jahre alt, hat drei Kinder und immer noch dieselbe Frau. Was er beruflich macht, verstehe ich nicht. Er sagte immer wieder »Germania, Germania« – wahrscheinlich möchte er gern bei uns arbeiten. Bei Opel vielleicht?

An der Bushaltestelle steht ein Polizeiwagen. Basil kennt die Polizisten und erklärt ihnen meine Geschichte. Dabei muss ich zu der Geschichte hinzufügen, dass ich noch fünf Ley besitze, umgerechnet einen Euro – und einen 50-Euro-Schein. Ich brauche also erst einmal einen Geldautomaten oder jemanden, der mein Geld wechselt.

»No problem«, sagt einer der Polizisten. Ich solle mir erst einmal einen Kaffee im benachbarten Kiosk holen. Er kümmere sich. Um meine Sachen muss ich mir keine Sorgen machen. Sie stehen direkt neben dem Polizeiwagen.

Fünf Minuten später kommt der Polizist in den Kiosk.

»Come.« Draußen steht ein Kleinbus. Ein bulliger Mann springt heraus, hilft mir beim Tragen meiner Sachen. »George«, sagt er. Noch so ein Koloss von Mensch. Er trägt meine Tasche mit einer Hand, als

242

würde er eine Wasserflasche tragen. Im Kleinbus sitzen acht Männer; es riecht nach Knoblauch und Alkohol. Sie begrüßen mich wie einen alten Freund, hauen mir auf die Schulter und bieten mir Bier an. Dann erklärt George, dass sie die Besatzung der »Mercur« wären und mich vor ein paar Tagen gesehen haben. Sie hätten sich gefragt, ob man auf diese seltsame Art eine lange Reise machen könne.

Ich erinnere mich an das rote, riesige Schiff. Dann erkläre ich, dass die Art des Reisens gut funktioniert, dass ich mich aber auch häufig setzen würde, vor allem bei Gegenwind. Und wenn selbst das nicht geht, so wie heute, nehme ich den Bus. Die Männer lachen, fallen zurück ins Rumänische, trinken Bier und hauen sich immer wieder gegenseitig auf die Schulter oder die Schenkel.

Das Land fliegt an mir vorbei. Überall treiben Schäfer ihre Tiere über die Wiesen. Gänsefamilien blockieren die Landstraße. In den Städten sehen viele Menschen aus wie Bettler. Die Häuser verfallen wie früher in Ostberlin vor der Wende. Am Straßenrand stehen Stände mit Bergen von Tomaten und Kürbissen. Daneben halten Fischer ihren frischen Fang in die Luft.

George fragt mich, ob ich ein Hotel bräuchte. Ich bejahe. Er googelt ein Hotel in Donaunähe. Ob 45 Euro in Ordnung wären. Das wäre absolut in Ordnung, sage ich.

Sie bringen mich direkt ins Vier-Sterne-Grand Hotel Orient.

»Ich hab' dir einen speziellen Deal ausgehandelt«, sagt George, lächelt, haut mir auf die Schulter, wuchtet mein Gepäck an die Rezeption und rast davon.

Ich kann mein Glück nicht fassen. Vor drei Stunden lag ich noch wie ein Bettler in meinem Zelt. Wie ein König liege ich jetzt in einem luxuriösen Hotelbett. Wie kann das Leben nur immer wieder so kreativ sein?

Ich schicke Matthias eine Nachricht. Er hat sich tatsächlich durch den Sturm gekämpft und die 70 Kilometer bis Brăila geschafft. Ich laufe runter zur Donau und merke, wie sich mein Körper verändert hat. Joggen fühlt sich auf einmal so leicht an – keine Schmerzen mehr, meine Füße fliegen über den Boden, und ich komme überhaupt nicht außer Atem. Gegen 19 Uhr fährt Matthias' Piroge um die Kurve vor Brăila. Ich freue mich, ihn zu sehen. Es wäre ohne ihn eine völlig andere Reise geworden. Wir umarmen uns. Als er das Hotelzimmer betritt, steigen ihm Tränen in die Augen. Er kann das Leben auch nicht mehr verstehen.

TAG 47, BRĂILA– NOWOSILSKE, ODESSA, UKRAINE

Brăila, 45°16'44.9"N 27°58'41.9"E / Nowosilske, Odessa, Ukraine, 45°14'27.7"N 28°40'04.8"E

Der Wind bläst weiterhin heftig aus Nordost. Doch sind wir dieses Mal auf der richtigen Seite der Donau und paddeln zumindest teilweise im Windschatten. Matthias zieht mit seiner Piroge davon. Vielleicht ist es gut, wenn wir uns erst in Sulina wiedersehen. Ich möchte Kilometer 0 gern allein erreichen.

Die nächste Stadt, Galati, ist 20 Kilometer entfernt. Nach drei Stunden erreiche ich die Ausläufer dieser letzten großen Stadt vor dem Schwarzen Meer. Hier sind die Schiffe größer, die Kräne höher und die Matrosen von weit her. Ganze Kaianlagen liegen brach im Wasser. Ein paar hundert Meter weiter arbeiten nagelneue Riesenstapler und befüllen Schiffe aus der Türkei, Panama oder Schottland. Ich paddele zwischen den Riesen hindurch und gehöre nun auch ein bisschen zu diesen Seemännern. Ich bin auf dem Wasser genauso zuhause wie sie.

An einem kleinen Anleger für Privatboote mache ich fest und will mir einen Topf Müsli zubereiten. Ein Mann kommt zu mir, er trägt eine Mütze und tut wichtig – mein liebstes Feindbild. Er deutet an, dass ich hier nicht haltmachen dürfe. Er spricht keine Fremdsprache. Ich fange spontan an, ihn auf Deutsch anzugreifen und erkläre, dass ich mit Sicherheit nicht da drüben auf dem schlammigen Ufer essen würde. Wo sein Problem wäre, hier sei doch kein Schwein, wer sollte hier jetzt diesen Bootsplatz benötigen? Ich sei bestimmt nicht 2.800 Kilometer hierher gepaddelt, um mich von ihm verjagen zu lassen. Dann wende ich mich wieder meinem Müsli zu.

»Policia«, sagt der Stegwärter. Ich tue, als wäre ich erschrocken

und trinke einen Schluck Wasser. Dann reibt er Daumen und Zeige-
finger aneinander. Will er von mir Bestechungsgeld haben, damit ich
hier Mittagspause machen darf? Wie tief sinken Menschen, wenn es
ums Geld geht, frage ich mich. Jeder Mensch ist korrupt – es hängt
nur von der Summe ab. Wie hoch ist meine Summe? Dieser arme
Hund hier ist schon ab einem Euro bestechlich. Bei diesem Wicht
fallen Werte wie Anstand und Würde zum Minimalpreis. Bei den
größeren Schweinen fließen Millionen, damit sie alle Scham verlieren. Das Prinzip ihrer Würdelosigkeit ist das gleiche. Wie unglücklich
müssen diese Schweine sein? Wann finden sie sich selbst so widerlich,
bis sie über Alternativen ihres ekelhaften Handelns und Lebens nachdenken?

Ich weiß, dass ich hier draußen unbestechlich bin. Geld bedeutet
mir im Moment nichts. Doch werde ich eines Tages zurück in den
Gesellschaftsdschungel treten, und dann muss ich mich fragen, wie
hoch der Preis ist, bis ich korrumpierbar werde.

Ich sage dem korrupten Wicht, er solle sich verziehen und mache
eindeutige Handbewegungen. Er geht tatsächlich. Ich fange an, mein
Müsli zu essen. Leider kommt der Typ zurück – bei ihm ist ein sehr
viel stattlicher und autoritärer aussehender Mann. Er spricht auch nur
Rumänisch.

Ich fange wieder an zu schimpfen, frage nochmal, wo das Problem sei, hier fünf Minuten Pause zu machen. Der Mann schnippt die
Finger seiner rechten Hand gegen den Daumen, als Zeichen, dass ich
aufhören solle zu plappern. »Tatati tatata«, sagt er, macht eine weg-
werfende Handbewegung und geht wieder davon. Der andere Mann
schaut mich böse an, ich lache und esse weiter.

Um 14 Uhr erreiche ich das Zentrum Brăilas. 5 km/h pro Stunde habe
ich heute gemacht. Doch beschwere ich mich nicht mehr. Vor dieser
Reise hatte ich mir vorgenommen, eins mit dem Fluss zu werden. Jetzt
ist die Reise fast vorbei und ich benehme mich immer noch wie Rum-
pelstilzchen, nur weil ein Wärter mich auffordert, an einem anderen

Ort Halt zu machen – was sicherlich Hauptaufgabe seines Jobs ist. Ich plustere mich auf, mache mir weiterhin negative Gedanken und bin fast nie im vielbesungenen Hier und Jetzt. Und was macht der Fluss? Er fließt. Mehr nicht. Vorbildlich.

Nach Brăila macht die Donau eine Kurve Richtung Süden. Ich habe zum ersten Mal seit drei Tagen Rückenwind. Danach kommt die letzte Gerade Richtung Norden. Vermutlich mein letztes Stück Fluss mit heftigem Gegenwind. Meine letzte Chance, doch noch eins mit dem Fluss zu werden. Ich tue, als fließe ich mit ihm mit, versuche mich durch den Wind zu schleichen, lasse die heftigen Böen gleichmütig an mir abprallen und erreiche eine Stunde später die letzte Biegung der Donau Richtung Südosten. Von jetzt an geht es bergab, mit halbachterlichem Wind.

Hinter einer Insel liegt Moldawien. Es sieht gemütlich aus, mit einem roten Kirchturm, kleinen Häusern und sehr weit entfernten Menschen. Eine winzige, wenige Kilometer breite Spitze des Landes grenzt an die Donau. Leider darf ich Moldawien nicht ohne Visum betreten. Direkt daneben liegt die Ukraine. Auch sie darf ich nicht betreten, werde mich aber nicht daran halten. Sobald die Hafenanlagen enden und die Natur wieder regiert, will ich das Land besichtigen.

Während ich mir ausmale, wie es dort wohl sein mag, kommt ein Polizeiboot auf mich zu. Zwei freundliche Polizisten, die beide keine Fremdsprache sprechen, fragen nach meinen Papieren und meinem Einreisedokument – sie halten mir irgendeinen rumänischen Wisch unter die Nase. Ich erkläre, dass ich damit nichts anfangen könne. Die beiden schütteln entsetzt den Kopf – immerhin bin ich seit zwei Wochen im Land unterwegs und konnte mich immer davor drücken, diese sinnlosen Papiere auszufüllen. Die Männer bläuen mir ein, unbedingt in Tulcea, dem nächsten Ort, zur Einwanderungsbehörde oder zu etwas Ähnlichem zu gehen. Ich nicke verantwortungsbewusst und darf weiterpaddeln.

Seit Stunden gibt es keine Kilometeranzeigen mehr. Ich hätte so gern die 99 erreicht. Aber vermutlich bin ich noch bei 120. Ich schlage mein Zelt an einem einsamen Strand in der Ukraine auf, mache ein Lagerfeuer, koche Kakao und esse Müsli. Ich habe seit Tagen nichts anderes gegessen. Hinter mir heulen die Schakale. Aber ich habe keine Angst vor ihnen. Sie fürchten sich vor dem Feuer – und noch mehr vor mir.

Bisher habe ich keinen einzigen Tag so genossen wie den heutigen. Erst jetzt, wo das Ende deutlich vor mir liegt, bin ich kurzzeitig eins mit mir und dieser Reise geworden. Ich genieße mein Zelt, meine Isomatte den Schlafsack, das letzte Licht der längst untergegangenen Sonne, das Rauschen des Winds in den Pappeln. Die Nähe zur Natur wird mir unendlich fehlen in Deutschland.

Vor mir jagen Fische durchs Wasser. Vögel ziehen in engen Formationen nur wenige Zentimeter übers Wasser. Ich sitze da, schaue in mein Feuer und vermisse nichts. Durch den Wind sind heute noch nicht einmal Moskitos in der Luft. Das Paradies kann nicht weit von diesem Ort entfernt sein.

TAG 48, NOWOSILSKE, UKRAINE-TULCEA, RUMÄNIEN

Nowosilske, Odessa, Ukraine, 45°14'27.7"N
28°40'04.8"E /
Tulcea, Rumänien, 45°11'39.2"N 28°52'24.0"E

D ie Sonne steigt langsam hinter mir in den ukrainischen Hügeln
auf. Besser kann man nicht geweckt werden. Die Welt der
Vögel und Insekten ist längst wach. Die ersten Fischerboote
tuckern vorbei. Dass ich ein Teil dieses perfekten Systems bin,
lässt mich innehalten und still atmen.

Am Ende des Strands sehe ich eine Horde Schakale. Sie schauen in
meine Richtung. Ich gehe auf alle Viere und fange an, wie ein Wolf zu
heulen. Erst zucken die Tiere zusammen, doch dann stimmen sie ein.
Wir heulen um die Wette.

Endlich habe ich meinen Flussnamen gefunden: »Der mit den Schakalen heult«.

Jetzt, so kurz vor Schluss, ist es leicht zu sagen, dass diese Reise gern
länger andauern könnte. Wie oft habe ich die Tour verflucht, überlegt
abzubrechen, teilweise nur weitergemacht, weil die ganze Maschinerie
der Sponsoren und Agenturen in meinem Nacken saß. Weil so viele
Menschen erwarteten, dass ich mein Abenteuer durchziehe. Ich habe
keine Rücksicht auf mich genommen, sondern nur auf das, was an
Erwartung an mich gestellt wurde. Meine Eitelkeit und die Scham zu
versagen spielten auch eine wichtige Rolle.

Jetzt sitze ich vor meinem Zelt, bin so verbunden mit der Natur
wie lange nicht mehr, und ich könnte noch ewig weiterpaddeln. Ich
bin jünger geworden. Verrückter. Die Zeit hat sich aufgelöst. Wer war
ich? Wer werde ich sein? Völlig egal. Ich bin. Zu hundert Prozent hier.

Ich werde der erste Mensch sein, der die gesamte Donau allein geSUPt ist. Dabei wird es sicherlich bald jemanden geben, der die ganze Donau ohne fremde Hilfe – also ohne Bootstrampen, Autofahrten oder Bus bezwingen wird, der die 2.800 Kilometer aus eigener Kraft macht. Mir fehlen ungefähr 200 Kilometer. Dafür muss man rechnen, dass beim SUPen immer zehn Prozent wegen des Zickzack-Kurses draufgerechnet werden müssen. Doch das gilt für den ersten SUPer ohne fremde Hilfe auch. Ihm gehört dann der Rekord, und das ist für mich absolut in Ordnung, denn ich möchte nicht ins Guinness-Buch, ich möchte einfach nur dieses Abenteuer bestehen und für immer in Erinnerung behalten.

Heute früh weht kein Lüftchen. Sollte ich zum Schluss doch noch einmal perfekte Bedingungen geschenkt bekommen? Ich paddele bis kurz vor Mittag eine schier endlose Gerade herunter. Zum ersten Mal kann ich den Horizont nicht sehen. Es könnte rein optisch auch schon das Meer auftauchen.

Nach der ersten Biegung wartet der Wind. Er wartet ungeduldig, in seiner ganzen Heftigkeit, auf mich. Er bläst mir mit 20 Knoten ins Gesicht. Ich kämpfe mich am ukrainischen Ufer vorwärts. Ein Mann winkt mir zu, er geht langsam am Strand entlang, in meinem Tempo. Er spricht Englisch und sagt den weisesten Satz des Tages: »Wind is boss.« Ich lache. Denn ich kenne mein Problem, mich Obrigkeiten zu unterwerfen. Es fällt mir schwer, den Wind als Boss anzuerkennen. Denn es macht für den Wind überhaupt keinen Sinn, mir das Leben so schwer zu machen. Ich erinnere mich an gestern, versuche, den Wind gleichmütig zu ertragen, wie der Fluss es tut. Es gelingt mir halbwegs.

Doch irgendwann schreie ich doch wieder. Ein lautes, langes »Ahhhh!«. Die Schmerzen müssen heraus. Ich paddele über eine Stunde auf der gleichen Seite, um nicht gegen das Ufer getrieben zu werden. Meine Muskeln brennen. Der Schrei tut gut, scheint Kräfte freizusetzen. Noch eine Biegung, und dann geht es bis Tulcea, der letzten Stadt vor dem Schwarzen Meer, mit halben Wind voran.

Ein ukrainisches Polizeiboot kommt auf mich zu, will meine Papiere sehen. Ich zeige meinen Personalausweis. Der Polizist sagt in schlechtem Englisch, dass ich mich auf mindestens 100 Meter vom Ufer entfernen müsse, da dieser Teil des Flusses zur Ukraine gehören würde und ich kein Visum hätte.

Ich frage den Mützenträger, ob er den Wind bemerkt hätte. Er nickt. Ich erkläre ihm, dass ich nicht 100 Meter von hier entfernt paddeln kann, weil ich dann rückwärts treiben würde. Er schlägt vor, aufs rumänische Ufer zu wechseln und dort Windschatten zu suchen. Ich sage ihm, dass der Wind aus Nordost kommt und dass deswegen drüben der stärkste Wind herrschen würde. »Gesetz ist Gesetz«, sagt er und zuckt mit den Achseln. Er weiß nicht, dass er es mit einem militanten Obrigkeitserzieher zu tun hat.

»Zeigen Sie mir die Grenze«, sage ich zu dem armen Staatsdiener. »Ich kann sie nicht sehen. Wo genau verläuft sie?« Er holt eine Karte heraus. »Nein«, sage ich. »In echt. Wo verläuft die Grenze? Ich sehe sie nicht.« Er erklärt mir, dass die Grenze an der tiefsten Stelle der Donau wäre. Auch das könne ich nicht sehen. »Die Grenze ist eine Erfindung, die aber nichts mit der Natur zu tun hat. Die Donau kennt diese Grenze auf jeden Fall nicht«, sage ich und komme mir platt vor.

»Jeder Vogel, jedes Insekt, selbst Wasserschlangen dürfen von einem Ufer zum anderen, nur wir Menschen nicht. Uns erlegen wir auf, dass wir nur ein Ufer betreten dürfen. Da ist absurd!«

Der Mann bleibt ganz ruhig und freundlich. Er sagt, dass er weder die Grenze noch die Gesetze erfunden habe. Er müsse lediglich darauf achten, dass beide gewahrt würden. Daher möge ich jetzt bitte ohne weitere Verzögerung diese Seite der Donau verlassen. Ich weigere mich, sage einfach »No, I can't«. Der Mann guckt sich entnervt und leicht verwirrt um. So einen militanten Idioten wie mich hat er wahrscheinlich noch nie erlebt. Da kein Kollege in Sicht ist, lässt er mich weiterpaddeln, haut sein Gaspedal auf den Boden und rast davon. Ich schäme mich ein bisschen, tröste mich aber damit, dass ich einen ukrainischen Polizisten zur Verzweiflung getrieben habe. Wenn ich schon den Wind nicht ändern kann, so doch die Sturheit eines Wacht-meisters.

Riesige Pötte fahren an mir vorbei. Die Kapitäne kommen aus ihren Kabinen, fixieren mich mit Ferngläsern, winken mir zu und strecken ihre Daumen in die Luft. Ihre Bugwellen lassen mich vom Surfen im Schwarzen Meer träumen. Ich kann nicht glauben, dass ich dort mor-gen ankomme.

Um 16 Uhr erreiche ich endlich Tulcea, das Tor zum Delta. Die Stadt auf sieben Hügeln. So etwas kann es nur in Rumänien geben. Von wei-tem sehe ich abgehalfterte Villen, die vor mehr als 100 Jahren gebaut wurden und letzte Zeugen großer Reichtümer sind. Am Ufer laufen mir bettelnde Kinder hinterher. Hunde bellen mich an, bereit, mich zu zerfetzen. Schrille Blechmusik scheppert über die Kaianlagen. Ich kann aus der Ferne ein paar Männer am anderen Ufer entdecken. Ihre Musik klingt fast arabisch, schrill und laut. Ich frage mich, ob die Musiker vielleicht taub sind. Mir kommt es vor, als hätte ich mit dem Delta eine neue Welt erreicht.

Ein Polizeiboot liegt an einem Quai rechts von mir und lässt alle Martinshörner aufheulen. Selbst Lichtsignale sendet der Kapitän, um mich zu sich zu locken. Ich ignoriere ihn. Mir reicht es mit Mützenträ-gern. Doch kaum nähere ich mich einem Steg, an dem ich festmachen will, steht ein weiterer Polizist an Land und winkt mich zu sich. Ich weiß nicht, zum wievielten Male ich nach meinen Einreisepapieren gefragt werde. Der Mann ist extrem freundlich und kann gar nicht glauben, dass ich es bis hierher ohne Papiere geschafft habe.

Ich muss ihm in ein riesiges Gebäude folgen. Was für einen Auf-wand Menschen betreiben, um das bürokratische System aufrecht zu erhalten. Es sei sehr wichtig, diese Papiere auszufüllen. Würde beispielsweise mein Boot geklaut werden, könne die Polizei mir nur bei der Suche helfen, wenn mein SUP und ich im System registriert seien.

»Sie glauben doch nicht ernsthaft, dass Sie mein Boot wiederfinden, sollte es geklaut werden«, sage ich – ein bisschen genervt.

»Vielleicht nicht«, sagt der Beamte. »Aber dann hätten wir auf jeden Fall eine Möglichkeit, Ihnen zu helfen.« Wir füllen gemeinsam einen Zettel aus. Bootsname: Ich nenne es »Ray«, so heißt zumindest das Modell. Heimathafen: Kiel. Bruttoregistertonnen: Keine eine. Anzahl der Passagiere: einer, außer jetzt. Zielhafen: Kingston Town, Jamaica. Der Typ schreibt stur auf, was ich sage, während ich Jimmy Hendrix summe. Zu verzollende Ware, Schiffswert, gefährliche Güter an Bord: keine.

Ich frage, ob er mich verarschen wolle. Der Mann greift kurz an seinen Holster.

»Sie haben doch genau gesehen, dass ich auf einem Stand-up-Paddleboard unterwegs bin. Wenn Sie mir tatsächlich helfen wollen, müssen Sie nach der Farbe, der Länge und vielleicht dem Gewicht meines Bretts fragen. Aber mit Sicherheit nicht so einen Schwachsinn.« Der Mann bleibt ganz ruhig. Die Polizisten hier sind auf jeden Fall freundlicher als in Deutschland. Er füllt den Zettel jetzt allein aus.

Eine Kollegin kommt mit zwei großen Stempeln angelaufen. Für mich klingt das Geräusch des Stempelns immer nach Handschellen-Anlegen oder Untersuchungshaft. Obwohl ich mit beidem noch nie zu tun hatte. Es klingt gefährlich und unwiderruflich.

Jetzt habe ich meine Einreiseerlaubnis. Stolz halte ich den Wisch in die Höhe und bedanke mich vielfach bei dem Polizisten. Er atmet tief durch, die Kollegin schüttelt angewidert den Kopf, und ich gehe den Zettel mit erhobenen Händen über meinem Haupt schwingend aus dem Gebäude, zerknülle ihn und werfe ihn weg.

Wütend suche ich die Innenstadt, um ein paar Lebensmittel zu kaufen, bevor ich auf meine letzte Etappe gehe.

Wie immer auf dieser Reise treffe ich Matthias. Er sitzt in einem Einheimischen-Lokal und hat einen Teller Risotto vor sich stehen. Als eingefleischter Vegetarier wird er nur schwach, wenn ich Fisch bestelle – dann möchte er manchmal ein Stück probieren. Wie er es schafft, mich immer wiederzufinden, weiß ich nicht. Vielleicht finde auch ich ihn. Ich weiß es nicht. Auf jeden Fall freue ich mich, ihn zu sehen. Er gehört zu dieser Tour wie der Wind.

TAG 49, TULCEA, RUMÄNIEN–SFÂNTU GHEORGHE, SCHWARZES MEER

Tulcea, Rumänien, 45°11'39.2"N 28°52'24.0"E /
Sfântu Gheorghe, 44°52'54.5"N 29°37'18.3"E

Sieben Wochen, und nun ist der letzte Tag angebrochen. Ich verlange kein Glück mehr – ich bin das Glück; der Fluss hat es mir gegeben. Ich habe in der Einsamkeit dieses Flusses mein Zuhause gefunden. Ich bin verwurzelt im immer Neuen. Das kann ich erst jetzt erkennen, wo die Reise fast zu Ende ist; weil die Reise fast zu Ende ist.

Während ich sonst kurze, hektische Ausbrüche aus unserer Welt buchte und mich wunderte, dass ich nirgendwo richtig ankam, erscheint mir meine Reise auf der Donau wie ein neues Leben. Meine früheren Urlaube waren auch nur Konsum, Erlebnis-Accessoires, die ich mir ans Revers heften konnte. Ich kaufte Urlaube wie Autos, Möbel oder Küchengeräte. Sie unterschieden sich von meinem Alltag durch besseres Wetter, Wasser oder Berge – aber nicht durch ihren Stil. Erst die Veränderung meines Lebensstils auf dieser Reise ließ mich mein altes Leben abschütteln. Für diese Veränderung benötigte ich Zeit, Tage ohne Regeln und unendlich viele Wahlmöglichkeiten. Erst als mich die Gesellschaft nicht mehr bedrängen konnte, spürte ich totale Freiheit – und nur für die Freiheit sollte ich auf Reisen gehen.

Diese Reise kommt mir fast vor wie ein Lebewesen. Die Wochen der Vorbereitung waren wie eine Schwangerschaft. Alles gedieh und wuchs, blind noch und ohne Wissen, wie die Realität aussieht. Dann kam die Geburt, der Start in Donaueschingen. Wie benommen war ich da, hilflos, angewiesen auf Freunde, die mich unterstützten, Nahrung und Wasser besorgten, sogar eine Nacht im Wohnmobil verbrachte ich, fast zurück im Mutterleib.

Es folgten die Tage der Entwicklung, das Sammeln der Erfahrungen. Die Ängste nahmen ab. Mein Selbstbewusstsein wuchs. Mein Körper entwickelte sich, wurde stärker, robuster. Wild und ursprünglich. Wochen des Glücks, der Verzweiflung, des Einsseins und der Euphorie folgten. Am Ende, auf ihrem Höhepunkt, endet die Reise. Es stirbt etwas, geht für immer verloren, wabert als Erinnerung im Äther und ist doch nicht mehr wahr und später nur noch Geschichte.

Ich werde mich wieder von meinem alten Leben packen lassen, bis Kräfte, Gedanken und Fügungen durch die Luft gleiten und die nächste Reise gezeugt wird. Wieder beginnt eine Schwangerschaft und das Abenteuer gedeiht. Es wird nie enden. Das Reisen wird zur Lebensform.

Das Delta wartet auf mich, der angebliche Höhepunkt meiner Reise. Doch weiß ich mittlerweile, dass nichts von dem stimmt, was die Leute prognostiziert haben. Es gilt nur die eigene Erfahrung, das individuelle Erlebnis. Alles andere ist nicht meine Wahrheit.

Seit Stunden gibt es nur noch sehr wenige Kilometerangaben, und die, die ich sehe, sind verwirrend. 104 Kilometer können es nicht mehr sein. Oder messen sie hier die Flusskilometer inklusive aller Biegungen? Aber wie viele Biegungen sind es? Und wie lang sind die Biegungen?

Ich paddele stur vor mich hin. Irgendwann wird schon das Schwarze Meer kommen. Ich habe mir vorgenommen, zum Sonnenuntergang dort zu sein. Und wie immer auf dieser Reise wird alles in Erfüllung gehen.

Wie gern würde ich die letzten Kilometer richtig genießen! Freunde, Familie, Bekannte und Kollegen haben mir Glück und Erfolg für die letzten Stunden meiner Tour gewünscht. Doch ich will einfach nur ankommen, habe mir genug bewiesen, muss keine Rekorde mehr brechen, muss nicht herausragend sein.

Wie immer in meinem Leben bin ich hin und hergerissen: auf der einen Seite will ich dieses Abenteuer beenden und wieder ein ganz normales Leben führen. Die Reise will jetzt abgebunden werden. Und gleichzeitig will ich das abenteuerliche Gefühl des Vagabunden nicht verlieren. Ich darf sie nicht wegwerfen, meine Freiheit. Ich würde sie gern einpflanzen und mit nach Hause nehmen, sie in die Tasche stecken und jederzeit hervorholen können.

Ständig denke ich, es würde mich jemand rufen. Doch es sind nur die exotischen Schreie aus dem Dickicht am Ufer. Vermutlich Vogeljunge. Hunderte von verschiedenen Arten ziehen an mir vorbei, jagen wie Kampfflieger durch die Luft, stürzen in die Donau, sonnen sich am Ufer oder stehen im Wind und warten auf Beute.

Es riecht nach Urwald. Verschiedene Luftschichten umhüllen mich. Manchmal zieht es kühl aus dem Sumpf, als würde dort eine Klimaanlage arbeiten, dann umklammern mich feuchtheiße Schwaden und treiben mir den Schweiß auf den Körper.

Ich trage seit Tagen nur noch Hut und Segelhose, in den Taschen meine GoPro, das Handy, einen Ausweis und Geld. Da ich beständigen Gegenwind habe und die Sonne hinter feinen Schleiern brennt, ziehe ich mir in den Nachmittagsstunden ein T-Shirt an, tauche es in den Fluss und kühle meinen Körper durch Verdunstungskälte. Alle zwei, drei Stunden halte ich an, esse einen Energieriegel, schlafe für ein paar Minuten auf meiner Decke unter einem Baum, paddele weiter. Wie in Trance steuere ich Horizont um Horizont an und warte, dass der Horizont irgendwann verschwindet und zum Meer wird.

Schnellfähren rasen an mir vorbei. Sie erinnern mich an Bratislava; ihr Sog zieht mich Richtung Flussmitte, die Bugwelle spuckt mich zurück zum Ufer. Immer nur kurz, als würde ich surfen. Die neugierigen Touristen an Deck der Fähren strecken mir ihre erhobenen Daumen entgegen, ich deute es als Lob für meine Standhaftigkeit. Ich stehe mittlerweile so sicher auf meinem Brett, dass mich auf diesem Fluss nichts mehr abwerfen könnte.

Wieder kürze ich eine Donau-Biegung durch einen Stichkanal ab. Was soll ich jetzt noch Umwege fahren? Was könnten mir diese Donauschleifen noch zeigen, das ich noch nicht gesehen hätte? »KM64« steht am Ufer. Also zählen sie tatsächlich die Schleifen mit. Denn ich bin heute noch keine 40 Kilometer geSUPt.

Die letzte Strecke zieht sich unendlich. Ich schaue immer wieder auf mein Handy um zu sehen, wo ich bin. Ich nähere mich in langsamen Schlägen meinem Ziel. Noch ein Horizont und noch ein Horizont. Noch eine Biegung und noch ein Schild: »KM20« und keine Schleifen mehr. Jetzt sind es noch drei Stunden bis zum Schwarzen Meer, und die Sonne steht schon bedenklich tief am Horizont. Ich gehe in den Surfschritt und haue mein Paddel mit aller Kraft ins Wasser.

Jetzt ist es nur noch eine Kurve. Eine letzte Kurve, und dann müsste das Meer zu sehen sein. (Foto 59) Und dann sehe ich es: In unendlicher Ferne enden die Ufer, und in ihrer Mitte ist das Nichts – mein Ziel, das Schwarze Meer. Destination meiner Träume. Ich kann es schon hören. Jetzt sogar riechen. Nichts riecht wie das Meer. Es hängt Salz in der Luft. Die Sonne geht unter.

Ich paddele an einem Steg vorbei. Hier macht die Fähre fest, mit der ich morgen zurück nach Tulcea fahren werde. Ich gleite an einem Öko-Dorf vorbei, Schilfpflanzen, ein paar Fischer, ein langer Strand, es dämmert jetzt. Ich kann das Ende meiner Reise nur noch ahnen. Bin ich schon da? Plötzlich schlägt die erste Meereswelle über mein Brett. Ich ziehe meinen Tross an Land. Gehe in die Knie. Schlage meine Hände vors Gesicht. Heule. Ziehe meine Hose aus und springe ins Schwarze Meer. Das Salzwasser trägt mich. Es schmeckt besser als der Fluss. (Foto 60)

Bin ich jetzt wirklich da? Ist dies das Ende?

Ich habe mir das Ziel zu häufig ausgemalt, als dass ich es jetzt als real wahrnehmen könnte. Ich heule und heule. Alles fällt von mir ab. Die ganze Last, ankommen zu wollen, ankommen zu müssen. Die Strömung der Donau treibt mich immer weiter raus aufs Meer. Ich lasse mich einfach treiben. Es gibt nichts mehr zu erreichen. Ich treibe parallel zum Ufer. Irgendwann spüre ich wieder Boden unter den Füßen. Ich krieche auf allen Vieren an Land, lege mich nackt in den noch warmen Sand und kann nicht aufhören zu heulen. Dann muss ich lachen. Weil ich heule. Ich heule weiter. Und irgendwann bin ich still. Ganz still.

Das Ziel ist auch nur irgendein Ort. (Foto 61)

TAG 50, SCHWARZES MEER

Ich bin gestern Nacht noch zurück in den Ort gepaddelt, an dem die Fähre ablegt, habe mein Zelt auf einem Ponton aufgeschlagen und unruhig geschlafen. Bei Sonnenaufgang sehe ich Matthias' Zelt zwei Stege südlich von mir stehen. Er hat es also auch geschafft. Wahrscheinlich viel entspannter und präsenter als ich. Wenn er sagt, »Der Weg ist das Ziel«, klingt es nicht wie eine auswendig gelernte spirituelle Floskel, sondern wie sein eigenes Erleben.

Wir umarmen uns lang und haben Tränen in den Augen, als wir uns verabschieden. Ich weiß nicht, ob ich diese Tour ohne ihn geschafft hätte. Allein sein Stechpaddel hat mir an Gegenwindtagen extreme Strapazen erspart.

Irgendwann wird er aufhören zu klauen und ein reines Leben führen. Er bedankt sich bei mir für meine optimistische Art, meine Großzügigkeit und für alles, was ich ihm beigebracht habe. Ich wüsste nicht, was das sein könnte. Wieder kommen uns die Tränen. Aber wir sind Männer. Männer, die eine ziemlich wilde Tour hinter sich haben. Solche Typen heulen nicht voreinander.

Mein Leben wird weitergehen. Ich werde nach dieser Reise wiedergeboren. Mit neuen Zielen, anderen Erlebnissen. Bis es eines fernen Tages nicht mehr weitergeht. Aber vielleicht geht es immer weiter. Sonst würde das hier alles keinen Sinn machen.

Ich frage mich, ob schon bald das nächste Abenteuer in meinem Kopf auftaucht?

Ich ahne die Antwort bereits.

Glück sei eine Lebenseinstellung, hat Matthias gesagt. Unglück somit auch.

Jetzt sitze ich auf der Fähre zurück nach Tulcea, schreibe Zeilen, die nicht erklären können, wie es mir geht, weil ich es selbst nicht verstehe. Ich bin traurig, die ganze Zeit kurz vor den Tränen, gleichzeitig entspannt und zufrieden; ich könnte laut auflachen und dann wieder erschöpft zusammensacken. Alle Gefühle der Reise scheinen noch einmal durch meinen Körper zu fließen, während das Delta in hoher Geschwindigkeit an mir vorbeirauscht.

Ich male mir alle Möglichkeiten aus, die vor mir liegen – und wie wenige ich nutzen werde.

Ich frage mich: Wer führt ein wirklich gutes Leben? Und was ist das überhaupt? Ich weiß nur: Wer den Montagmorgen hasst, hat etwas falsch gemacht.

Ich sehe, dass mein ganzes Leben eine Reise ist. Die Tour auf der Donau war lediglich ein Teilabschnitt.

Es gibt überhaupt keinen Grund, kein großartiges Leben zu führen.

DANK AN

A n einem derartigen Abenteuer – und insbesondere so einem Buch – sind unendlich viele Menschen beteiligt. Ich kann euch nicht alle aufzählen. Verzeiht mir, wenn ich jemanden vergessen habe, der hierhergehört.

Lektorat und Projektmanagement:
Niko Schmidt, www.delius-klasing.de

Literaturagentur:
Markus Michalek, www.ava-international.de

Film- und Fotoaufnahmen:
Marcus Friedrich, www.friedfisch-film.com
Frank Molter, www.frankmolter.de

Grafiken:
Simon Schreiber, www.einfallsraum.de

Sponsoren:
Budweiser Alkoholfrei B:free www.budejovickybudvar.cz/de
Fanatic: www.fanatic.com/de/sup/
Ortlieb: www.ortlieb.com/de/technisches/waterproof/
Heimplanet: www.heimplanet.com/de/
Cliffbar: www.clifbar.de/
Live-Tracking: www.ehsmedia.de

Crowdfunding-Supporter in chronologischer Reihenfolge:
www.indiegogo.com/projects/the-sup-mission-europe#/
Eva Bisani, Oliver Maier, Jessica Matthies, Astrid Reining, Walter

Böhme, Andreas Kuenzel, Monika Sunnanväder, Sabine Nguyen, Jürgen Rinner, Lutz Lehmann, Dr. Zoran Mihajlovic, John Loftus, Listen! Consulting GmbH, Thomas Ehlert, Philipp Buhl, Natalia Pemberton, Jill Hindley Lawrence, Gabriele Berger, Monika Thiess, Birgit Hartenstein, Janni Ernst, Bob & Nancy Burford, Andy Rice, Olivier Colin, Rene Hamann, Omer Selin Kemahli, Franziska Würtenberg, Rainer Jaschek, Jens Philipp Meierjohann, Eric Zanner, Manfred Richter, Marcus und Solveig Baur, Felix Manthey, Johannes Reichenauer, Christoph Körner, Silvio Sandrone, Peter Daub, Gila Galitzine, Sandra Bicker, Steffi Wahl, Daniel Sommerfeld, Marie, Andreas Deffner, Diana und Jörn Salewski, Martina Gottwald, Stephanie Heiliger, Claudia Gellermann-Schultes, Angela Clarke, Segel-Bundesliga-Team Itzehoe, Klaus-Otto Künnemeyer, Caro Stecher, Josh Claussen

Familie und Freunde:
Meine Eltern und Brüder, dass sie meine Abenteuer ertragen und nicht vor Sorge zerbrechen.

Meine Freunde, Kollegen und Bekannten, die mich auf der Tour unterstützt und an mich geglaubt haben.

Elisabeth, Kati und Rike, weil ihr mir immer im richtigen Moment Hilfe geschickt habt.

Alle, die mich vorher nicht kannten und trotzdem bewirtet haben, mir ein Bett gaben, mich abgeholt und hingebracht haben. Mir zugejubelt, mich angefeuert, mich umarmt haben.

AnnenMayKantereit für den Soundtrack während der Reise.

»A trip has really been successful
if I come back sounding strange even to myself.«
Pico Iyer

Bibliografische Information der Deutschen Nationalbibliothek
Die Deutsche Nationalbibliothek verzeichnet diese Publikation
in der Deutschen Nationalbibliografie; detaillierte bibliografische
Daten sind im Internet über http://dnb.dnb.de abrufbar.

1. Auflage
ISBN 978-3-667-11562-1
© Delius Klasing & Co. KG, Bielefeld

Lektorat: Niko Schmidt
Coverfoto, Titelrückseite und Klappe vorn: Frank Molter, www.frankmolter.de
Klappe hinten: Timm Kruse
Innenteilfotos: Alle Fotos von Timm Kruse, außer: Foto 25: Su-Ly Kimmich-Hol-
länder; Foto 29: www.donau-bus.de; Foto 32: www.mauthausen-memorial.org;
Foto 51: Hristo Kirov
Karten: Simon Schreiber, www.einfallsraum.de
Umschlaggestaltung: Felix Kempf, www.fx68.de
Satz: Axel Gerber
Lithografie: Mohn Media, Gütersloh
Druck: Pustet, Regensburg
Printed in Germany 2019

Delius Klasing Verlag, Siekerwall 21, D - 33602 Bielefeld
Tel.: 0521/559-0, Fax: 0521/559-115
E-Mail: info@delius-klasing.de
www.delius-klasing.de

INSIDE AMERICA –
QUER DURCH TRUMPLAND

Die Reise von Thomas Widerin durch Nordamerika geht weiter:
8.000 Kilomter legt er im Spätsommer 2016 zurück und fährt
vom Yukon bis nach Miami. Er übernachtet meist im Zelt und
kommt Land und Leuten sehr nah. So zieht der tapfere Rad-
reisende bei einer Begegnung mit drei Skunks auf einem Zeltplatz am Toronto Lake erwartungsgemäß den Kürzeren, hat
noch Tage später mit den olfaktorischen Folgen zu kämpfen
und findet beim hiesigen Sheriff Unterstützung. Ein Frühstück
in einem Diner nahe Louisiana endet in einer Massenschlägerei
zwischen den Clinton- und Trump-Anhängern – ausgelöst durch
die vermeintlich harmlose Frage des Erzählers, wer denn wohl
den Wahlkampf gewinnen würde. Ein Indianerhäuptling lädt ihn
zum Pfeife rauchen in sein Zelt ein, und anschließend verliert der
Tiroler jegliches Gefühl für Raum und Zeit …

PACKEND, VERBLÜFFEND UND LUSTIG –
UND VOLLER INFORMATIONEN FÜR ALLE,
DIE EBENFALLS VON EINEM ROADTRIP
DURCH DIE USA TRÄUMEN!

Thomas Widerin
DAS STINKTIER, DER SHERIFF UND ICH
212 S., Format 15,0 x 22,5 cm, Flexocover
Euro 16,90 (D)/17,40 (A), ISBN 978-3-667-11417-4
www.delius-klasing.de
E-book: 15,99 Euro

THOMAS WIDERIN

DAS STINK TIER

DER SHERIFF UND

ICH

MIT DEM FAHRRAD VON KANADA NACH FLORIDA

DELIUS KLASING

INDIANER ...

Der kleine Ort liegt im östlichen Wyoming. Nur etwa 1.500 Menschen leben dort, mitten in der weitläufigen Prärie. Auf vielen der großen Ranches dort gibt es noch Cowboys. Und es gibt dort tatsächlich auch Indianer. Wobei man heute richtiger von »Native Americans« oder der »First Nation« spricht, denn mit Indien hatten die Ureinwohner der nordamerikanischen Landmasse nie etwas zu tun. Nur Kolumbus glaubte sich in Indien, als er den Kontinent entdeckte. Hier leben sie heute in einem der sogenannten »Reservate«, veranstalten aber jährlich ein großes Fest im Ort, bei dem ihre traditionellen Bräuche zelebriert werden. Zu diesem Fest sind Groß und Klein aus dem Ort eingeladen, und alle Besucher tragen zumindest irgendein Kleidungsstück oder Accessoire aus der Zeit, als der Westen noch wild war und spätestens hinter dem Mississippi begann.

Von diesem Fest erfuhr ich etwa 10 Meilen zuvor an einer Tankstelle, als ich nach einem günstigen Motel und einem Restaurant in der Nähe fragte. Die Pächterin erzählte mir dabei von einem Fest, das noch am gleichen Abend stattfinden würde. Sie schwärmte von der traditionellen Veranstaltung und von den gegrillten Koteletts und Rippchen, die weit über den Ort hinaus berühmt seien. Ich liebe Gegrilltes, und damit war die Sache klar.

Als ich auf mein Rad steige und gerade losfahren will, spricht mich ein junger Mann an. Er sitzt am Lenker eines heruntergekommenen Pick-ups. Ich schätze ihn auf 17, vielleicht 18 Jahre (in Amerika ist es möglich, bereits mit 17 den Führerschein zu machen). Sein Gesicht ist sonnengebräunt, und er hat langes, tiefschwarzes Haar. Auffallend ist eine eigenartige Kette um seinen Hals, an deren Ende Federn und verschiedene Krallen hängen. Das Hemd des Burschen hat viele Fransen und auch schon einige Jahre auf den Buckel. Ich rolle ein wenig näher heran und sehe auf dem Beifahrersitz eine Art Perücke liegen. Sie hat Ähnlichkeit mit dem Kopfschmuck eines Häuptlings. Wir kommen schnell ins Gespräch. Der Kerl will unbedingt genau wissen, wohin ich mit meinem Fahrrad möchte. Ich erzähle ihm von meiner langen Reise und mustere ihn derweil ein wenig. Auf meine vorsichtige Nachfrage, ob er vielleicht einer der hier lebenden First-Nation-Leute sei, bejaht er sofort. Nur wenige Sätze später lädt er mich ein, mit ihm zusammen seinen Stamm zu besuchen. Ich bin begeistert von dieser Aussicht!

Mit Rücksicht auf seinen gastfreundlichen Stamm, bei dem ich einen wundervollen Tag und eine traumhafte Nacht verbringen durfte, nenne ich hier weder den Stammesnamen noch den genauen Ort.

Für fast zwei Stunden sitze ich dann auf der Ladefläche des Pickups, unter und neben mir mein Fahrrad und mein sonstiges Gepäck. Schnell ist die asphaltierte Straße zu Ende, und es geht tief hinein in die Prärie, zuerst noch auf Schotterwegen, dann direkt durch die freie Landschaft. Wir halten nicht an, und daher kann ich meinen Fahrer nicht nach unserem genauen Ziel fragen. Als mir von der holprigen Fahrt langsam richtig übel wird, sind wir plötzlich da. Vor Staunen bleibt mir der Mund offen stehen. Vor mir liegt eine kleine Zeltstadt, die genau so aussieht, wie man es aus alten Wildwestfilmen kennt. Ich zähle um die Zwanzig zu einem Halbkreis aufgestellte Zelte. Es gibt mehrere große Koppeln mit Pferden. Überall laufen Kinder herum, stehen Männer in kleinen Gruppen zusammen, sind Frauen mit verschiedenen Arbeiten beschäftigt. Mir läuft ein Schauer über den Rücken. Ich fahre tatsächlich mitten in ein Zeltdorf hinein. Und das auf der Ladefläche eines Pick-ups.

Wir halten direkt neben einem der Zelte an. Der junge Bursche steigt aus und reicht mir seine Hand. Sein »Welcome« gilt offensichtlich noch einmal als offizielle Begrüßung. Nun stellt sich mein

Gastgeber auch vor. Sein Name ist »Akecheta«. Erst nach dem dritten Versuch kann ich den Namen richtig aussprechen. Als ich mein Fahrrad von der Ladefläche hebe, erklärt Akecheta mir, dass es in seinem Dorf nur zwei Autos gäbe. Diese würden nur für größere Besorgungen genutzt, oder um bei einem Notfall auch einmal rasch ein Krankenhaus erreichen zu können.

Mein Gastgeber führt mich in Richtung Dorfmitte. Sofort kommen einige Kinder herbei und begleiten uns. Während sie neben uns herumtollen wechseln ihre Blicke ständig zwischen mir und meinem Fahrrad hin und her. Ich trage eine hauteng Radhose und ein buntes Radtrikot. Zudem noch meine etwas futuristisch wirkenden Radschuhe. Wir bleiben vor einem großen, eigenartigen Felsblock stehen. Viele verschiedene Symbole in unterschiedlichen Farben sind hineingeritzt. Mir fällt auf, dass die Kinder einige Meter vor dem Stein stehen geblieben sind. Keines ist mir weiter gefolgt. Akecheta bedeutet mir zu warten. Warum, weiß ich nicht, aber ich will es auch gar nicht hinterfragen. Ich nehme mir fest vor, mich während meines Aufenthaltes allen Regeln des Dorfes zu unterwerfen. Ich bin Gast hier. In einer Welt, die mir völlig unbekannt ist.

Nach einigen Minuten kehrt Akecheta wieder zurück. Er ist nicht allein. Ein augenscheinlich sehr alter Mann, klein und schmächtig, folgt ihm mit langsamen Schritten. Er wirkt gebrechlich, sein Rücken ist gebeugt, sein Haupt leicht geneigt. Beide bleiben vor mir stehen. Sie unterhalten sich in einer eigenartig klingenden Sprache. Während Akecheta mit starker Stimme spricht und dabei immer wieder zu mir zeigt, schaut mich der alte Mann ununterbrochen an. Hin und wieder nickt er leicht mit seinem Kopf. Plötzlich verneigt sich der Mann vor mir und lächelt mich an. Auch Akecheta verneigt sich. Er erklärt mir, dass dieser Mann der Dorfälteste sei. Kein Besuch eines Fremden darf ohne seine Zustimmung erfolgen. Der Stein mit den Symbolen gilt als heilige Stätte. Nur dort trifft der Dorfälteste seine Entscheidungen. Niemandem aus dem Stamm ist es erlaubt, sich ohne Begleitung des Ältesten in der Nähe des Steines aufzuhalten. Jetzt ist mir klar, warum die Kinder plötzlich stehen geblieben sind. Der Name des alten Mannes lautet Uzumati, was so viel bedeutet wie Bär. Uzumati ist der Häuptling des Dorfes.

Akecheta begleitet den Häuptling zurück zu seinem Zelt. Ich darf ihnen folgen. Die Kinder tollen jetzt nicht mehr in unserer Nähe herum. Offensichtlich haben sie gehörigen Respekt vor ihrem Dorfältesten. Das Zelt, vor dem ich nun stehe, ist an Schönheit kaum zu überbieten. Keines dieser Touristenzelte, die meist sehr kitschig wirken. Es besteht vollständig aus einem eigenartigen, besonders robust wirkenden Stoff. Er ist bunt, und an nahtähnlichen Verbindungen kann ich erkennen, dass diese »Zeltplane« aus vielen einzelnen Teilen zusammensetzt ist. Beim genaueren Hinschauen bemerke ich, dass viele der Symbole aufgemalt sind, die ich auch am Felsen gesehen habe. Der Häuptling zeigt auf mich und spricht zu Akecheta. Dann verneigt er sich abermals vor mir und verschwindet im Zelt. Ich bin eigenartig berührt. Akecheta erklärt mir nun, dass der Dorfälteste mich eingeladen hätte, den Abend und die Nacht in seinem Zelt zu verbringen. Dies sei eine große Ehre. Nur selten würde ein Fremder das Zelt des Häuptlings betreten dürfen. Mir läuft es kalt den Rücken hinunter.

Stolz führt Akecheta mich nun in seinem Dorf herum. Es liegt in einer Senke und ist komplett von Hügeln umgeben. Die anderen Zelte sind etwas kleiner als das des Häuptlings. Mir fällt auf, dass die Zelte unterschiedliche Farben haben. Ab und zu stehen zwei Zelte näher nebeneinander. Diese unterscheiden sich dann farblich nicht. Alle sind ebenfalls bemalt, aber die Symbole vom Felsen finde ich nicht wieder. Von Akecheta erfahre ich, dass die verschiedenen Farben von Generation zu Generation weitergegeben werden. Schon aufgrund der Bemalung ist so zu erkennen, welche Familie in welchem Zelt wohnt. Besonders auffällige Farben würden auf Familien hinweisen, die im Dorf einen besonderen Stellenwert haben. Die rote Farbe bedeutet in etwa Heilen oder Helfen. In einem solchen Zelt wohnt die Familie des Medizinmannes oder Heilers. Ich bin fasziniert. Zwischen den Zelten stehen unterschiedlich große Holzgerüste. Auf den größten hängen

LESEPROBE

hoch oben Felle, auf den kleineren Tücher und Kleidungsstücke. Akecheta führt mich zu Pferdekoppeln, zeigt mir Wasserstellen, die unter Steinen liegen, und einen kleinen Spielplatz. Auffällig ist das fröhliche Treiben im Dorf. Überall spielen Kinder oder stehen Erwachsene zusammen. Nirgendwo sehe ich ein mürrisches Gesicht. Es herrscht eine Heiterkeit, die ansteckend ist. Ich fühle mich hier wohl.

Dann ist es so weit: Ich stehe mit Akecheta vor dem Zelt des Häuptlings und bin dabei, durch den kreisrunden Eingang in eine neue Welt einzutauchen. Meine Radschuhe müssen draußen bleiben. Als Akecheta sich vor dem Zelt verneigt, verneige ich mich ebenfalls. Er bedeutet mir leise zu sein und lässt mir dann den Vortritt. Ich schiebe die Plane am Eingang zur Seite und mache einen Schritt in das Innere des Zeltes. Sofort kommt mir ein eigenartiger, aber sehr angenehmer Geruch in die Nase. Hier drinnen ist es fast gänzlich dunkel. Nur in der Mitte des Zeltes lodert ein kleines Feuer. Akecheta gibt mir ein Zeichen. Noch einmal verneigen wir uns beide, diesmal vor dem Häuptling, der hinter der Feuerstelle am Boden sitzt. Rechts und links von ihm sitzen zwei weitere Männer. Einer davon wirkt fast noch älter als das Dorfoberhaupt, der andere kommt mir noch sehr jung vor. Der Häuptling bedeutet mir, mich ihm gegenüber auf den Boden zu setzen. Ich bin aufgeregt und habe keine Ahnung, was mich nun erwartet. Vom Feuer steigt feiner Rauch empor und entweicht oben an der Zeltspitze durch ein kleines Loch ins Freie. Der eigenartige Geruch ist noch etwas intensiver geworden. Irgendwie wirkt alles sehr geheimnisvoll. Ehrfürchtig blicke ich den Häuptling an. Seine Augen blitzen, sein Mund ist leicht geöffnet. Dann beginnt er mit leiser Stimme zu sprechen. Akecheta übersetzt.

Dann nimmt der Häuptling eine Art Tabakspfeife in beide Hände. Es ist ein langes, dünnes Stück Holz, das hinten eingekerbt und vorn deutlich breiter als hinten ist. Das Holz ist mit Symbolen verziert – die gleiche Art von Symbolen, wie ich sie auf dem Felsen und außen auf dem Zelt gesehen habe. An der Unterseite des Holzstückes hängen mehrere besonders schöne Federn in verschiedenen Farben. Häuptling

110

Uzumati fährt mit einem langen Metallstück in die Feuerstelle, schürt ein wenig herum und holt dann einen kleinen, glühenden Klumpen heraus. Geschickt rollt er diesen in den vorderen Teil der Pfeife hinein. Es zischt leise, und feiner Rauch steigt auf. Sofort fährt mir ein intensiver Duft in die Nase. Es riecht nach Pfefferminze und auch ein wenig nach süßem Honig. Uzumati hält die Pfeife mit beiden Händen in die Höhe. Dann beginnt er eine Art Gebet zu sprechen. Eigentlich ist es eher ein leiser Gesang. Seine Augen sind geschlossen. Ich mache es ihm nach und schließe meine Augen ebenfalls. Ich genieße den Duft. Und ich genieße diese tief gespürte und von mir nicht rational überschaubare Begegnung.

Akecheta berührt mich an der Schulter. Der Häuptling hält mir die Pfeife entgegen – ich dürfe nun auch ein paar Züge machen. Ich nicke dankend und greife mit einer Hand nach diesem besonderen Stück Holz. Sofort nimmt Akecheta meine zweite Hand und führt sie ebenfalls nach vorn. Er flüstert mir ins Ohr, die Pfeife immer mit beiden Händen zu halten. Also führe ich die Pfeife nun mit beiden Händen zum Mund. Den vorderen Teil halte ich so in die Höhe, wie ich es beim Häuptling gesehen habe. Alle schauen mich an. Der Häuptling beginnt abermals mit seinem eigenartigen Gesang. Seine beiden Nachbarn stimmen mit ein.

Vorsichtig nehme ich einen ersten Zug. Zuerst empfinde ich nur einen leicht süßlichen Geschmack im Mund. Aber während ich noch überlege, was wohl so süßlich schmeckt, haut mir plötzlich jemand mit einem Hammer auf den Kopf – zumindest fühlt es sich so an. Es macht »Bumm« in meinem Gehirn. Ich erschrecke, halte aber die Pfeife weiterhin in die Höhe. Alle hören nun wie auf Kommando auf zu singen. Akecheta legt seine Hände auf meine Schultern und rät mir, so ruhig als möglich sitzen zu bleiben. Nach dem »Bumm« fühle ich plötzlich überhaupt nichts mehr. Ich schmecke nur das Süße im Mund. Mir ist, als ob ich keine Arme und keine Füße mehr hätte. In meinem Kopf herrscht völlige Leere. Ich denke absolut nichts. Dieses Gefühl ist eigenartig angenehm. Ich fühle mich leicht und völlig entspannt.

Noch einmal ziehe ich an der Pfeife. Wieder süßlicher Geschmack. Nun erwarte ich abermals den »Mann mit dem Hammer«, aber diesmal kommt er nicht. Stattdessen durchströmt jetzt Wärme meinen gesamten Körper. Wie sanfte Wellen oder warmes Blut. Gleichzeitig mit der Wärme kommt eine Leichtigkeit, wie ich sie noch nie erlebt habe. Ich fühle eine unendliche Ruhe in mir.

Das Holzstück wird immer wieder im Kreis herumgereicht. Meine Gastgeber halten es nach jedem Zug noch etwas in den Händen und singen dabei leise. Singen kann ich leider nicht, ich habe schon in der Schule nie mitgesungen. Während die anderen in ihrer geheimnisvoll klingenden Sprache singen, beobachte ich die kleinen Rauchwölkchen, die aus dem Holz entweichen. Ich habe kein Zeitgefühl mehr und keine Ahnung davon, wie lange ich hier schon sitze. Irgendwann kommt eine sehr hübsche Indianerin ins Zelt und reicht dem Häuptling eine große Holzschüssel. Nachdem dieser einen Schluck direkt aus der Schüssel gemacht hat, bin ich an der Reihe. Die dunkle Flüssigkeit und die darin schwimmenden Fleischbrocken riechen nach Wild. Wie bei der Pfeife, ist mein erster Versuch auch hier etwas zaghaft. Ich weiß ja nicht, was mir hier angeboten wird. Aber es schmeckt köstlich. Auch die Schüssel wird im Kreis herumgereicht. Jeder nimmt immer nur einen Schluck. Danach senken die Männer leicht ihr Haupt und schließen die Augen. Der letzte Schluck gebührt dem Häuptling. Dann wird die Schüssel wieder aus dem Zelt gebracht. Das Oberhaupt steht auf. Wir anderen ebenfalls. Der Häuptling legt seine bunte Halskette auf den Boden, öffnet eine Art Verschluss und fädelt einige der bunten, murmelartigen Kugeln von der Kette. Jeder von uns erhält eine dieser Kugeln. Warum, weiß ich nicht. Aber es ist mir auch nicht wichtig, es zu verstehen. Ich bin mir sicher: Hier haben diese Kugeln ihren ganz besonderen Sinn. Dann fassen wir uns an den Händen und stehen im Kreis um die Feuerstelle herum. Alle blicken auf den Häuptling. Er steht aufrecht und schweigt. Seine Augen sind geschlossen und ich meine, tiefen Frieden in seinem Gesicht zu erkennen. Die Stille, das Miteinander und die gesamte Stimmung berühren mein Herz tief.

Wir stehen lange schweigend da. Ich bin meist ein eher unruhiger Mensch. Aber hier verspüre ich nicht den geringsten Anflug von Ungeduld oder Unruhe. Ich weiß nicht, wie lange wir so stehen, aber irgendwann setzen sich alle wieder auf den Boden und reden miteinander. Akecheta rückt ein wenig näher an mich heran. Ich erfahre einiges über die Welt dieses Stammes und lausche fasziniert seiner Erzählung. Aus Respekt gegenüber meinen Gastgebern möchte ich hier nicht im Detail wiederholen, was ich während dieses Abends alles gehört habe. Ich empfinde es als sehr große Ehre, hier Gast gewesen sein zu dürfen. Nur so viel: Dieses Volk lebt noch annähernd so, wie es schon vor mehreren Hundert Jahren gelebt hat. Und die Menschen sind offensichtlich glücklich dabei. Was ich aber auch erfahren habe: Es gibt immer wieder Situationen, wo sie auch auf die Hilfe der modern lebenden Menschen angewiesen sind. So zum Beispiel, wenn sie mit einem erkrankten Kind ins nächste Krankenhaus fahren, um dort medizinische Hilfe zu bekommen. Die Möglichkeit dieses Eintauchens in die »Zivilisation« ist auch für den so traditionell lebenden Stamm wichtig. Sie schätzen diese Möglichkeit. Als Dankeschön und zum Darstellen, Üben und Bewahren ihrer Traditionen veranstalten sie das eingangs erwähnte jährliche Fest.

Ich liege auf meinem Fell und starre auf die kleine, kaminähnliche Öffnung an der Spitze des Zeltes. Rauchschwaden ziehen dort hinaus ins Freie. Ich atme ganz bewusst die letzten feinen Düfte ein. Während ich mit den Augen dem Weg des Rauches folge, spüre ich Zufriedenheit und tiefen Frieden in mir.

WAHLKAMPF

Die Nacht im Zelt hat mir gut getan. Trotz der unschönen Stunden in Jackson habe ich gut geschlafen. Vermutlich, weil ich tagsüber 180 Kilometer geradelt bin, obwohl mich die Hitze und ein starker Gegenwind sehr gefordert haben. Beim morgendlichen Zusammenpacken bekomme ich plötzlich unbändige Lust auf Pancakes mit Ahornsirup. Beim Gedanken an diese Kalorienbombe läuft mir das Wasser im Mund zusammen. Normalerweise benötige ich morgens nur meine geliebte Tasse Kaffee und einen Donut. Ein großes Frühstück genehmige ich mir meist erst nach 50 bis 60 abgestrampelten Kilometern. Heute beschließe ich, meinem Verlangen so früh wie möglich nachzugeben. Mein Magen und meine Psyche werden es mir sicher danken.

Ich befinde mich kurz vor Tylertown, am Highway 27 gelegen. Es sind nur noch wenige Meilen bis Louisiana, wo der Golf von Mexiko auf mich wartet. Wenn ich den erreicht habe, dann habe ich Kanada und Nordamerika tatsächlich von Norden nach Süden durchradelt … – Jetzt aber möchte ich Pancakes. Ich schaue mich nach einem Lokal um, aber alle, an denen ich vorbeikomme, sind geschlossen. Es ist eben noch früh am Morgen. Als Alternative bleibt mir nur die nächste Tankstelle. Dort werde ich zwar leider keine Pancakes bekommen, aber zumindest meinen Kaffee mit Donut.

Die Raststätte, vor der ich nun mein Fahrrad abstelle, ist groß und es herrscht reger Betrieb an den Zapfsäulen. Schon beim ersten Blick durch die Fenster fallen mir die vielen Menschen auf, die an den zahlreichen Tischen sitzen. Und noch etwas sticht mir sofort ins Auge:

173

Überall hängen Plakate mit Wahlwerbung. Solche Plakate haben mich schon in den letzten Wochen ständig begleitet. In wenigen Monaten wird es zum »Showdown« zwischen den Spitzenkandidaten der Demokraten und der Republikaner kommen, der Präsidentschaftswahl in der Nachfolge von Barack Obama. Und daher lachen zwei Gesichter von den Plakaten: Hillary Clinton und Donald Trump.

Seit ich in die USA eingereist bin, hat es keinen Tag gegeben, an dem ich nicht mit der anstehenden Präsidentenwahlen konfrontiert worden bin. Ständig liefen Wahlsendungen im Fernsehen, überall in bewohnten Gebieten hingen Plakate, oder ich hörte Menschen über dieses Thema diskutieren: »Who will be the next president?«

Ich setze mich an den einzigen noch freien Tisch. Aber bevor ich meine Bestellung aufgeben kann, bedeuten mir einige Männer, mich zu ihnen zu setzen. Das mache ich gern. Wenige Minuten später bin ich mitten in einer Wahldiskussion. Schnell wird klar, dass ich mich unter Trump-Anhängern befinde. Auch die (ausnahmslos) Männer an den drei Tischen nebenan gehören augenscheinlich zur gleichen Gruppe. Obwohl es noch früher Morgen ist, haben nicht alle nur Kaffee vor sich stehen. Mit Verwunderung sehe ich auch mehr oder weniger volle Biergläser. Etwas abseits sitzt eine andere, etwa gleich große Gruppe. Man kann deutlich erkennen, dass die beiden Gruppen nicht zusammengehören. »So who will be the next president of the USA?«, frage ich in die Runde. Das hätte ich besser nicht tun sollen.

Sofort wird es laut. Alle reden wild durcheinander. Ich habe das Gefühl, jeder will etwas zu meiner Frage sagen. Für eine Weile verstehe ich keinen einzigen zusammenhängenden Satz, nur die Namen Clinton und Trump höre ich immer wieder deutlich aus dem Stimmengewirr heraus. Einige der Männer an meinem Tisch beginnen in Richtung der anderen Gruppe zu gestikulieren. Einer steht sogar auf, wird aber von seinem Sitznachbarn wieder zurück auf den Stuhl gedrückt. Ich sitze verdutzt da und hätte nicht gedacht, dass meine Frage eine derartige Reaktion auslösen würde. Kleinlaut ziehe ich den Kopf ein und blicke mich vorsichtig um. Plötzlich steht ein etwas ergrauter älterer Mann mit Stoppelschnitt, der unmittelbar neben mir sitzt, auf und hebt seine Hand. Ähnlich rasch, wie die Unruhe zuvor begonnen hat, ist es nun still im Gastraum. Ich bin völlig verwirrt. Nun dreht sich der Mann zu mir und schaut mich an. »What do you think?« Alle Blicke sind auf mich gerichtet. Für einige Sekunden bin ich komplett sprachlos. Ich weiß nicht, was ich antworten soll. Nicht, weil ich keine Meinung habe, sondern weil ich mit meiner Antwort nicht für weiteren Tumult sorgen möchte. Ich habe auch eine Vorliebe, aber die will ich hier nicht preisgeben. Fieberhaft denke ich nach. Was soll ich antworten?

Ich entscheide mich für eine Notlüge. »I like both, Clinton and Trump«, sage ich laut, so als ob dies meine volle Überzeugung sei. Offensichtlich ist dies keine gute Antwort. Sofort wird es wieder laut. Der Tumult geht weiter. Einige machen abfällige Handbewegungen in meine Richtung und schütteln ihren Kopf. Mein Sitznachbar mit der Stoppelfrisur ergreift mich am Oberarm und zieht mich in seine Richtung. Ich solle eine klare Antwort geben, sagt er. Man könne doch niemals eine Frau zum Präsidenten der USA wählen. Aber ich denke nicht daran, meine wirkliche Meinung zu sagen. Ich glaube nämlich nicht, dass sie ihm gefallen würde. Doch der Mann lässt nicht locker. Er drückt meinen Oberarm noch fester zusammen. Gleichzeitig schaut er mich mit ernster Miene an. Das geht mir nun doch zu weit. Klar und bestimmt gebe ich ihm zu verstehen, dass er mich sofort loslassen soll. Dabei beuge ich mich ein wenig vor und komme seinem Gesicht bis auf wenige Zentimeter nahe. Mein Gegenüber versteht. Er lässt meinen Arm los und setzt sich. Ich atme auf. Das Letzte, was ich auf meiner Reise brauche, ist eine Rauferei. Aber leider habe ich mich zu früh gefreut. Der Kerl steht abermals auf. Er schreit mich nun an, dass ich endlich antworten soll. Jetzt bekommt die Stoppelfrisur auch Unterstützung von den anderen am Tisch. Alle nicken, und zwei weitere Männer erheben sich von ihren Stühlen. Das wird von der anderen Gruppe besorgt registriert. Drei Frauen stehen auf und kommen herüber. Offensichtlich wollen sie mir helfen. Alle drei reden auf mich ein, dass ich mit an ihren Tisch kommen solle. Ich zögere kurz.

Dann stehe ich auf, um den Tisch zu wechseln. Als ich mich erhebe, bricht das Chaos los.

Der Kerl mit der Stoppelfrisur und ein weiterer Mann wollen mich zurückhalten. Der erste greift wieder meinen Oberarm, der zweite stellt sich demonstrativ zwischen mich und die Frauen. Zwei von ihnen wollen ihn auf die Seite schieben, während die dritte Frau mich wegzuziehen versucht. Die Frauen schreien, die Männer schreien zurück. In dem Wirrwarr fallen einige Gläser um. Um nicht nass zu werden, rutschen alle Sitzenden ruckartig ein Stück zurück. Ein Mann kippt dabei mit seinem Stuhl rückwärts um und kracht auf den Boden, was zu lautstarkem Gelächter an den Nebentischen führt. Plötzlich springen an allen Tischen Leute auf. Ich verliere die Übersicht. Innerhalb kürzester Zeit hat sich die lautstarke Diskussion weit Richtung Rauferei entwickelt.

Zwei Tankstellenmitarbeiter versuchen, die Menschen zu beruhigen. Wie aufgescheucht laufen sie zwischen den Streitenden hin und her. Aber niemand beachtet sie. Ich höre einen der Angestellten aufgeregt das Wort »Police« rufen. Ein alter Mann, der ruhig an einem Nebentisch sitzt, bekommt einen großen Plastikbecher mitten ins Gesicht. Er erschrickt und schaut verdutzt auf. Sein Tischnachbar schnappt sich den Becher und wirft ihn zurück in die Menge. Jetzt geht es endgültig rund. Becher fliegen durch die Luft, Gläser zerspringen am Boden. Immer wieder muss ich meinen Kopf einziehen oder zur Seite ausweichen, um nicht auch getroffen zu werden. Die ersten Männer beginnen, einander hin und her zu schubsen. Ein junges Mädchen verpasst ihrem männlichen Gegenüber eine schallende Ohrfeige. Wenige Sekunden später befinde ich mich mitten in einer wilden Saalschlacht. Ich selbst stehe ruhig da und weiche nur gelegentlich zur Seite aus. Um mich kümmert sich jetzt niemand mehr.

Plötzlich vernehme ich Sirenengeräusch und sehe das Polizeiauto schon in die Einfahrt der Tankstelle biegen. Zwei weibliche Police Officers steigen aus. Augenblicke später stehen sie im Raum. Doch niemand bemerkt sie, zu groß ist der Tumult. Die beiden schauen in die Runde. Dann zieht eine von ihnen ihren Schlagstock aus der Gürtelhalterung und schlägt damit wuchtig auf eine Tischplatte. Es kracht fürchterlich. Schnell ist es ruhig und alle Streitenden blicken zu ihnen hinüber. Die beiden Mitarbeiter der Tankstelle stellen sich neben die Polizistinnen. Ich sehe sie miteinander sprechen, verstehe aber nicht, was sie sagen. Dann zeigt einer von ihnen in meine Richtung. Einige der Besucher schauen mich nun ebenfalls an. Die Police Officers kommen auf mich zu, hinter ihnen die beiden Mitarbeiter. Alle Gäste setzen sich wieder an ihre Tische und verhalten sich ruhig, fast als ob nichts gewesen wäre. Jetzt stehe wieder ich im Mittelpunkt.

Ich werde in das Büro der Tankstelle gebeten. Einer der Mitarbeiter beschuldigt mich nun tatsächlich, den Tumult verursacht zu haben. Ich staune nicht schlecht, als ich höre, wie genau er alles beobachtet haben will. Aufgeregt schildert er den Polizistinnen, dass ich in die Tankstelle gekommen sei und mich sofort in eine friedliche Diskussion eingemischt hätte. Er habe auch gesehen, wie ich mit meinem Sitznachbarn einen Streit angefangen hätte. Eine der Polizistinnen hakt nun nach und will noch einmal genauer wissen, was der Mitarbeiter gesehen hat. Jetzt beginnt der Mann zu stottern und verstrickt sich in Widersprüche. Seine zweite Schilderung stimmt nicht mit der ersten überein. Als auch die zweite Polizistin einige Fragen stellt, gibt der Mann kleinlaut zu, doch nicht alles so genau gesehen zu haben. Nun schildere auch ich meine Version. Diese klingt offensichtlich glaubhaft, denn beide Police Officers nicken zustimmend. Dann erklären sie mir, dass ich hinausgehen dürfe, aber vor der Tankstelle auf sie warten solle.

Ich warte. Von außen kann ich beobachten, wie die beiden Gesetzeshüter in der Tankstelle von Tisch zu Tisch gehen und mit verschiedenen Gästen sprechen. Nach etwa 10 Minuten kommen sie heraus. Die Sache sei erledigt, erklären sie mir. Sie hätten eine generelle Verwarnung an alle Anwesenden ausgesprochen. Die Gäste hätten auch bestätigt, dass ich nicht der Verursacher des Tumultes gewesen sei. Obwohl ich gar nichts Unrechtes getan habe, bin ich doch sehr erleichtert. Dann sprechen mich die beiden Polizistinnen noch auf meine Reise an. Ihre Amtshandlung ist abgeschlossen, und sie wirken nun locker und freundlich.

Vor dem Goodbye lässt es sich eine der beiden nicht nehmen, mich nach meiner wirklichen Meinung zur Präsidentenwahl zu fragen. Als ich den Namen der Kandidatin nenne, schmunzeln sie und nicken zustimmend.

#meinfernwehbuch

Ihren ersten Trip mit HOBO macht Svenja ohne Mann und ohne Kinder und segelt alleine, von Ærø aus durch die dänische Südsee. Allein Fahrtensegeln stellt sich als schwerer raus als gedacht und Svenja nimmt so ziemlich jeden groben Solosegler-Anfängerfehler mit: Sie geht vor der Hafeneinfahrt auf Grund, verfährt sich, verhaspelt sich bei der Navigation. Ihren Humor verliert sie dabei nie. Geplant ist's, wenn man trotzdem da landet, wo man hinwollte. Und die beste Seglerin ist die, die den größten Spaß hat.

Svenja Neumann
Aerodynamisch
Mein Segelsommer in der dänischen Südsee
ISBN 978-3-667-11273-6

Brittas Ehemann legt sich ein neues Hobby zu: Segeln - mit den trockenen Nachmittagen auf der Couch ist es vorbei. Statt Maniküre und Haarstyling stehen jetzt Segelschein und Skippertraining auf dem Programm. Was ein romantisches Paarabenteuer hätte werden können, wird zum einseitigen Vergnügen: Während Andreas mit grünem Gesicht über der Reling hängt, stellt Britta fest, dass so ein Segeltörn gar nicht so schlecht ist.

Steffi von Wolff
Aufgetakelt
Roman
ISBN 978-3-667-11429-7

DELIUS KLASING

Auf die Boards!

Christian Barth
SUP - Stand up Paddling
Material - Technik - Spots
ISBN 978-3-667-11510-2

Egal ob Anfänger, der zum ersten Mal eine Wassersportart ausprobieren möchte, oder erfahrener Wassersportler, der auch in windarmen Zeiten nicht auf die Nähe zu seinem Element verzichten möchte: In diesem Handbuch finden Einsteiger aller Altersstufen das nötige Know-how sowie Step-by-step-Fotos und Zeichnungen, die zeigen, wie's richtig geht.

- Welche Ausrüstung benötige ich für Stand Up Paddling? Überblick über Material und Technik
- Wo kann ich paddeln? Die besten Anfängerreviere und SUP-Spots
- SUP als Ganzkörper-Workout: 30 neue SUP-Yoga- und Fitnessübungen

Stand Up Paddling ist leicht zu erlernen und da Seen oder Flüsse meist vor der Haustür liegen, einfach auszuüben. Die einen betreiben SUP als Familiensport auf dem Baggersee, andere suchen eine neue Herausforderung beim Surfen oder Wellenreiten oder genießen Natur und Entspannung beim Yoga auf dem SUP-Board. Auch längere Touren den Fluss entlang sind mit Board und Paddel möglich. Egal aus welchem Grund Sie sich für Stand Up Paddling entscheiden: Koordination, Balance, Kraft und Ausdauer werden immer mittrainiert — paddeln Sie los und werden Sie eins mit dem Board!

Im Handel oder unter
www.delius-klasing.de

DELIUS KLASING

#Weltenbummler

Jede Weltumsegelung ist eine Liebesgeschichte. Erzählt von Männern und Meeren, von Frauen und Freiheit. Und von der Verwirklichung lang gehegter Träume. Zwölf Reisen deutscher Weltumsegler zeichnet dieses Buch nach, basierend auf zwölf Interviews mit Paaren, Solo-Seglern und einer Familie. Zwölf Träume, zwölf Entscheidungen des Loslassens, zwölf Mal vollkommene Freiheit. Aber auch: Stürme, Kenterungen, Schlafmangel, leere Kassen und Bürokratie.

Kristina Müller
Freiheit auf Zeit
Weltumsegler erzählen
ISBN 978-3-667-11075-6

Mit dem Wind einmal um den Globus – Seglerin Mareike Guhr lebt ihren Traum. In einzigartigen Fotos wandert der Blick dabei nicht nur über, sondern auch unter Wasser. Ihre Erzählungen sprühen vor Begeisterung über das Blauwassersegeln mit allen Höhen und Tiefen und berichten vom Zauber, der von den besuchten Inseln ausgeht. Ein absolutes Sehnsuchtsbuch für Fernwehfreunde und Meeresliebhaber!

Mareike Guhr
Blau Türkis Grün
Warum ich um die Welt gesegelt bin
ISBN 978-3-667-11075-6